質的社会研究シリーズ 3

■シリーズ編集
江原 由美子
木下 康仁
山崎 敬一

質的調査データの2次分析

武田尚子=著

——イギリスの格差拡大プロセスの分析視角

ハーベスト社

口絵1
「シェピー・スタディーズ」オリジナル調査者のレイ・パール(Ray Pahl)教授
(2007年 筆者撮影)

口絵2
1984年刊行の *Divisions of Labour* (Blackwell)

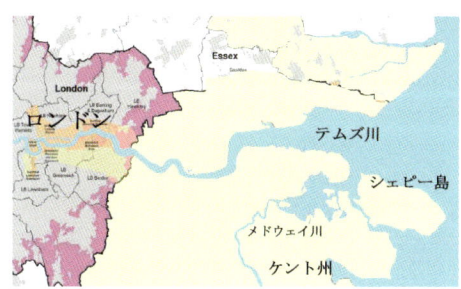

口絵3
イングランド東南部シェピー島

口絵4
シェピー島 拡大図
Divisions of Labour [Pahl 1984] p. 342 に加筆修正

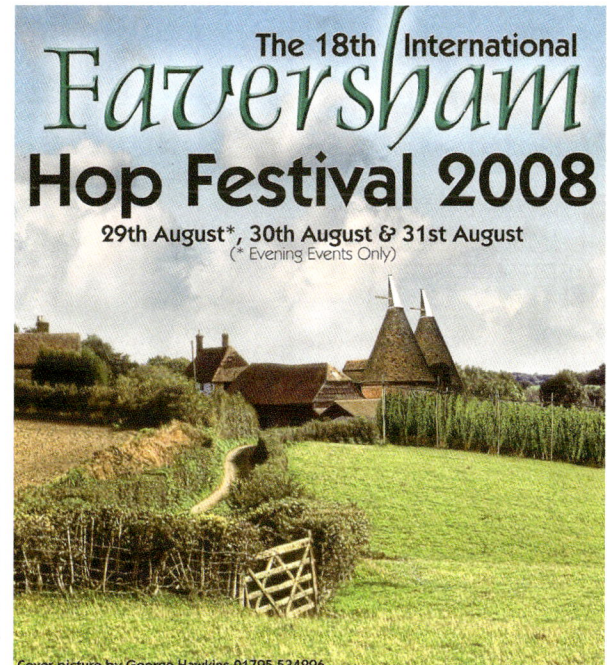

口絵5
「…秋のホップ摘みで稼いだお金で、学校にもどる靴や服を買った」(本書「序章」p. 24)。シェピー島の対岸ファヴァシャム(Faversham)の町はいまもホップで名高い。(2008年 筆者撮影)

The sacking of Sheerness by the Dutch June 1667

口絵6
1667年、オランダ軍がシェピー島のシェアネスを攻撃
(所蔵：Sheerness Heritage Centre)

口絵7
1800年代前半、シェピー島のシェアネスにあった海軍造船所
(所蔵：Sheerness Heritage Centre)

目次

はじめに　質的調査データ２次分析へのアプローチ················ 7

序章　ある家族の肖像―テムズ川のほとり―················ 11
　ある家族の「物語」················ 11
　　1. テムズ川河口のシェピー島················ 11
　　2. いちご摘みにはじまり、いちご摘みにおわる―母の歩いてきた道― ·· 15
　　3. 丘の上の家―マリリンの選択―················ 33
　　4. 野の風―リンダが受けついだもの―················ 46

１部　シェピー・スタディーズ (Sheppey Studies) の２次分析

１章　シェピー・スタディーズ再考················ **62**
　1-1　２次分析の目的と意義················ 62
　1-2　レイ・パールとシェピー・スタディーズ················ 63
　1-3　1970～80年代のイギリスの社会的状況················ 65
　1-4　シェピー・スタディーズの知見················ 68
　1-5　貧困化プロセスの分析視角：経済的要因················ 71

２章　貧困世帯ケースの２次分析················ **74**
　2-1　リンダのケース再考················ 74
　2-2　フォルダー・ファミリーの概要················ 76
　2-3　２次分析の課題と分析枠組················ 84

I

3章　マリリンのケース：上昇移動とドライブ …………… 87
- 3-1　差別・偏見 ……………………………………………… 88
- 3-2　職業選択 ………………………………………………… 90
- 3-3　配偶者選択 ……………………………………………… 91
- 3-4　住宅取得 ………………………………………………… 92
- 3-5　定位家族に対する批判 ………………………………… 93
- 3-6　格差拡大の内的メカニズム：ラフ／リスペクタブル規範 ……… 97

4章　アウトサイダーと文化 …………………………………… 99
- 4-1　ノマド的ライフスタイル ……………………………… 99
- 4-2　イングランド南部におけるジプシー ………………… 102
- 4-3　アウトサイダーと社会的排除 ………………………… 104

5章　リンダのケース：貧困と労働のハビトゥス ………… 108
- 5-1　エスニック・マイノリティ文化の継承 ……………… 108
- 5-2　緊密なネットワークと貧困 …………………………… 111

6章　貧困のスパイラルと社会的排除 ……………………… 113
- 6-1　ハビトゥスと規範 ……………………………………… 113
- 6-2　貧困と身体性 …………………………………………… 113
  - コリンのケース：身体強健と上昇移動 ……………… 114
  - ディレックのケース：身体虚弱と貧困 ……………… 117
- 6-3　家族要因・文化要因・パーソナル要因 ……………… 121
- 6-4　社会的排除の重層性 …………………………………… 122
- 6-5　格差拡大プロセスの分析視角：現代日本社会の分析への示唆 …… 126

目　次

II部　調査プロセスの構築
シェピー・スタディーズの多角的アプローチ

7章　シェピー・スタディーズの調査プロセス ・・・・・・・・・・・・・・・ **130**
　7-1　調査方法分析への視角 ・・・・・・・・・・・・・・・・・・・・・・・・・・・ 130
　7-2　調査プロセスと調査体制 ・・・・・・・・・・・・・・・・・・・・・・・・・ 131
　7-3　調査方法の多様性 ・・・・・・・・・・・・・・・・・・・・・・・・・・・・・・・ 132
　7-4　『労働と分業 (*Divisions of Labour*)』の構成 ・・・・・・・・・・ 134

8章　多角的アプローチ ・・・・・・・・・・・・・・・・・・・・・・・・・・・・・・・・ **137**
　8-1　フィールドワーク／エスノグラフィーの意義 ・・・・・・・・ 137
　8-2　正確さ (precise) の追求 ・・・・・・・・・・・・・・・・・・・・・・・・・ 140
　8-3　貧困世帯の抽出と問題点 ・・・・・・・・・・・・・・・・・・・・・・・・・ 144
　8-4　質的調査と量的調査それぞれの意義—プロセスとパターン ・・・ 147

9章　ケースの選択 ・・・・・・・・・・・・・・・・・・・・・・・・・・・・・・・・・・・・ **149**
　9-1　2つの選択過程 ・・・・・・・・・・・・・・・・・・・・・・・・・・・・・・・・・ 149
　9-2　時系列インタビュー調査 ・・・・・・・・・・・・・・・・・・・・・・・・・ 151
　9-3　非定型ケース (Atypical Case) と調査プロセスの構築 ・・・・ 153
　9-4　啓発的ケースと研究の深化 ・・・・・・・・・・・・・・・・・・・・・・・ 157

III部　レイ・パール (Ray Pahl) の軌跡
都市社会学からワーク論への転回

10章　都市社会学における業績 ・・・・・・・・・・・・・・・・・・・・・・・・・ **162**
　10-1　研究キャリアを貫くテーマ ・・・・・・・・・・・・・・・・・・・・・ 162
　10-2　日本におけるパールの紹介と評価 ・・・・・・・・・・・・・・・・ 164
　10-3　アーバン／ルーラルへの関心 ・・・・・・・・・・・・・・・・・・・ 165

10-4　アーバン・マネジャリズム論 ･････････････････････････ 167
  10-5　ミドル・クラス研究 ･･･････････････････････････････ 169
  10-6　パターンから構造／プロセスへ ･････････････････････ 171

11章　ワーク論の展開 ･･････････････････････････････････････ **172**
  11-1　シェピー・スタディーズ—ワーク論への転回 ･････････ 172
  11-2　『ワーク論 (*On Work*)』—マクロ・アプローチによる探求 ････ 174
  11-3　『成功のあとで (*After Success*)』—ミクロ・アプローチとワーク ･･ 175
  11-4　『フレンドシップ再考 (*Rethinking Friendship*)』と格差拡大 ････ 178
  11-5　パールの軌跡とインパクト ･････････････････････････ 179

IV部　イギリスのワーキング・クラス研究と質的データ2次分析

12章　イギリスのワーキング・クラス研究とオーラル・ヒストリー ･･ **184**
  12-1　19世紀前半〜中盤：ワーキング・クラスの自叙伝 ･････ 184
  12-2　19世紀後半〜20世紀前半：労働者の組織化 ･･･････････ 186
  12-3　20世紀後半：社会史とニューレフト ･･････････････････ 187
  12-4　ヒストリー・ワークショップ運動とオーラル・ヒストリー ･･ 188
  12-5　Qualidataの設立 ･････････････････････････････････ 189

13章　「リスペクタビリティ」と「労働貴族」分析 ･･････････････ **191**
  13-1　リスペクタブルという規範の普及 ･･･････････････････ 191
  13-2　ホブズボームの「労働貴族」分析 ･･･････････････････ 192

14章　「豊かな労働者研究 (*Affluent Worker Studies*)」2次分析と
　　　ワーキング・クラス研究 ･･････････････････････････････ **195**
  14-1　「豊かな労働者研究 (*Affluent Worker Studies*)」データの概要 ･･ 195
  14-2　サヴェージの「豊かな労働者研究」データの2次分析 ･･ 197
  14-3　ワーキング・クラス研究へのインパクト ･･････････････ 199

目次

V部　質的データ２次分析　実践入門

1. 質的データ２次分析のメイン・ステップ……………………… 204
2. コア・データの確定……………………………………………… 206
    - 使用候補データのリスト作成 ………………………………207
    - データの現物確認 …………………………………………208
    - コア・データの確定 ………………………………………210
3. オリジナル調査コンテキストの理解・関連資料群の探索 …… 211
    - 調査コンテキストの理解 …………………………………211
    - 関連資料群の探索 …………………………………………211
    - タイムスケジュールと利用の現況 ………………………212
4. リサーチ・デザインの作成……………………………………… 214
5. ２次分析をめぐる倫理的課題…………………………………… 217
    - 倫理的諸課題 ………………………………………………217
    - データ・ソース ……………………………………………218
    - 匿名化 ………………………………………………………220
6. 質的データ・アーカイブの機能………………………………… 221
7. 質的データ２次分析の事例……………………………………… 223
    - 【分析事例１：歴史的一次史料として活用した例】………223
    - 【分析事例２：比較研究の素材として活用した例】………225
    - 【分析事例３：異なる概念・視点で分析・解釈した例】…227
    - 【分析事例４：異なる概念・視点で分析・解釈した例】…228

文献 ……………………………………………………………………230

あとがき ………………………………………………………………242

はじめに
質的調査データ2次分析へのアプローチ

　質的調査データの「2次分析」は、日本ではまだなじみがうすい調査・分析方法かもしれない。私は質的調査データの2次分析方法をイギリスで学び、本書ではイギリスの質的調査データを使っている。本書の目的は2つあり、1つは2次分析の実例を示すこと、もう1つは2次分析を志す人のために、実践的な手続きを紹介することである。2次分析の実例を示したのが、本書I部～IV部である。実践的な手続きを紹介したのが本書V部である。読者のなかには、2次分析の実践的な手続きをまず知りたいと思って、この本を手にとった方もいらっしゃるだろう。その場合には「V部　質的データ2次分析　実践入門」から先に目を通していただきたい。イギリスの質的データを用いているため、日本の読者には実例と実践的手続きのどちらを先に出したほうがわかりやすいだろうかと思案したが、具体的な分析実例を先に紹介し、実践入門は本書の最後におく構成にした。

　2次分析の魅力は、用いる「オリジナル調査データ」と同レベルのデータセットを、自分で作成するのが困難であるとき(時代的に、地理的に、語学的などの理由で、同じ水準のデータを収集することに制約があるとき)、既存の優れたデータセットを活用して、自分の研究テーマを追究し、自分の研究レベルをあげていくことができる点にある。

　量的調査については、日本でも公開データを用いた2次分析のガイドブックが刊行されているし、公的なアーカイブが存在している。しかし、質的調査については、日本では質的データの管理・公開を専門業務にしている公的アーカイブはまだない。そのため、質的データの2次分析を実践する方法について、理解が広まっているとは言えないのが現状である。

　しかし、グローバルな視点で、質的調査方法の進展をながめると、質的データ2次分析の成果が蓄積されつつある。現在のところ、質的データ2

次分析を推進させるための基盤が最も整っているのはイギリスである。2次分析の方法を用いて、20世紀の定評ある社会学の研究プロジェクトや古典を見直し、これまでの社会学の分析視角や調査方法を再評価し、21世紀の社会学の針路を見定めようとする動きも活発である。このような状況を鑑みると、質的データ2次分析による成果が社会学に貢献する役割は決して小さくないと思われる。これらの理由から、私はイギリスの2次分析の研究成果に学び、実際にイギリスの質的データを用いて、2次分析を試みた次第である。

　読者のなかには、本書のサブタイトルに掲げた「イギリスの格差拡大プロセスの分析視角」に興味をもたれた方もいらっしゃるだろう。本書で使用した「オリジナル調査データ」は、1980年代サッチャー政権下のイギリスが深刻な経済不況と高失業率を呈し、格差拡大が進行し、ワーキング・クラスの失業世帯が多重の「トラップ（わな）」にはまって貧困状態から脱出できなくなるメカニズムをミクロ・マクロの両面から、質的調査・量的調査の両方を用いて解き明かしたものである。このような特性をもつデータを2次分析することは、現代社会における貧困の特性、格差発生の要因をさらに多面的に考察することにつながるであろう。1980年代のイギリスの格差拡大プロセスの解明に取り組んだ社会学者たちの研究の軌跡は、現代日本の格差問題に直面する我々に多くのことを示唆してくれるものと思われる。

　「オリジナル調査データ」はイングランド東南部の工業地域・ワーキング・クラス居住地域を調査地としている。地域社会研究、ワーキング・クラス研究としても評価されてきた研究、データセットである。また、イギリスで今日のように、質的データの2次分析・2次的利用が奨励・促進されるようになった背景には、イギリスのワーキング・クラス研究の蓄積、ワーキング・クラス研究史が密接に関連している。つまり、本書で示す2次分析例においても、また、質的データの利用を可能にするアカデミックな背景としても、100年余におよぶイギリスのワーキング・クラス研究の理解は欠かせない。そのような理由から、本書では随所でワーキング・ク

ラス研究に言及し、2次分析との関連を述べている。

　本書の構成について説明しておこう。冒頭に「序章」をおいた。その意図は、本書の2次分析はイギリスのデータを使っているため、多くの読者にとっては、そのデータの内容に深く関連しているイギリス社会固有の歴史的・地域社会的背景を知らないと、2次分析の内容について理解しにくい点があるかもしれないことを懸念した。そのため、「オリジナル調査データ」の背景を「物語」として描き、冒頭に「序章」としておいた。理解に役立つことをねらいとし、本書Ⅰ部以降の学術的実証研究とは異なるジャンルの読み物として記述したので、不要な読者は読みとばしていただきたい。

　本書Ⅰ部～Ⅳ部は2次分析の実例の紹介である。Ⅰ部は「オリジナル調査データ」の内容の分析、Ⅱ部は「オリジナル調査データ」の調査方法の分析、Ⅲ部はオリジナル調査者の研究の軌跡とデータの意義、Ⅳ部はワーキング・クラス研究と2次分析との関連である。本書Ⅴ部は、イギリスの質的データ・アーカイブを利用した2次分析の実践方法の紹介である。

　本書をきっかけに、質的調査データ2次分析に関心をもつ方々が日本でも増えることを願っている。

凡例

1. 本書の2次分析に用いた「オリジナル調査データ」は、UK Data Archive, Qualidata によって、[*The Ray Pahl Collections: Isle of Sheppey Studies*] として管理・公開されているものである。(所蔵先：Albert Sloman Library, University of Essex)。

2. 本書に「オリジナル調査データ」を引用する場合には、筆者(武田)が日本語訳したものを掲載した。

3. 「オリジナル調査データ」の引用部分には、内容を的確に表すために、筆者(武田)が小見出しをつけ、【　】で括った。

序章
ある家族の肖像
──テムズ川のほとり──

ある家族の「物語」

　本書の2次分析に用いるデータ（「シェピー・スタディーズ」フォルダー・ファミリー調査データ）は、1980年代にイギリスのケント州シェピー島に住んでいたある拡大家族を調査したものである。2次分析に先立って、この家族のシェピー島での暮らし、積み重ねてきた経験、家族内の人間関係などを具体的に示したほうが、イギリスのデータを用いた2次分析に対する日本の読者の関心も増し、理解しやすくなるであろうと考えた。

　そのような意図で、この家族の暮らしをわかりやすく「物語」として描いてみたのが、「序章」である。この「物語」は、オリジナル調査データ以外に、シェピー島関連の資料、イギリスの社会・経済関連の資料等々、さらにこれらのデータ・資料に基づいて得た筆者（武田）の解釈・分析もまじえて総合的に構成している。その意味で、この「序章」は、本書の1章以降で示すオリジナル調査データに基づく実証分析・学術研究とは異なるジャンルの文章である。この家族の生活の全体像・生活の背景をわかりやすく伝えるため、ストーリー性をもたせた「物語」として記述したものである。

1. テムズ川河口のシェピー島

　シェピー島 (Isle of Sheppey) は、ロンドンの東60キロほどに位置している。ロンドンのヴィクトリア駅から南東部へむかう列車に乗れば、古くからの

写真1　1800年代半ば、造船所の船大工と船の骨組み（出典：[Hughes 2002]）

写真2　20世紀初期のシェピー島シェアネスのハイ・ストリート（出典：[Reid 1997]）

写真3　1912年、シェピー島の海岸（出典：[Reid 1997]）

写真4　20世紀前半シェピー島の小工場で解体される煙突（出典：[Reid 1997]）

造船業の町々を通り過ぎ、橋を渡って、1時間半ほどでシェピー島で最も大きな町であるシェアネスに着く。テムズ川がメドウェイ川と合流する河口に位置している。シェピー島の半分は沼地だ。

テムズ川を船で下って、シェピー島の北端を通りすぎれば、北海である。古くから要塞が築かれ、1667年にはオランダ軍に攻めこまれたこともある。北海に出る要衝にあるため、1600年代の末に、海軍の造船所が設けられた。シェアネスには熟練労働者が集まり、1700年代には500人程度が造船所で働いていた。木造船建造の時代をすぎて、1800年代半ばにはボイラーをすえつけた鋼鉄船が建造されるようになり、シェピー島の人口は1万5千人をこえるようになった。造船所の周辺には中小の工場が建ちならび、シェアネスは労働者の町として大きくなっていった。

メドウェイ川はケント州を流れ、北海にそそいでいる。川沿いにはシェピーと同じような造船業の町がつづく。メドウェイ川流域は、古くからイギリス有数の造船業地域・工業地域で、そのいちばん外側、北海への出口にあるのがシェピー島だった。労働者たちはメドウェイ川流域の造船の町々を移動し、やがてどこかの町に定着していった。

労働者の町で、最も勢力があるのは熟練

序章　ある家族の肖像

労働者である。1800年代後半には労働組合をもち、新しい工業に適した熟練技術を身につけ、熟練労働者は労働者集団の中核的な存在であった。熟練労働者たちは団結心がつよい。暮らしにもそれが反映されて、労働者のコミュニティは男らしさを誇り、家族を養ってこそ一人前という、工場で働く男性中心の価値観が優勢となる。

　工業が成長し、工場が多くなれば、くず鉄や金属などの廃棄物が捨てられる。人口が増加すれば、商店も増え、人々の暮らしから不要なものが出る。廃棄物や不要品を集めて、日々の生計をたてる人々も工業の町には流れこんでいた。労働者の町は多様な人々から成り立っている。工場で安定した賃金をもらい、見通しをもった生活を築き、身なりを整え、日曜日には家族で教会に行くことを当たり前と思う熟練労働者の価値観からみると、人なみの暮らしとはいえない日々を送っている家族も工業の町の片隅に住んでいた。

　ケント州は、イングランド南部に位置し、寒いイギリスの中でも気候がおだやかなほうである。農業がさかんで、農村部には果物や野菜を栽培する農場が点在していた。収穫時期には人手が必要となる。畑仕事で生計をたてる「渡り」の人々、つまり移動労働者がイングランド南部には多く流れこんでいた。メドウェイ川沿いには工業の町々が連なり、その南側には農作地がひろがっていた。メドウェイ川流域は工業と農業が接する地帯で、「渡り」の人々はどちらの仕事も探すことができて都合がよかった。「渡り」のなかには、ジプシーの家族もいた（本書Ⅰ部・注6参照）。いちご摘み、ホップの収穫、じゃがいも掘りなど農場の季節労働は、ジプシーの人々が行う典型的な仕事の1つであった。工業の町では、廃品回収に従事するジプシーの家族が多かった。

　1900年代半ば、シェピー島は3万人弱の人口を抱え、造船所以外に肥料工場、ガラス工場、陶器工場など、さまざまな中小の工場があった。北部の海岸には、ホリデー・キャンプ場がいくつかオープンした。ロンドンから1時間半という地の利もあって、シェピーの海岸は、ロンドンの労働者家族が休日を過ごす手頃なリゾート地として知られるようになった。夏

には、ホリデー客相手のカフェやパブがオープンした。

やがて造船業は縮小し、メドウェイ川流域の町々は地場産業の衰退に悩むようになった。シェピーの海軍造船所も1960年代に閉鎖された。跡地には新たな工場が移転してきたり、外国出荷のため船積みを待つ新造自動車の待機場になった。シェピーはつねに工業の町、労働者の町であった。イギリス経済の落ち込みが明らかになった1970年代から1980年代にかけて、シェピー島でも失業者、自宅待機者、職を見つけることができない若者が増えていった。

拡大家族のインタビューは3世代12世帯にわたっている。序章の最初に登場するフォルダー・ファミリーの「母」はその第1世代である。「母」の両親は、イングランド南部をほろ馬車で移動するジプシーであった。「母」は1912年に生まれ、この家族は1920年頃にシェピー島に定着した。シェピー島の中心地シェアネスは、すでに成熟した熟練労働者集住地域となっていたから、この家族は有数の工業の町に20世紀前半に流入した周辺労働者で、エスニック・マイノリティの家族ということになる。

第1世代「母」は、1930年代に造船所で働くボイラーの洗浄工と結婚し、10人の子どもが成長した。いちばん上は1932年、いちばん下は1949年の生まれである。男の子が6人、女の子が4人であった。第1世代「父」は、1947年頃、胸の病気のため、造船所を退職した。夫婦は稼ぎ手の役割を入れ替えた。「母」は農場の収穫作業で働き、一家の大黒柱になった。「父」は1960年頃に50代前半で亡くなった。

序章に登場するリンダとマリリンは、10人きょうだいの8ばんめと9ばんめである。10人のきょうだいはみな、義務教育を修了して、すぐに働きはじめた。同じ家族で育ち、同じような学歴であっても、1985年に30～50代になっていた10人のきょうだいのライフコースはずいぶんと異なるものであった。

第1世代「母」と、第2世代のマリリン（9ばんめ）とリンダ（8ばんめ）の「物語」の扉をあけてみることにしよう。

2. いちご摘みにはじまり、いちご摘みにおわる
―母の歩いてきた道―

　父も母も「渡り」の生まれだったから、自分にはふるさとというものがない。生まれたのは、シェピー島ではなくて、川のむこう岸のフェヴァアシャムだった。父はしょっちゅう母をおいて蒸発した。自分の馬とほろ馬車で、ふいにどこかへいなくなる。季節がかわるころ、またもどってくるのだった。「渡り」は、農場でいちご摘みとか、さくらんぼ摘みとか、じゃがいも掘りで日銭をかせぐ者が多かった。母はいちご摘みで自分たち5人姉妹を育てたようなものだった。

　「渡り」は、あちこち移動してまわるが、どこかしらの町に特別の縁をもっている。うちは、ケントの東部の町に縁が深かった。小さいころ、シティッグボーンのショートランド33番地に住んでいたことを覚えている。父はそのころ、その町で古皮やぼろを扱う商売をしていた。名前はマリン・ストアとつけていたが、要は廃品回収だった。馬とほろ馬車が全財産だった。一家でシティッグボーンを離れて、ほろ馬車に乗って、次には、シェピーにやってきた。ほろ馬車ごと、バートンヒルに住みついた。女ばかりのきょうだい5人で、自分はまんなかだったから、父にとくにかわいがられたような記憶はない。それに、父は蒸発して家にいないことが多かった。

　シェピーに住むうち、父はシェアネスでも古皮やぼろの商売をはじめた。ウサギの皮もよく集めていた。ジェシー・リーがこの父の名前だったが、実は自分の本当の父ではない。生みの父が他にいる。自分が通っていた小学校はスーパーマーケットの向こうに側にあったから、学校の行き帰りには、大通りを歩いていった。自分には、そろいの靴がなかった。いつも左右ばらばらのちぐはぐの靴をはいて通っていた。もしかすると、ずいぶんみすぼらしかったのかもしれない。ある朝、むこうからやってきた女性(ひと)が、あんたのおばあちゃんなんだよ、靴を買ってあげたからあとでとりにおいで、と言った。帰ってから母にそのことを話したら、「よかったじゃない

の。もらいに行っておいで」と言った。それで、自分には別の父が本当にいるんだということがわかった。生みの父は煙突掃除夫だった。それからもちょくちょく会いにいって、いろんなものを買ってもらった。生みの父と育ての父、父親が2人もいる人なんて、めったにいない。自分はずいぶん幸せ者だと思う。生みの父には結婚式の日の朝に会った。それからあとは、毎日のことにおわれてしまって、いつのまにか会わないようになってしまった。

　こんなふうに靴も満足にない生活だったから、とにかく自分のことは自分でやるしかなかった。結婚前も結婚後もそうだった。姉や妹たちもそうだった。1人はバートンヒル、1人はシティッグボーン、もう1人はブライトンに住んでいる。あとの1人は知らない。バートンヒルにいる姉の夫は、けんかっぱやくて、かっとなりやすいたちだった。これとうちの息子たちがいっしょくたにされて、「けんか好きのフォルダー」とよばれるようになってしまった。でも、うちの息子たちは人様とけんかするような子どもたちではない。トラブルをおこして、警察のお世話になったことなんか1度もない。

　小さいころから父の店を手伝った。店では、ジャムびんや飲み物のびんを集めて、洗って、売っていた。ある朝、店のうしろの洗い場でびんを洗って、そのまま干しておいた。かなりたくさんあった。乾いたかなと思ったころ、店によく来るお客の一人がそれを持っていこうとしているのを見かけた。店の裏側のあたりに住んでいる造船所の勤め人で、ときどき店に来て、買い物をする姿をみかけたことがあった。「ちょっと待って、何すんのよ、あたしが洗ったびんだよ」と叫んで、母に応援をたのみに、店にかけこんでいった。そしたら、母が「え、何？あんたが、けさ洗ったびんなら、ここにあるよ」と言う。本当にそこにあった。母がすでに運びこんでいたのだ。とられると思ったジャムびんは、彼のものだった。たまたま彼もジャムびんを洗いに来ただけだった。彼にあやまるはめになった。言葉をかわしたのは、これがはじめてだった。ジャムびん事件は14歳のときのことで、これがきっかけとなって、それから3年後、17歳のとき、

序章　ある家族の肖像

この人と結婚した。

母はもっぱら農場の収穫作業で日銭を稼いでいた。夏と秋はくだものの収穫、冬はじゃがいもの皮むきやカットなど、1年じゅう何かしら、畑仕事があった。自分も小さい頃に、妹と一緒にいちごを摘んだ手押し車を押した。

写真5　造船所の乾ドックで働く取付工（出典：[Hughes 2002]）

ときどき町を離れて、父のほろ馬車に乗って、あちこちの農場で収穫作業をしながら、何ヶ月も移動してまわることもあった。シティッグボーンのフォスター農場には2年続けていった。北のほうのブロードオークの農場でさくらんぼ摘みをしたこともあった。「渡りあるく」生活は、落ち着かなくて、「がさつ」で、荒っぽいところもある。

自分も、結婚して子どもが4人生まれたころから、農場の収穫作業に出るようになった。そのころ、夫は造船所勤めのボイラーの洗浄工で、給料は週に28.6ポンドだった。日銭じゃなくて、週払いの給料の生活ははじめてだった。でも、子どもが次々に生まれて、すぐにお金が足りなくなった。だから、自分も畑で稼ぐことにした。アーサーが5歳、すぐ下のジミーが4歳ぐらいのときから、畑に一緒に行った。子どもたちが畑でおなかをすかせるなんてことはなかった。畑にフライパンをもっていって、夕方は収穫したばかりのじゃがいもだとか、とれたばかりの野菜をフライにして、あつあつのうちに、みんなで食べた。おいしかった。畑で子育てしたようなものだ。

戦争が始まったことも、畑で聞いた。フェヴァアシャムでホップ摘みをしているときだった。戦争はたしか日曜日からはじまったはずだ。ウィークエンドに入る金曜日から、一家でホップ摘みにいったので、日曜日だったことを覚えている。

農場の仕事にいく仲間はいつも同じだった。戦争中にランド・アーミー（婦人農耕部隊）に入り、戦後もそのまま続けている人たちだ。ランド・アーミーのチーフをやったあと、自分の農場をもつようになった男性もい

写真6　第2次大戦中のランド・アーミーのポスター（所蔵：Sheerness Heritage Centre）

る。キャプテン・ハリスもその一人だった。ハリスの農場には21年間もいった。コンフェランスという品種の梨もぎ。それが終わったら、じゃがいも。11月末からは、芽キャベツの収穫。クリスマス、1月、2月と続く。ほぼ1年中何かしらの仕事がある。彼が「明日やる仕事としては、これとこれがある」と言ってくれれば、翌日もいく。農場仕事の手配師のような人がいるわけではなかった。

ただ、チェザムにいっていたときは、チェザムのランド・アーミーのチーフをやっていた人が、農作業の手配をしてくれた。列車でチェザムまで行きさえすれば、あとはあっちの農場、こっちの農場と連れて行ってくれた。いつもだいたい6時半ごろに家を出て、夕方5時ごろに帰ってくる生活だった。こうやって、ケント中をまわった。パドックにも、サネットにもいった。グレイン島がいちばん遠いところだったかもしれない。

作業にはいる前に、いくらになるか賃金相場を聞いておく。少なかったら、そこでは働かない。よそへいく。納得しないところでは働かない。希望するお金がもらえるところで働けばいい。ずっとそうやってきた。だから、いやなところで働いたことがない。気にくわない農場や、人をこきつかいそうな農場では働かなかった。だから、とてもいい仕事だったと思う。一日じゅう外で、新鮮な空気を吸って働き、お金もかせげるし、収穫したばかりの野菜やくだものももらえる。こういう働き方は性に合っていた。

関節炎のようなものになったことがある。でも、収穫作業は仕事としては、そんなにきついわけじゃない。子どもでもさくらんぼ摘みはできるものだ。さくらんぼのときは、子ども4人で、週に25ポンドもらった。自分の分とあわせると、一日10ポンドにもなった。摘んだ量には関係なしで支払ってくれた。でも、あわてて作業すると、せっかくのさくらんぼを傷つけたり、だめにしてしまうから、気をつけなくちゃいけない。じゃがいも掘りのときは、1袋につき、2ポンドか3ポンドだった。1日に30

ポンドぐらい稼いだ。でも、じゃがいもがまだ小さいと、そんなにがつがつ掘るわけにはいかない。その週が無事すごせるかどうかは、じゃがいものできぐあいや、じゃがいも掘りにかける自分の馬力にかかっていた。

　農場には、パキスタン人とか、インド人も仕事に来ていた。自分たちはパキスタン人の隣りの畑で仕事をすることが多かった。畑でひとやすみしてお茶を飲むときは、彼らとおしゃべりした。それもおもしろかった。いちご摘みのときは、なぜかみんな畑の一角にかたまっていってしまう。だから、畑の真ん中にめやすのロープがはられて、あっち側とこっち側をまんべんなく摘みとるようになっていた。そういうとき、自分たちはパキスタン人グループの隣になることが多かった。あるとき、農場主に「いつもわるいね。パキスタン人の隣で」と言われ、びっくりした。「なにがわるいの、パキンスタン人のそばで。みんな、なにがしかのお金を手にしたくて、ここに来ているという点では同じだよ」と言っておいた。あとで聞いたところによると、パキスタン人のそばで仕事をしたくない人たちも多いらしい。

　自分は農作業が気に入っていたので、2年前、70歳になるまで続けた。最後の仕事もいちご摘みだった。リンダやローズも農作業が性に合っているみたいで、結婚したあとも、しょっちゅう一緒に、農場に働きにいった。リンダの娘のロレーヌや他の孫たちと、ティグハムの農場に、梨とりんごの収穫にいったこともある。そのときは、一日に14ポンド稼いだ。

　戦後まもなく、夫は胸を病んで、造船所の仕事を続けることができなくなった。マリリンが生まれたころには、かなりひどくなっていた。戦争が終わって2年ぐらいたったころだ。それから10数年間は、勤めに出ることは全くできなくなってしまった。病気手当をもらっていたけれど、週に4～5ポンドのわずかなお金だった。自分が農場でかせぐお金で子どもたちを育てるようになった。いつのまにか、母親と同じような生き方になってしまった。

　父母の生活とちがうのは、夫はちゃんと家にいて、子どもの面倒をみてくれたし、家の中のことをやってくれたことだ。夫が不得意なのはアイロ

ンがけだけで、それ以外の家事は、洗濯から何から全部やってくれた。そうじは、いつもしみひとつないくらいにきれいだった。自分が手直ししなければならないようなことはひとつもなかった。料理は自分がやることのほうが多かったかもしれない。男の人は、あまり家事をしないものだという考え方もあるが、夫はそんなことを気にすることもなく、なんでもやってくれた。

　自分が外で稼ぎ、夫が家の中のことや子どもの面倒をみて、他の家とは父親と母親の役割が逆になっていたとは思う。そのことを近所の人がどう思っているかなんていうことは、頭にうかんだことさえない。小さいころから、母ががんばって稼いでいるすがたを見ていたし、なによりも外でやる農作業が自分は好きだった。夫は病気になってからは、いつも家の中にいた。ときどき土曜の夜に、近くの安いパブに、ちょっと一杯ひっかけにいくことが夫の楽しみだった。病気手当の数ポンドを使っていたのだと思う。夫はそれで満足していたし、手が届く楽しみといえば、それぐらいのものだった。

　自分が父親のような役回りになってはいたが、子育てについては最大限の注意をはらった。もちろんお金に余裕があったら、やってあげたいことはたくさんあったけれど、必要最低限の衣食住で不自由させたことはなかったはずだ。いつも清潔にさせていたし、食べるものもたくさん用意していた。

　とにかくまず気をつけたのは、子どもたちがおなかをすかせないように、ということだった。子どもが10人いたから、特大の大きなテーブルを買った。このテーブルを囲んでみんなで一緒に夕食を食べた。食事どきには、テーブルのまわりに子どもたちの顔がぐるっとならぶ。もちろん、わいわいと、やかましいが、みんなの顔がならぶのはおもしろいものだった。

　朝はトーストや、おかゆや、クエーカー・オーツを食べて、子どもたちは登校していった。夕食には何か暖かいもの、たとえば1シリングもたせて、牛肉を買いに行かせて、大きくておいしいミート・プディングを作ったこともある。大きな鍋いっぱいに団子入りのシチューを作ったこともあ

る。大きな鍋で作るととてもおいしい。いまどきそんな大きな鍋は、ないかもしれない。お茶の時間には、パンにたっぷりマーガリンやジャムをぬって食べさせた。子どもたちの大好物だった。農場でくだものをもらってきたから、家にはいつもおいしいジャムがたっぷり作ってあった。

写真7　1931年、シェピー島シェアネスの小学校（出典：[Reid 1997]）

　上の子たちが学校に通うようになってからは、いつも近所のおくさんに頼んで、子どもたちがちゃんと学校に行くかどうか、様子をみてもらうようにした。自分が農作業に出る時間は、子どもたちが登校する時間より早い。昼のランチは自分が作って、持たせるようにしていた。朝ごはんは自分たちで食べて、身支度して学校へ行く。夕方は、子どもたちは学校の晩ごはん給食をたべることもできた。晩ごはん給食が嫌なときは、その御近所に行って、晩ごはんを食べてもいいようにしてあった。数軒しか離れていないから、すぐそこのお宅のドアをたたくことができる。その御近所には、一週間に5ポンド払っていた。じゃがいも掘りのときは1日に30ポンド稼げる日もあったから、何とか払うことはできた。畑でとれたじゃがいも、野菜、くだものをしょっちゅうその御近所に持っていった。

　戦争中も、食べ物で困るということはなかった。夫の母が、自分の肉、チーズ、マーガリンのクーポンをくれたし、戦争中も農場で働いていたから、果物、野菜、鶏肉、卵、なんでも安く手に入った。さくらんぼ摘みに行くと、ジャムも砂糖もたくさん手に入った。戦争中も子どもたちがおなかをすませて困るということはなかったし、食べ物には不自由しなかった。

　着るものは、もっぱら安物セールで手にいれた。自分は安物セールを見にいくのが大好きで、子どもたちが小さいころは、おおぜいで一緒に見にいくのが楽しみだった。いまでもなにかいいものないかなと思って、つい安物セールに足が向いてしまう。ときどき堀出しものがあるから、やめられない。ときどき孫たちを連れていく。子どもたちは、なぜか、いまは一緒に行きたがらない。

子どもたちの靴や下着は、いつも秋のホップ摘みがおわったあと、買いそろえるようにしていた。うちでは毎年みんな一緒に、秋に1ヶ月間、ホップ摘みに行った。その間、子どもたちに学校を休ませることになる。フェヴァアシャムのヒュッテに泊まって、毎日ポップ摘みをする。子どもたちも摘んだ。ポップ摘みのあと、子どもたちは学校にもどる。クリスマスのときに靴や下着を新調する家が多いようだけど、うちでは秋のホップ摘みで稼いだお金で、学校にもどる靴や服を買った。ある年、まだホップ摘みが終わっていないころ、あいまの休日に、まもなくお金が入ったらどの靴を買おうかと、みんなで繁華街にくりだした。みんな古ぼけた靴をはいていたから、靴を買うため、物乞いをしている一家のようにみえたらしい。町の人たちにじろじろ見られたことがあった。
　10人の子どもを育てるのが、大変だったとは思っていない。朝起こして、顔を洗わせて、ベッドメーキングをさせる。何か食べるものを準備して、学校に送り出す。それだけのことだ。男の子を育てるのも、女の子を育てるのも同じで、たいした違いはない。なにか悪いことをしたら、いまもむかしも「むち」がまっている。むちがいちばん簡単だ。いいこと、わるいことのけじめが、身体に刻みこまれる。自分もむちで育てられた。親や誰かに、生意気な口をきいたり、失礼な態度をとったら、むちだ。帰宅の門限は10時で、それを過ぎたら、翌日は「外出禁止」。「とうさん、なんとかして」と夫に頼む子もいた。「かあさんがだめといったら、だめに決まっているだろ」と夫もとりあわなかった。
　大家族だったから、きょうだいげんかは、日常茶飯事だった。誰が誰のシャツをとったとか、いつもそんなことで、わいわいがやがやっていた。早く亡くなってしまったが、軍隊に行っていた息子が、ある日どうしてかよくわからないけれど、茶色のスーツを手に入れた夢をみた。ちょうど手に入れたところで、目が覚めたらしい。起きて、この茶色のスーツをさがして、家中をひっかき回しはじめた。寝ぼけているんだな、目を覚まさせてやろうと思って「こら、何やってるの」と声をかけると、真顔で「ぼくの茶色のスーツはどこにいったっけ？」という。ブレザーとフランネルのズ

ボンしか持っていないのに、「ぼくが手に入れた茶色の縦縞のスーツだよ」という。そんなの持っていないはずだよ、と言ったのに、彼はまだ家中を探し回っていた。彼はそのときもう学校を出て働いていた。仕事から帰ってきた夕方も、夢でみたスーツをあきらめきれず、あちこち探し回っていた。これは我が家の語りぐさで、いまでも笑いながらみんなでこの話をすることがある。おおぜい子どもがいたから、そういう珍談奇談には事欠かなかった。

　子どもの数が増え、大きくなっていくにつれて、どうしてももうちょっと広い家へ、広い家へと思うようになる。けっこう頻繁に引っ越しした。最初、17歳で結婚したころは、アルビオン・パレス通りに住んだ。家具も全部借り物で、いかにも借家ずまいの暮らしだった。そこの借家も取り壊されてしまって、あとかたもない。いかにも戦争前のむかしの物語のようだ。最初の子が生まれる直前に、アコーン通りの二間の借家に移った。余裕のある暮らしではなかったが、ようやく自分たちのテーブルや椅子を少しずつそろえる、ましな暮らしになっていった。

　子どもが2人、3人と増えて、赤ん坊は昼となく夜となく泣くので、部屋借りの生活も肩身がせまくなった。そのころ、夫は造船所に勤めていたので、たぶん同僚か、夫側の親戚の誰かが紹介してくれて、スクラップス湾に面した、ホリデー・コテージに住むようになった。私有地に建てられていた木造コテージで、たぶん前世紀のものだったと思う。入口を入ってすぐに大きな居間があり、両脇に2つの寝室、うしろに台所があった。トイレは、家のなかにはなくて、畑のむこうにあった。ぞっとするほど古ぼけて、泣けてくるような建物だった。だから、そこに住んだのは、ほんのちょっとの間で、さっさと町のほうにもどった。

　ようやく家らしい家に住めるようになったのは、戦後に公共住宅のカウンシル・ハウスに入居したときで、結婚してもう15～16年はすぎていた。ケント通り13番地の家だ。週に10ポンドの家賃を払ったから、安いわけではなかった。そのころ、さくらんぼ摘みに行って、1週間に稼げるのは25ポンドぐらいだった。引っ越したのは、たしかいちばん下のポールが

生まれるちょっと前だった。1949年のクリスマスのちょっと前のころだったと思う。寝室は２部屋しかなかった。引っ越して、すぐそれぞれの寝室用に、特大のベッドを買った。ひとつは６人の男の子用、もう１つは４人の女の子用だった。ベッドに寝るとき、まるでオイルサーディンのように、頭と足の向きをたがいちがいにして寝たとか本人たちは話しているけれど、本当にそうだったか、どうだったか、仕事と子育てに追われる毎日だったので、よく覚えていない。

　子どもたちがどんどん大きくなるので、寝室のスペースがもっと必要だった。トリニティ通りのカウンシル・ハウスが空いたので、そこに引っ越した。玄関脇の居間を寝室につくりかえて、寝室が３つになった。前には、ポプラの木も植えた。我ながらとても気に入って、「ポプラの家」とよぶようになった。ここに長く住んでいる間に、子どもたちは順々に結婚して、家を巣立っていった。

　子どもたちが大きくなるにつれて、お金も入り用となり、自分はもっぱら稼ぐことで忙しかった。ただディレックだけは、身体が弱かったので、他の子より気になった。ディレックは赤ちゃんのとき、やけどをしていて、なんども入院した。頭のてっぺんから、顔、胸など、上半身をやけどして、髪の毛が生えなくなってしまった。朝に調子がわるくて、起きあがることができないことがしょっちゅうあった。学校に行くことができず、遅刻したり、学校を休むことも多かった。肝油を飲ませたり、麦芽飲料を飲ませたり、いろいろ試してみた。本人も、学校で肝油が配られたときは、ポケットいっぱいに肝油をもらってきた。

　義務教育がおわって、彼が働きはじめたときは、とくにちゃんと起きたのかどうか、気をつけるのが大変だった。毎朝階段の下から「ディレック、起きたの!?」と声をかけなきゃならなかった。あるときは、「起きたよ」という声のあと、バン、バン、バンとベットから足を出して、床をたたいているような音がする。ああ、起きたなあと思う。10分か15分後に、冷たい水をカップにいれて、そうっと階段をあがって、のぞいてみると、また寝ている。顔のうえに、冷たいお水を数滴ぽたぽたたらして彼を起こす。

序章　ある家族の肖像

　それを3回もくりかえして、やっとこさ、彼は起きあがった。夫はもっと容赦がなく、階段をずんずんと上がって、寝ている彼から毛布をひきはがし、全部1階に持ってきてしまう。

　そんなに寝起きがわるいのは、ディレックだけだった。やけどのことで、彼を甘やかしたことはないけれど、私は仕事で家にいないことが多かったし、ディレックは入院して、病院で寝込んでいることもしょっちゅうあった。だから、そうなってしまったのかもしれない。彼は小さいころより、さらに調子がわるくなっていた。

　うちの子たちが、学校でけんかをしたり、問題を起こすことはなかった。ただ、学校でいじめられることはあった。先生からも差別されたし、同級生にもいじめられた。子どもが学校から帰ってきて、先生になぐられたと言ったら、「なぜ」って理由を聞きたくなる。うちの子は悪くないと思ったら、次の日に学校にねじこみにいかないと、こっちが泣き寝入りさせられてしまう。学校に文句をつけに行くことを心配する親もいるらしいが、自分はそんなこと気にしない。そんなことを言っていたら、子どもたちが差別されたままになってしまう。

　夫が亡くなったあと、とてもがまんできない出来事があった。いちばん下のポールが中学校に通っていたとき、男の子たちの間で、濃い青ではなく、水色系のジーンズが大はやりしたことがあった。レザーのジャケットに、水色のジーンズをあわせるのが、男の子たちの最新流行のおしゃれになっていた。ポールもその格好がしたくてたまらなかった。ポールは夜にうろついて、遊んで歩くような子じゃない。でも、うちの2階で、友だちと一緒にダーツをしたり、パンチ・ボールで遊ぶことはあった。

　ある晩、ポールが、友だちがみんな、レザーのジャケットや、水色のジーンズをもっている云々のことを言った。そのころ、自分は縫製工場のアーサー・ミルで、ときどき清掃の仕事をしていたから、あそこの工場で、似た製品を作っていることを知っていた。マリリンがそこで働いていたので、マリリンに「手に入れる方法はないの？」と相談してみた。マリリンもポールの面倒をよくみる子だったから、この話に乗り気で、2人で相談

して、ポールのために、工場から直接の特別ルートで買ってやった。レザーじゃなかったけれど、レザーにみえるような素材で、水色のジーンズにぴったりだった。

　ポールが校長先生の気にさわるようなことを何かしたのかどうかは知らない。でもジャケットとジーンズ姿のポールを２日ほど見かけただけで、いったいどうしたことか、ポールはそれを着なくなってしまった。どうして着ないのか不思議だったので、ポールに「ジャケットはどこにある？」と聞くと、「学校」と言う。「持って帰ってくればいいのに」と言うと、「ううん、いいよ」としか言わない。これは学校で何かあったなと思い、ポールの友だちがうちに来たとき、ポールがトイレに入っているあいまに、すばやく彼らに聞いてみた。「ポールのジャケットがどうしたか、知らない？」「学校にあるよ。でもたぶん、ポールは持って帰ってこないよ。ぼろぼろ、びりびりにされちゃったんだもん」と言う。息をのみこんで、「誰に？」「ぼくらじゃないよ。先生にだよ。校長先生が監督役の上級生に、びりびりにするように言ったんだよ」。「どうして？」「ぼくたち知らないよ、全然」。

　いったい何があったのか。矢も楯もたまらず、翌日の朝、学校にかけつけていった。ちょうどそこにいたなんとか先生っていうのをつかまえて、「ちょっと校長に聞きたいことあるんで、校長室に案内してくださいよ」とせきこんで言った。「いったい何事ですか」と、いやに落ち着いて言う。会いたい理由をかいつまんで話すと、「あなたの都合だけで、校長にすぐ会うなんてことはできませんよ。私でよければ、詳しくお聞きしましょう」という。「あんたじゃ、だめだ。校長だ」「じゃあ、ちょっと様子をみてきましょう」と言って、廊下のむこうの一室に入っていった。もどってきてやはり、別の日にアポイントメントをとれという。自分は働いているのだから、そんな別の日になんか来ることができるわけがない。あの部屋が校長室だなと見当をつけ、その部屋に飛びこんでいった。いきなり、校長と１対１になり、対決することになった。

　フォルダーだ、ポールの親だ、いったいポールのジャケットに何をしてくれたか、聞きに来た、と言った。「ポールには、学校でそのジャケット

序章　ある家族の肖像

を着ないように、注意したんですよ」、「ほう、じゃ他の子たちはどうなんだ」、「他の子で学校でそれを着てる子なんかいませんよ」、「毎晩うちにポールの友だちが４人遊びにくるけど、みんな着ている。ステーブ・ウェルシーはどうなんだ。ビリー・ベッドフォードはどうなんだ。この子たちは着てるじゃないか、どうなんだ！」「彼らはね、ちがうんですよ」「いったい、何がちがうんだ！どこがちがうか言ってみろ。うちには父親がいない。うちの子をかばう者がいないからって、何したっていいということには、ならないぞ！」「ジャケットはね、もう着ることができませんよ」「なんで、ぼろぼろにされちゃったか、それを聞きに来たんだよ！」「それをやったのはね、監督役の上級生ですよ」「じゃあ、そいつに会わせろ」。

　それで、とにかく、その上級生がよばれてきた。「いったい誰が、あんたにぼろぼろにするように命令したんだ？」「校長先生です。校長先生がポールの上着をびりびりにするように言いました」「なんの理由があって、うちの子の上着をぼろぼろにしろなんて、命令ができるんだ！うちの子は、ネクタイもしめているし、シャツのカラーだってちゃんと付けている！見えないのか、このポールのネクタイが。これでしばり首にしてやる！」もう、全身、猛烈な怒りがこみあげてきた。学校がポールをこんなふうに差別するなんて。その朝、学校に駆けこむとき、ポールのネクタイを握りしめて行った。そこにいたヤツらにおさえこまれてしまった。部屋の外につれだされてしまった。そうじゃなかったら、バタバタにあばれて、あいつの頭を引き裂くか、このネクタイで、しばり首にしてやりたかった。差別をする張本人が校長とは。

　なぜポールだけが、みせしめにされるのか。とてもまっすぐ家に帰ることなどできなかった。とにかく、上着をぼろぼろにした上級生の名前と住所をつきとめ、その家の回りをぐるぐる、ぐるぐる回った。そのうちに、そいつの父親がでてきた。その父親はやたら慇懃無礼で、弁償するとか言う。校長に命令されたからといって、下級生の上着をぼろぼろにするばかな子を育てたおまえもばかだ。

　子どもが学校でなぐられたり、何か不当なお仕置きをされたら、学校

にねじこみにいかなければ、ということが自分の信念となっていった。公職についていたり、公的な仕事をしている人がみんな信用できるわけじゃない。たとえば、ソーシャル・ワーカーがうちを探りに来たこともあった。下の子たちがまだ生まれていないころだから、戦争中のことだったと思う。ある夕方、警察官のような山高帽をかぶった男がうちを訪ねてきた。子どもたちが親にネグレクトされている、養育放棄されているという通報があったという。ソーシャル・ワーカーだと名乗ったけれど、たぶん警察だと思う。居間に腰をおろして、事情を聞きたいという。「いったい何が起きたんですか。何のことですか!?」自分でも思いがけない大きな声が出ていた。彼がいうには、子どもたちは汚れているし、栄養不良だし、そこらへんを野放図に走り回っているという通報だったという。

　折しもちょうど、下の2人を家の中に呼びこんだばかりで、上の子たちはまだ道路の向こう側で遊んでいた。「ちょっと待ってください。他の子もいま呼んできますから」。子どもたちを呼んで、大急ぎで家の中に押しこんだ。彼は、頭のてっぺんから、くつの先まで、子どもたちを眺め回し、ジャンパーやベストをつまみあげた。うちの母親もちょうど来ていたときだった。母も居間の隅に座って、一部始終を聞いていた。母と私のどちらが先に堪忍袋の緒が切れたのか、思い出せない。ほとんど同時だったのだろう。「そんなにじろじろ見て、いったい、どこが問題なんですか。どこかまずいところありますか」。「フォルダーさん、どうもすみません。通報はオーバーだったみたいですね」。「子どもたちはおなかがすいているんだから、ごはんを食べさせなきゃいけない。早く帰ってください。何を食べているかなんて見に、もどってきたりしないでくださいよ」。彼は、とうとう誰が通報したのかは言わなかった。母親が「誰だと思う」と聞いたが、見当がつかなかった。自分は毎晩、子どもたちを順番にきれいに洗ってあげていた。洗濯も、夜中までかかって、たくさんの服をごしごし洗っていた。暖炉の前に干して、朝までに乾くように、いつも気をつけていた。粗末かもしれないけれど、子どもたちには、いつも清潔な洋服を着せていた。

　そんな経験をした上の子どもたちも、いまは孫をもつ年ごろになった。

序章　ある家族の肖像

　自分はカウンシル・ハウスの借家に一人住まいをしている。ここに引っ越してくる前は、トリニティ通りのカウンシル・ハウスに長いこと住んでいた。その通りのカウンシル・ハウスは古くなっていたけれど、長い年月、こつこつと手入れされた小さな前庭をもつ家がいくつかあり、住んでいて楽しかった。この花、あの花と、毎年楽しみにしている花がいくつもあった。自分もポプラの木を植えていた。しかし、老朽化がひどいので、改築されることになり、立ち退かなければならなくなった。近所に住んでいたリンダもローズも早々に引っ越していった。2人とも、「どうして早く引っ越さないの。私たちのほうへ引っ越しておいでよ」と言ってくれた。でも私は心底トリニティ通りの家が気に入っていた。なによりも台所が大きいのがよかった。そこに来るまでは、シンクと皿洗い機のあいだにわずかなスペースしかない小さな台所で、使いにくかった。そこに来てからは、そういう苦労からも解放された。自分は最後まで居残ったので、担当者が何度も説得にやって来た。とうとう最後に、このヴィンセント・ガーデンの家に移った。リンダの家にも、ローズの家にも近い。子どもたちがどこに住もうと自分は気にしないけれど、近くに住んでいれば、それはまたそれで、便利なこともある。

　たとえば、近くに住んでいる孫たちがよくやってくる。いまは孫たちと話しているときが、いちばん心がなごむ。この間も、孫娘の一人が、ここへ来て、「かあさんに話せないことで、おばあちゃんに話してみたいことがあるんだけどね」という。「あら、あんたが、何を話したいんだか。私はかまわないよ」と言ってあげると、孫娘なりの悩みを話しだす。感じたままにちょっと助けになることを言ってあげる。自分は年よりじみたことは言っていないはずだ。

　子どもたちは、昼はそれぞれの仕事で忙しいかもしれないけれど、夜は仕事から解放されているわけだし、車だって持っているんだから、自分がむこうに行くより、あの子たちがこっちに来るほうが簡単なはずだ。でも、子どもたちが、ここに来るのは何かほしいものがあるときだけだ。

　マリリンは、仕事の行き帰りに近くを通っているはずだ。ポールのと

ころには寄っていくらしいけれど、ここにはめったに来ない。2週間前に、ここにちょっと顔を見せたので、「あら、こんにちはだわね。何がほしいの」と言ってやった。そのとき、たしか孫娘のサラがここにいたので「マリリンおばさんは何がほしくて来たと思う？」と言ってやった。「あら、あんまりな言い方ね。かあさんがどうしているんだか、様子を見に来たんじゃないの」「ああそうかい、それなら、2週間前に死んじゃったよ。新聞の死亡欄、見なかったのかい」「あらいやだ、そんな言い方しなくても。いつもながら、きついわね」。それで、クリスマスのあとには、マリリンの姿をとんと見かけなくなった。マリリンとは、あまり性があわない。もし、自分の身体の調子がわるくなったら、なるべく子どもたちに頼らず、公的なサービスを使って、なんとかやっていきたい。でも、サービスが間に合わなくて、誰かが来て、ちょっと食べさせてくれることが必要ということになったら、実際に来てくれるのはリンダだと思う。

　困ったことがあるときは、いちばん最初にポールのところへ相談に行く。去年、電気代の請求が高すぎて払えなくなったことがあった。電力会社のほうで、100ポンドぐらい計算を間違えていたらしい。請求額をみて、いったいどうしたらいいのかわからなかったので、ポールのところへ「助けてよ」と相談に行った。ポールは他の子どもたちのところを回って、お金を集めて払ってくれた。

　バブルは、めったに姿をみない。入ってくるなり、「どう、元気？　ちょっと2、3ポンド貸してくれよ」といきなり始まる。なけなしのお金を親からとっていく。

　子どもたちが小さかったときより、いまのほうが心配事は多い。たとえば、コリンの心臓麻痺だ。コリンが救急車で病院に運ばれたと聞いたときには、心配で1週間ぐらい眠ることができなかった。自分も睡眠薬を飲んだぐらいだった。コリンの心臓の手術の予定はたしか10月7日だったと思う。ディレックも心臓の手術をしたことがある。いまは心臓の調子はいいらしい。孫のロレーヌの結婚式のときに、跳ねたり、踊ったりしているのを見かけた。まるで2歳のやんちゃな子どものようだった。この間、ち

ょっと用事があって、ブロードウェイ通りのお医者のところにでかけた。通りを歩いているとき、どこからか、聞き慣れた声がする。まわりを見回すと、ディレックが、つるはしをふりあげたり、シャベルで掘ったりしている。道路工事人夫として働いていた。心臓のバイパス手術をしたのに、あんなきつい仕事で食べていなかければならない。直る病気も、直りにくくなるはずだ。

　コリンのパブには、年に１、２回いく。このあいだ行ったのは、７月のコリンの孫の洗礼の日だった。日曜日の朝に洗礼を受けて、そのあと、昼にコリンのパブでお祝いをした。自分はふだんアルコールを全然飲まない。クリスマスのあと、７月まで、半年以上もアルコールを口にしていなかった。パブでひさしぶりにコリンとゆっくり話していた。「さあ、かあさん、飲んでみて。レモネードの中に２、３滴ウイスキーが入っているよ。気にいるよ、きっと」。長いことアルコールを飲んでいなかったので、ほんの数滴で、すっかり酔っぱらってしまった。帰ってくるなり、バタンキューと寝てしまった。ドアにはいつも鍵をかけていない。隣りに住んでいる孫のマーチンが入ってきて、「おばあちゃん、いったいどうしたの。ちょっと大丈夫？」「ひさしぶりなので、ちょっとぐったりしただけよ」。そのまま横になっていた。マーチンは出ていったかと思うと、まもなく、コーヒーとビスケットを持って、また入ってきた。近くに住んでいる孫や子どもたちは、彼らなりのやりかたで、自分のことを心配してくれているのかもしれない。

　畑にいちご摘みに出るのはもうやめたが、いまもちょっと働いて、小銭を稼いでいる。道路の向こう側に老夫婦が住んでいる。そこの家の家事を２時間やって、３ポンドもらっている。自分は、他の人にはまねできないぐらい手早く、２時間のあいだにたくさんの家事をやる。そうじ、洗濯、ちょっと料理をつくってあげて、買い物までしてあげる。老夫婦といったけど、このふたりは自分より若いと思う。でも、自分のほうが、よく身体は動くし、年とったという実感がない。

　近所の人はわるくないけど、いいとも言えない。ときどき、どきっとす

ることが起きる。このあいだは、王立動物虐待防止協会の人が、私が飼い犬を虐待している、という通報があったと言って、やってきた。飼っている犬の半分にはえさをあげていないし、どの犬も弱っているようにみえるという通報だったという。「それは何かのまちがいだと思いますよ」と言うと、「犬のライセンスをもっていますか」と言う。ラッセルという犬のライセンスはとってあったので、「持っていますよ」と言うと、「じゃあ、犬を見せてください」と言う。「ラッセルは男の人がきらいで飛びつきますよ」とちょっとおどかしておいてから、しょうがないので中へいれた。残念なことに、ラッセルは戸口につないでいたのだった。つないでいなかったら、この人にとびかかってくれただろうに。ラッセルをだきあげると、自分の腕のなかでまるくなっている。「どこに虐待されている犬がいるんですか」と言ってやった。すると「赤いセッター犬は飼っていませんか」「飼っていませんよ」「おかしいな、赤いセッターが虐待されているといって、ここの住所の連絡が来たんだけど」という。いたずらなのか、まちがえたのかわからないけれど、人のすることを細かくみていて、いちいち通報する人がいるらしい。

　きのうの夕方も、奇妙な出来事があった。隣りに住んでいる孫が、夕食後に一緒に外出しようと誘いにきた。ときどき一緒に出かけることがある。支度をして、ちょうど出かけようとしていたとき、誰かが、ドアをドンドンとたたく音がした。開けてみると警察が立っていた。どきっとした。強盗に押し入られたと通報があったけど、と言う。「何かの間違いじゃないですか」「電話したでしょ？」「いいえ、していません」「一人暮らしですか。この30分ぐらいの間になにか起こりませんでしたか、何かに脅かされた経験ありませんか。」「いいえ、ぜんぜん。ほんのちょっと前には孫もここにいたんですよ」。警察が言うには、この30分の間に、4回も電話があったと言う。たぶん、道路の向こう側の家のだれかが、このいたずら電話をかけたんだと思う。

　ある夜は、窓ガラスに石ころのようなものをぶつけられて、壊されたことがあった。ベッドに横になりながら、雑誌をななめ読みしていた。何か

割れる音が聞こえ、若者が2人たたっと角をまがって、走って逃げていく足音がした。こっくりこっくりしていて、そのまま寝込んでしまった。朝に起きてみると、壊されていたのはうちの窓だった。これがはじめてではなかった。すぐ、警察をよんだ。警察官の女性は「なにか近所に恨まれているようなことありませんか」という。「そりゃ、私を嫌いな人がたくさんいるんでしょ。私だって、そんなやつら嫌いですよ。もう何回も、窓ガラスを壊されているんですよ。」と言ってやった。

　道のむこうにナイトクラブがある。そこに来たやつらが壊したんだろう。なぜ、私の家が、いつも悪質ないたずらの対象にされるのか。通報さわぎのような、からかいのターゲットにされるのか。なぜ、私なのか。

3. 丘の上の家
—マリリンの選択—

　その母と異なる生き方をしたいと、最も強く望んだのは四女のマリリンであった。マリリンは10人きょうだいの9ばんめ、いちばん下の妹である。結婚後は、親きょうだいがかたまって住んでいるシェアネスをはなれて、きょうだいと適度に距離をおいた生活を保とうとしてきた。マリリンが心を許してつきあっているきょうだいは、すぐ下の弟で、10人きょうだいの末っ子のポールだけかもしれない。2人は年が近かったので、学校に通うのも一緒、何をするのも一緒で、マリリンは学校でも、いつもポールをかばってきた。

　マリリンが母とは異なる人生を歩もうと、強く願うようになったのは、学校時代にいくつものくやしい思いを重ねたからであった。たとえば、小学校に通っていたころ、集会があるとき、マリリンとポールは講堂に入れてもらえなかった。マリリンは、ばかにされていると思った。学校でいちばんみすぼらしい格好をしているからだと思った。担任教師は、体育倉庫で待っているようにと言った。その日の夕方、学校からの帰り道、目を真っ赤に泣きはらして、泣きながら帰ったことを忘れはしない。もうぜった

いに、こんなめにあうなら、学校に行くのはごめんだと思った。

　マリリンとポールは、学校で「ジプシー」とよばれていた。「マリリンと遊んじゃいけないよ。ジプシーだから。」学校では何事もこうだった。いつもいちばんみすぼらしい格好をしていたからであった。自分たちはいつもちゃんとおフロに入っていたし、清潔にするように気をつけていた。それでも、こんなふうにさげすまれていたのだから、理由は着るもののせいだけではなかった。

　冬に着るオーバーがなかったときもあった。マリリンとポールが着る服は同じで、お互いに着回していた。ある年の冬、着ていくオーバーがなかったので、２人は長いこと学校に行かなかった。学校の生活指導担当者が見回ってきそうなときは、物入れのかげに隠れて見つからないように気をつけた。しかし、ある日とうとう見つかって、慈善協会に無理矢理連れていかれた。生活指導担当者は、慈善協会の衣服の山の中から、大きな雨ゴートのようなものを引っぱり出し、マリリンに着せた。それを見て「うちの母親ったら、あらぴったりだ、ぴったりだ、ぴったりだって、３回も言ったのよ。それで、うちに帰ったら、私にそれをぬぐように言って、次の日、自分でそれを着て、畑仕事にいった。想像できる？そんなの着て、畑仕事するなんて。おかしいったら、ありゃしない」。

　たしかに家のなかは、しっちゃかめっちゃかで、「みすぼらしいジプシー」も同然だった。いま、シャルロッテ（マリリンの娘）は、友だちをあたりまえのように家へ連れてくる。でも、マリリンが子ども時代にはそんなことはあり得なかった。にわとりが家の中をうろついていて、床はべとべとによごれていた。万事がそんな調子で、誰がうちに来ても、めんくらっただろう。だから、友だちをうちへ連れてくるなんて、思いもよらないことだった。

　マリリンは、母のいる家は「粗野（ラフ）」「がさつ」の典型だったと思う。子どもが安心して学校に通えるような、冬の暖かな衣料が用意されていないし、雨ゴートはとりあげて自分で着てしまう。家の中は、動物と人間の居場所が区別されていなくて、いっしょくただった。母の行き当たりばったりの

やりかたが、マリリンは大嫌いだった。もっと秩序だった生活、見通しをもった生活、よく準備された生活、整った生活を送りたかった。

母の、見通しをもたないやりかたは、衣料品のことによくあらわれているとマリリンは思う。母は、衣料品の安物セールが、むかしから大好きだった。子どもや孫たちが小さいときは、たしかに安物セールで、衣料品をたくさん買うことは必要だった。でも、いまはみんな大きくなって、もう誰もそんな衣料品を必要としていない。なのに、母はいまでも安物セールにいちばんのりでいって、不要なものを買いこんでくる。

シャルロッテがまだ小さかったとき、母がセールで買った山のような衣料品をもって、マリリンの家の戸口に現れたことがある。意気揚々として見せてくれたのは、全部赤ちゃん用衣料だった。たしかに、品は悪くなかった。でもマリリンには不要のものだった。安物セール品や古着は嫌いなのだ。姉のリンダにそのことを言ってみた。「そんなこと言ったらかわいそうじゃない。悪気があってやっているんじゃないんだから」。もちろん、母の気持ちを傷つけないように、ありがとうは言った。でも不要であることにはかわりない。

一家は「うすよごれたジプシー」とよばれ、兄たちも、札つきか、ごろつきのように、嫌われていた。「フォルダー」という自分の名前をいっただけで、まるでくさったマフィアの一員かなにかのように見られた。こんなこともあった。年頃になったころ、男の子たちと、シェアネスの通りを歩いていた。通りの向こうから来る兄の一人が歩いてくるのが見えた。そのすがたを目にするや、彼らはくもの子を散らすように逃げていった。

また、うちの戸口で、母が通りを眺めながらあくびのような大口を開いただけで、子どもたちは鬼婆にとって食われるかのごとく、走って逃げていった。マリリンが女友だちと、待ち合わせすると、うちの前に来るのも嫌がった。「通りか、どこか外で待ち合わせしようよ」と言われた。用事があって電話で話さなければならないときは、友だちに、自分からかけるのは嫌だから、「そっちからかけてよ」と言われた。万事がこんな具合だった。自分の家は他の家と何かが違う、ということをいつも感じさせられた。

マリリンの家では、父と母の役割が逆転していた。父はもともと造船所に勤めていたが、胸を病んで、かなり身体の調子は悪かった。マリリンが生まれるころには、もう造船所を辞めていた。だから、マリリンがものごころついたときは、父はいつも家にいた。父が料理したり、庭仕事をしている光景はマリリンにとっては、ごくふつうのことだった。奇妙な家庭だったと思う。でも、マリリンは父が好きだった。母は仕事から帰ってきても、洗濯だとかアイロンがけとか、何かしらの用事で常に忙しく、子どもたちの話をすわって、ゆっくり聞いている余裕はない。何か尋ねても、いつも「ああ、いいよ」「誰かに聞いてみて」というぐらいの反応しかかえってこなかった。

　だから、マリリンの相談相手は常に父であった。父には何でも話していた。父と話すことは楽しかった。マリリンにとっては、父がいてこその「家族」だった。父が生きていたときは、自立して外で働いている兄たちもよく家に帰ってきたし、きょうだいの顔がそろうことも多かった。父は稼ぎ手ではなかったが、一家のまとめ役だった。でも、マリリンが中学生のころ、父は亡くなってしまった。兄たちも以前ほどは家に帰ってこなくなり、「家族」はばらばらになっていったと思う。あまり、お互いのことに、関心をもたなくなった。

　あれやこれやで、マリリンは大家族でよかったと思うことは一つもない。大家族が理想的という人もいるけれど、大家族なんておかしなもので、マリリンは大家族はごめんだった。だから、いまも母たちが住んでいるシェアネスに自分は住む気がしない。母の近くに、リンダも、ポールもローズも住んでいる。生まれ育った同じ通りに、そのまま住んでいる。世の中はどんどんかわっているのに、何十年も前と同じような暮らし方をしている。マリリンは子どものために、何かもっとよりよいものを追求したかった。きょうだいの誰かにそのことを言ってみたことがある。でも、「ふうん、ま、それもいいんじゃない」と言われただけだった。

　マリリンがハーフウェイの丘の上の家に引っ越してきたのも、母やきょうだいたちが住むヴィンセント・ガーデンに住みたくなかったからだ。た

とえ、ヴィンセント・ガーデンが、もうちょっとましな通りにかわったとしても、あそこに住む気はしない。

マリリンは過去から抜け出すために、あらゆることをがんばった。結婚相手に、ジョンを選んだのもそうだ。ジョンはリヴァプールからやって来たので、マリリンの家族について、シェアネスでどんなうわさがながされているか、全く知らなかった。本当に正直なところ、これが彼を選んだいちばんの理由だった。自分の家族の過去を知らない人と生活したかった。それに、ジョンは労働者の多いリヴァプールで育った人だ。本当の「粗野(ラフ)」とはどのようなものかを知っている。「粗野(ラフ)」で、驚きはしないし、なんとも思わない。

ジョンと一緒になってから、マリリンはヴィンセント・ガーデンを抜け出すために、あらゆる手をつくした。ジョンと結婚して、最初は母の家に半年ぐらい同居した。リンダの義理の母の知り合いで、アルマ通りにアパートを貸している女性(ひと)がいたので、そこのアパートの２階に移った。でも、そこには自分たち専用のトイレがなく、共用トイレを使わなければならなかった。そこに１年ぐらい住んだあと、リンダに口添えしてもらって、次に、リンダの義理の母がもっていたアパートに移った。そっちのほうが部屋が大きかった。バスルームは共用だったが、専用のトイレはあった。バスルームの共用と、トイレの共用は、まったく別次元の問題だ。

そのあと、マリン通りの半地下のアパートに移って２年ぐらい住んだ。そのころには、シャルロッテも生まれていた。そこが、改築されることになって、引っ越せざるを得なくなり、母の家に１年ぐらい同居し、カウンシル・ハウスに移った。また、ヴィンセント・ガーデンにもどるようなことになるのが嫌でがんばったのは、このときのことだ。カウンシル・ハウスの売却予定があると聞いて、問い合わせてみた。最初は、だめだといわれた。再度問い合わせて、なぜだめなのかを聞いてみた。理由は子どもが１人しかいないからということだった。２人か３人いれば、可能性はあるが、１人はだめということだった。

住宅局の局長に手紙で陳情することにした。最初はやっぱり却下された。

写真8　1930年代、シェピー島のミドル・クラス住宅地（出典：[Reid 1997]）

でも、あらゆる手を尽くしてみることに決めた。もういちど手紙を書いてみた。そうしたら、あなたは家を手にいれるために必死みたいだから、次の会議で検討されるようにあなたの件はキープしておいてあげる、しかし、子どもが１人しかいないから、やっぱり却下されるでしょうと書いてあった。それが最後のチャンスで、売却予定は６軒だった。次の会議日まではまだ日があったので、また手紙を書いて、誰か住宅局の担当者にうちに来てもらって、どんな状態なのかみてもらえないかと頼みこんでみた。

　会議日の前に、住宅局の担当者が何人か、うちを見にきた。彼らは台所を見て回り、居間を見て回り、それから２階を細かく点検していった。ジョンは排水管工事や内装工事をすることができる。だから、古くなったパイプはつけかえていたし、古いシンクも新しいものに入れ替えていた。それから戸棚には新しい棚をいれ、家の補修や改装にはずいぶんお金をかけていた。家のなかを細かく見て回ったあと、女性担当者は「売却のために手を入れなきゃいけないところはなさそうね」と言った。もう本当にこのことだけが、マリリンたちがこの家を手にいれることができたただ一つの理由だった。住宅局としては、売却前の補修にお金をかけなくてもいいことがわかったのだ。もし、あのとき、担当者が見にきたときに、補修が必要だと思われていたら、わずかなチャンスは失われていただろう。でも、見たあとは、住宅局の担当者たちは、子どもが１人しかいない云々を一切言わなくなった。

　こうやって、マリリンたちは首尾よくなんとか持ち家を手に入れた。住みよい家にしたいと思って、日頃から、ジョンの器用さを生かして、細かく手を入れていたことが、効を奏した。マリリンは、こういった地道にこつこつと身の回りをこぎれいに暮らしやすく変えていくことが好きだ。

　だけど、最初にこの丘の上の家に引っ越して来たときは、思いがけないことがいろいろあった。引っ越してくる前に、道路をはさんだ向かいの

女性に、「ジプシーが1人ここに来るよ。フォルダーの家がここに来るんだから、絶対に何か起こるよ」といいふらされ、他の人たちもみんな心配しはじめた。彼女は、私たちが引っ越して来ることができないように嘆願書を出そうと、みんなをけしかけていたほどだった。

　マリリンたちがここに引っ越してきたのは土曜日だった。引っ越してきて、やれやれと思うまもなく、マリリンは表で泣き声を聞いた。何事かと思って2階の窓からのぞきだしてみると、この女性が「おまえなんか、あっち側へ行ってしまえ。あっちがおまえたちのいるところだから、遊ぶんならあっちへ行きな」と、まだ小さいシャルロッテを道路につつきだしていた。それをみてマリリンはかっとして、とぶように2階からかけおりて、大声でこの女性にむかってわめきたてた。「なにすんだよ。あんたよくもうちの子をぶったわね。なにやったか、わかってるの。私を怒らせたらどんなことになるか、わかってるの！」ちょうどあいつは、こっちに背中をむけていたので、その背中をどついてやった。「あんた、うちの子に指一本さわるんじゃないよ。二度とこんなことやったら、どうなるか、わかってるの！」ちょうど、一部始終をあっちの兄貴が窓の外で見ていて、おもしろがっていた。「あんたも見たでしょ」とマリリンが言うと、「あいつはちょっとえらぶっているからね」云々と言う。「こんどこんなことがあったら、警察をよんでやる、弁護士をよんでやる」とわめいておいた。

　そうしたら、次には「フォルダーの家に殺してやると脅かされた」と、ここの住宅地じゅうに言いふらされた。「ほら言ったとおりでしょう。フォルダーの家の誰か1人くると、ろくなことがおこりゃあしない。きっと何か面倒がおこるって言ったとおりでしょう」とまた、いいふらされてしまった。

　いまでは、そんなことも忘れてお向かいとつきあっているけど、これがマリリンたちが最初にここに来たときにおこったことだった。せっかくヴィンセント・ガーデンを抜け出したのに、丘の上にパラダイスがあるわけではなかった。いつまでもフォルダーの家というレッテルがついてまわった。

過去から抜け出すために、仕事を選ぶときも失敗しないように気をつけた。マリリンは学校を出てすぐ、パロット＆ニーブという縫製工場で働きはじめた。15歳だった。造船所の敷地の中にあったテント縫製の工場だった。従業員を募集していたので、行ってみたらそのまま即採用になって、気がついたら縫製工になっていた。縫製のことなんて何も知らなかったけれど、工場の人たちがみな教えてくれた。これこそ自転車操業ってもので、その場その場で覚えて、ミシンでいろんな縫い物ができるようになっていった。

そこでちょうど数ヶ月働いてひととおり覚えたころ、アーサー・ミラー会社がシェピーに新しい縫製工場を開き、従業員を募集するうわさを耳にした。マリリンは千載一遇のチャンスだと思って、この募集にとびついた。ちょうど、パロット＆ニーブが工場を閉鎖するとかしないとか、雲行きのよくない話が出はじめたときだった。あのとき、ぱっと決断して、本当によかった。本当についていたと思う。アーサー・ミラーにさっさと移って、そのまま勤め続け、もう20年を超えた。もうちょっとで、長期勤続表彰の金時計がもらえる。金時計をもらえるのは楽しみで、あと4年ぐらいかなと考えるときもある。いまでは、着るものも、靴も、食べるものもあって、生きていくだけなら困ることは何もない。でもそれに満足していたら、ただそれだけの人生でおわってしまう。最低限のことがみたされていれば満足、という生活は自分向きじゃない。

娘のシャルロッテには、何かもっとましなことに満足する未来をめざしてほしいと思っている。だからシャルロッテが幼いころから、まわりにそういう環境を整えることに気をつけてきた。マリリンの母は、安物セールで赤ちゃん用衣料、子ども用の服を買って、もってきてくれた。母の気持ちはありがたいと思う。でも安物セールで買った服とか、中古品の乳母車はいらない。シャルロッテには、自分たちが手に入れられる範囲の、できるかぎり、いいも

写真9　1950年代、造船所の敷地内遠望（出典：[Hughes 2002]）

のを使わせてあげたいと思う。

　だから、日中にマリリンがアーサー・ミラーの工場でフルタイムで働いている間、シャルロッテの面倒を誰にみてもらうか、ということについても細心の注意をはらった。ジョンの姉がハーフウェイの丘の上に住んでいた。夫の収入がよく、経済的に余裕がある義姉は働く必要がなく、いつも家にいた。マリリンはこの義姉にシャルロッテをみてもらうことにした。この姉なら安心して預けることができる。結局、シャルロッテが5歳になるまで面倒をみてもらった。毎朝シャルロッテを乳母車にのせて、ハーフウェイの丘の姉の家まで上がっていくのが、朝いちばんの仕事だった。シャルロッテが生まれて数年間は、シェアネスのマリン・パレード通りに住んでいたので、これはなかなかしんどい仕事だった。朝6時半に家を出て、預けると、大急ぎでバス停まで走っていって、出勤しなければならなかった。シェアネスには、母も姉たちもいた。でも、マリリンはなによりも、自分の親族じゃなくて、義姉にシャルロッテをみてもらいたかった。シャルロッテがのびのびと安心して毎日が過ごせるような、快適な落ち着き先が大事だった。

　かわいいシャルロッテを人に預けなきゃいけないことで、引き裂かれるような思いをしたことも何度もある。泣きながら通りを歩いて、目をまっかにさせて出勤したこともある。シャルロッテもきっと親を追って、泣いているのかな、と想像したこともあった。ところが、義姉がいうには「5分もしたら、けろっとしてたわよ」。これを聞いて、逆にとても安心した。ここはシャルロッテにとっては我が家も同然なのだ。義姉にシャルロッテをみてもらうことは、マリリンが自分で面倒をみるのと同じことだった。そうやって暖かいまなざしで、シャルロッテを見守っていることが伝わってくる義姉の雰囲気も好ましく感じられた。

　ところが、あるとき、義姉がシャルロッテの面倒を見ることができなくなった。困って、リンダに頼んだ。リンダは、ときどき農場の収穫作業に行っていた。それは知っていたが、まさか、シャルロッテを連れて畑にいくとは思っていなかった。でもリンダは自分の子たちと一緒にシャルロッ

テを畑に連れていった。それを聞いて、とびあがった。シャルロッテを収穫作業とか、畑になんぞ連れていってほしくない。たしかに、母は私たちを畑に連れていった。でも、私は子どもを畑に連れていくのは反対だ。このことで、リンダに文句を言った。リンダは畑は子育てに最適と思っているから、腹立たしく感じたようだ。そんなこんながあって、シャルロッテをみてもらうなら、やっぱり義姉にかぎると思い、あれこれ手をうって、またみてもらえるようになった。

　マリリンは、自分とリンダのしつけのしかたは違うと思う。たとえば、ものを食べるときのルールを教えることは重要だ。自分は、シャルロッテにはちゃんとテーブルマナーをしつけている。ところがリンダは、食事の習慣をきちんとしつけていない。たとえば、あの子たちときたら、食事中でもうしろを向いて、平気でしゃべる。リンダはにらみつけるけれど、いまさら、にらみつけたって、効果はない。夕食を食べたのに、あの食い意地がはった子たちはビスケットを食べたがる。うちだったら、夕食後は、もうだめよと言って食べさせない。でもあの子たちは勝手に箱をあけて食べてしまう。だから、あの子たちはみな、ぽっちゃり型で太っている。あんな体型にさせてしまったのはリンダの責任だ。まったく、しつけがなっていない子どもたちなのだ。

　リンダには、子どもが3人もいる。3人育てるのは大変だ。うちは1人で、シャルロッテは欲しいものは何でも持っている。シャルロッテが小さいときにも、リンダはよくマリリンに「また、新しい靴を買ってあげたの？」と聞いてきた。そう言われると何か悪いことをしているような気がする。シャルロッテに「これこれを買ってもらった」なんて、リンダおばちゃんに言っちゃだめよと口止めしたことがなんどもある。シャルロッテは毎年あっという間に大きくなる。だから冬にはいつも新しいオーバーを買ってあげる。ちょっと気がひけて、リンダのところに行くときは、わざと古いオーバーを着せていくこともあった。そんなこんなで、リンダはあんまり快く思っていないんじゃないかと思う。でも自分は、子どもを「粗野」にしてしまうやりかたは、どうかと思う。

序章　ある家族の肖像

　マリリンのまわりでは、小さな衝突が日常茶飯事のようにおこる。とくに夫のジョンと母はうまくいかない。母は「粗野(ラフ)」だから、じょうずなものの言い方ができない。ジョンはリヴァプール生まれで、北部の人間は率直なもの言いをする。他人に対して情け容赦がない。思ったことをそのままに言ってしまう。母が間違ったことを言ったら、ジョンはそれは違うとはっきり言う。これがまた、母の気持ちを逆なでする。マリリンでさえ、ときどき、夫に「もう少しおだやかに言えないの？」と頼んでみたことはある。あんな言い方をしなくても、もっとじょうずにやり過ごすことはできるはずだ。でもジョンはそういうことに気をつかうタイプではないのだ。
　母にもいろいろ問題はあるのは確かだ。でも、やっぱり自分の親だから、母の気持ちを傷つけるようなことは、できるだけ避けたい。マリリンは本当にそう思っている。でもリヴァプールの人間は、人の気持ちを傷つけることは全く気にしない。北部から来た人は、みんなそうだ。思ったことをそのまま口にしてしまう。ジョンは、リンダでさえ怒らせてしまった。リンダは明るいたちなので、誰とでもじょうずにつきあう。そのリンダに火をつけたのは、彼のものの言い方のせいなのだ。
　近所の人も怒らせてしまった。前には、隣の若い夫婦とうまくやっていたのに、ジョンがおくさんのほうにズバリとなにかを言ってしまった。それ以来、隣とは「こんにちは」も言えないぐらい、関係は悪くなってしまった。せめて隣とは「おはよう」「お子さんの様子はどお？」ぐらい、言える仲を保っていたい。なのに、それさえもない。現実には近所づきあいの楽しみもない。
　マリリンには、一緒にいて心からくつろげる友だちがいない。そういう友だちができないのは、ジョンのものの言い方のせいだった。前には、仲のいい友だちがいた。ジョンは手先が器用で、改装工事も得意だ。友だちの一人が部屋の改装を計画したとき、ジョンに手伝ってくれないかと言ってきた。気軽にOKして、ジョンがでかけたことが、親友を一人なくすことになってしまった。彼女が、張り替える予定のお気に入り壁紙や敷物を、工事に来たジョンに見せて、「どう思う」ときいた。彼は、思ったことその

ままに「ひどいしろものだね。なんでこんなもので、ベッドルームをだいなしにしようと思うのか、理解できないよ」と言った。これですべておわりだった。一部始終を聞いて、マリリンは泣きそうになった。ジョンはさらにおいうちをかけるように、「なんで本当のこと言っちゃいけないんだ」という。

　ジョンの傍若無人なものの言い方に平気なのは、弟のポールだけだ。夫のものの言い方が原因のひとつとなって、母やきょうだいたちと、なんとなくしっくりいかない。それに、マリリン自身が母の安物セール好きが嫌いだし、リンダのしつけかたも嫌だ。母たちの「粗野（ラフ）」にいらいらする。娘のシャルロッテにだけは、「粗野（ラフ）」と縁のない世界を準備してあげたい。でも、シャルロッテは父親に似て、率直なもの言いの子に育ってしまった。ときどき、マリリンでもびっくりして、たしなめることがある。それについて「また、なんで」みたいな言い方をする。

　前に進むことをめざすマリリンからみると、不可解なのがリンダの夫のジムである。ジムは百万人に１人いるかいないかの変わった人間だと思う。自分の兄や弟にああいうタイプの人間はいない。リンダがお金のやりくりで困って、じたばた走り回っても、ジムは眉ひとつ動かさない。全く意に介しない。なぜ平気でいられるのかと思う。そういうことに無頓着でいられるのはジムぐらいのものだ。彼がのんきで、いきあたりばったりだから、まわりの人があくせくしなければならないことになる。

　マリリンの父母も、母が一家の稼ぎ手を務めていた。でもそれは、父の身体がよわいという理由があった。リンダが外で稼いで、ジムは家の中のことをやっている。長女のロレーヌがいま一緒に住んでいる。ロレーヌの夫のポールが軍隊に入って、キプロスに行ってしまったからだ。ジムはまるで、ロレーヌの赤ん坊の「乳母」だ。赤ちゃんを買い物に連れていき、離乳食も食べさせている。こんなこまごまとしたことを、朝早くから、午後のお茶の時間までやっている。そのあとは晩ご飯の用意だ。大の男が、こうしたことで一日の時間をつぶしている。こんなことに平気なのは、ジムぐらいのものだ。

序章　ある家族の肖像

　マリリンはとにかく前へ前へと進んできた。その先に何があるかということについては、一抹の不安がある。ジョンの兄の家に行ったときも、現実を直視させられた。ジョンの兄はカンタベリーに住んで、学校の管理職を務めている。兄の再婚相手も学校の管理職で、ふたりはプール付きの家に住んでいる。大きな果樹園もある、すばらしい家だ。ここでパーティが開かれたとき、招ばれた。パーティに来ていたのは、みな学校の校長・教頭、教員、ビジネスに関わっている人たちだった。何千ポンドの投資がどうのこうのとか、そういう会話が聞こえてきて気後れがした。自分は場違いなところにきていると思った。そんな会話にはついていけなかったし、こちこちになって、気のきいた会話はできなかった。おしゃれで洗練された感じにふるまうことはできなかった。ジョンの兄は、他の人間よりすぐれていることを自慢するのが好きなタイプで、マリリンを他の客たちに紹介しようとはしなかった。自分は見下されているように感じた。ありきたりの人間で、何かに秀でているようなところが全然ないやつと思われていたと思う。自分たちが早く裏庭に行けばいいと思っていることが伝わってきた。

　自分の居場所はどこなのだろう。大家族は嫌だ。大家族が自分の居るべき場所とは思いたくない。若いころに、自分は大家族はもたないと強く決心した。大家族について、そう考えることにうしろめたさを感じるときもある。自分の生まれた家や家族について、こういう否定的な見方をするのは、間違っているのかもしれない。

　ときどき、はっとする思いにさせられる。兄のコリンが心臓発作になったときもそうだった。いまでも覚えている。金曜日にドリーン（コリンの妻）から電話がかかってきた。ドリーンは電話の向こうで泣きながら、コリンが心臓発作になったと言っていた。泣き声を聞いたとき、足元の地面が崩れていく感じがした。ドリーンはとても気丈な人で、泣くなんて想像もつかない人だ。その人が泣いている。ああ、神様、コリンは死ぬんですね、私は自分の家族に何をしてきてしまったんだろう。すべてが取り返しがつかないような気がした。そのまま受話器をもったまま、泣き崩れてしまっ

た。

　シャルロッテが小学校にあがったばかりのころ、こういうこともあった。学校から帰ってきて、シャルロッテが自分のクラスにいるみすぼらしい子のことについて何か言いはじめた。聞くともなしに聞いているうちに、だんだんと思いがこみあげてきて、シャルロッテをゆさぶるようにして言った。「その子のこと、うちではもう絶対にそんな言い方しちゃいけません」。
　心を静めながら、椅子にすわって、さとすようにゆっくりと続けた。シャルロッテはまだ6歳だったから、どうしてその子がそんなみじめで汚い格好で学校に来て平気なんだろうと不思議に思っている。その子がみすぼらしいのは、その子にとってはどうしようもないことなんだよ。その子のせいじゃないんだよ。その子にはどうしようもないことがあるんだよ。ママにはその子の気持ちがよくわかる。ママも、その子と同じだったから。たぶん、もっとみすぼらしくて、みじめな子だったと思う。「ママ、そうだったの？」そうだよ。
　母の安物セール好きや、「粗野(ラフ)」なところ、世の中のことを知らない「もの知らず」は嫌いだ。でも、ときどきこう思う。10人の子どもを育ててきた。10人育てるなんて、なみたいていの苦労じゃない。家族の面倒をみて、やっとの思いで子どもたちを育てあげてきた。なのに、みんな母親のもとから離れていってしまう。自分も母に悲しみをもたらしている一人なのだ。母はただちょっとやっかいな「年とったおじょうさん」なのだ。ちょっと口のわるい、辛辣な「おじょうさん」だけど。ずっと貧乏な「年とったおじょうさん」のままだけど。

―――――――――――――――――――――――――― 4. 野の風
　　　　　　　　　　　　　　　―リンダが受けついだもの―

　母にもっとも似た生き方をしているのが三女のリンダである。
　リンダがこれまでやった仕事の中で、いちばん好きなのは、農場の収穫作業だ。小さいころから母に連れられて、畑にいった。大人が働くそばで、

リンダもいちごを小さなバスケットにつめたり、さくらんぼを箱の中でならべてみたりしたものだ。母も、その母に連れられて、小さいころから畑にいって、いちご摘みをしたという。リンダは、その祖母のことはあまりよく覚えていない。しかし、祖母、母、自分と、もう3代も畑の人生が続いている。

写真10　シェピー島の日曜マーケットで売られているケント産のいちご（2008年筆者撮影）

　農場の収穫作業は、独特の楽しみがいろいろあって、とても「いい仕事」だ。その日に稼いだ分は全部自分のものになる。税金も払わなくていいし、保険料も払わなくていい。働けばかならず現金が入ってくる。今週の賃金をもらえば、来週の生活の見通しも立ちやすい。それに、いつも何かしら人手が必要な作業があって、仕事がとぎれることがない。冬のあいだも、ずっと働き続けることができる。

　11月にはセロリやレタスなどのグリーン野菜、クリスマスが近くなったら、芽キャベツというように、冬野菜の収穫が次々と続く。何かひとつ終わったら、また次のものが始まる。次女のサラを出産したときも、ちょうど芽キャベツの収穫の最盛期にかかっていた。寒くなっていく時期だったけれど、生まれる2週間ぐらい前まで畑に出ていた。そのときは、サラを生んだあと、すぐには畑にもどらなかった。年をこえると、雪が多く、地面も凍りつき、その冬は寒かった。もどったのは寒さの峠をこえた2月だった。

　畑の仕事は、子育てにもむいている。休憩時間には、ミルクをあげることもできるし、おむつをかえてあげることもできる。リンダは青空の下で、野の風にふかれながら子育てをした。畑仕事は、工場で働くより、よっぽどいい。時間にきつくないし、規則でしばられることもない。新鮮な空気を胸いっぱいにすいこんで、のびのびと働くことができる。リンダが母から受けついだもので、最もありがたいのは、野の風の中で働く喜びを教えてもらったことだと思う。

一緒に働いていた女性たちは、みんなリンダより年上だった。母と同じぐらいの年代だったかもしれない。畑で働くから、快活で、お互いに助けあいながら働いた。みんな子育ての経験もあるから、子どもを連れていくと声をかけてくれる。子どもたちも、いろんな人にかわいがってもらって、人見知りしない子に育っていった。畑仕事に来るのは、ほとんどが女の人たちだった。シェピーで住んでいる場所も近いし、子どもたちも似たような職業についていた。

　いまも収穫作業の仕事はあるけれど、農場の機械化が進んだ。リンダは介護の仕事をはじめたので、畑の仕事にはほとんど行かなくなってしまった。でも、畑の仕事仲間には、いまでも特別の親しみを感じる。長い間、毎日一緒に働いた仲間だ。町で買い物をしているとき、ときどき誰かに会う。たちどまって、おしゃべりを始めると、たちまち畑で働いていたときのようないきいきとした気分になる。畑仕事を通じて、長くつきあえるたくさんの知り合いができた。

　リンダは、規則でしばられることが少ない仕事が性にあっている。夫のジムもそのタイプで、性にあった仕事をさがし続けてきた。結婚したころ、夫は軍隊に入っていた。すぐ配転になって、ウォーウィックシャーに住むことになった。このとき、リンダは「子守り」の仕事をした。上官がいうには、3人の子どもの「子守り」をやってくれるなら、いいアパートも手配してくれるし、お給料もくれるという。とてもいい仕事のように思えた。でも、実際にやってみると、朝から晩まで一日中時間にしばられて、自由な時間がない。それなのに、もらえるお金は1週間にたった30ポンドだった。働く喜びを実感できない仕事だった。

　時間のむだも多かった。だから、軍関係者の住宅地のはずれにあった、こぎれいな個人病院で、「付き添い」の仕事も始めた。朝8時から午後1時まで働いた。そのあとに「子守り」の仕事を半日やった。一日に2種類の仕事をこなした。同じ仕事を続けるほうが、能率もいいし、何かと都合がいいと考える人たちもいるけれど、ちがう仕事をはじめると、知り合いも増えるし、気分転換にもなる。

序章　ある家族の肖像

　こうやって、リンダも、夫も、タイプのちがう仕事を一からはじめる経験をなんどか繰り返した。仕切り直しすることは苦にならないし、思いがけない未来が広がるような希望がある。リンダは働くのが好きだから、新しい仕事をはじめることを厭わなかった。

　ウォーウィックシャーに1年あまり住んだあと、ジムは軍隊をやめた。そのあと、シェピーにもどってきた。ジムは海に関係の深い仕事を探した。海中建設の作業船にのったこともあった。浚渫船のポンプ係もやった。タグボート曳きもやった。ジムは潮風にふかれながら、仕事をするのが好きなのだ。工場の中で、決まった時間に規則にしばられて仕事をするのは性にあわない。こうやって、結婚したあとも、ジムやリンダはなんども仕事をかえてきた。

写真11　20世紀初頭のシェピー島の埠頭（出典：[Hughes 2002]）

　ジムは建設会社の2次下請の作業場で働いていたこともある。そのあと、リンダの兄たちが手配する建設作業で一緒に働いた。いちばん上の兄のアーサーが面倒をみてくれた。兄たちにはずいぶん世話になった。このあと、ジムは窓ガラス清掃の自営業をはじめたが、数年やって失敗した。ジムは海の仕事にもどって、シェピー・モーター・ランチ・カンパニーで、船の係留を担当するボートマンになった。ジムはこの仕事が気に入っていた。それなのに、1980年ごろの不況のどん底の時期に、自宅待機者になってしまった。失業手当はもらっているけれど、自宅待機期間は長くなり、復帰の見込みはない。会社のほうでは、自宅待機者を出したあとは、残った人数で仕事を回していく仕組みを作ってしまう。自宅待機者は不要の存在になり、仕事に復帰できる可能性はほとんどなくなるのだ。

　家の中では、失業手当をもらっているジムが家事を担当し、リンダが外で稼ぐようになった。失業手当を前提にした、仕事分担になった。リンダの父母も同じだった。母が外に出て稼ぎ、父が家事をやっていた。だから、リンダにとって、自分が稼ぎ手となることにはなんの違和感もなかった。

ジムも男女の役割にこだわるたちではない。働ける者が働けばいい、という発想も母から受けついだのかもしれない。いつのまにか、母とそっくりの人生を歩んでいる。

　父母の役割が逆転していたのは、父が胸を病んで、かなり身体の調子が悪かったからだ。長時間働くのは無理だった。クリスマスの前に、母が請求書の束を見ながら、支払いのことを心配していた光景を思い出す。父と母は暖炉のそばにすわり、母が請求書を数えていた。そのかたわらで、父がこっくりこっくりと眠りにおちていた。シェピーは労働者の町だから、男たちはみな身体が丈夫で、ガンガン働き、どんどんエールを飲んで、稼ぎを家に持ってかえることを誇りとする雰囲気があった。その一方で、父のように働きすぎて身体をこわし、頑健さでは勝負できなくなった男たちもいた。健康を失ったり、身体に障害をもった男たちは、どのように居場所をみつけていたのだろうか。リンダの父は、母と役割を交代して、暖炉のそばに自分の安住できる場所をみつけていた。

　父は子どもたちに対しても、あたりがやわらかで、よく話を聞いてくれた。自分たちを学校に送りだしてくれるのも、夕食を食べさせてくれるのも、父だった。日曜日の夜に自分たちをおふろに入れてくれるのも父だった。母は忙しすぎて、子どもたちの話にゆっくり耳を傾けている暇はなかった。

　母は、なんでも自分でどんどんやる人で、思ったこともすぐ口に出して言ってしまう。父に対しても、かなりずばずば言ったり、きつい態度で接していた。母は、自分が外で働いているのだから、そういう態度をとっても当然と思っているふしはあった。父は家事をしていなければ、居場所を確保していることは難しかったかもしれない。それに父は実際に家事をこなすのがじょうずだった。リンダは、母のように夫に対してきついものの言い方をすることはしない。でも、男の仕事、女の仕事にこだわらないのは、母とそっくりだ。

　リンダもジムも、20代、30代の頃にだいぶ仕事をかえた経験があるので、仕事が途切れたとき、困ったときに、相談できる頼りになる人たちが身近

序章　ある家族の肖像

にいることは大事なことだと思ってきた。だから、親戚や知り合いと、いいつきあい方をするように気をつけてきた。とくに、住居のことは自分たちではどうにもならないことが多かった。住居のことでは、ずいぶん多くの人たちの世話になった。

　夫の母は、貸しアパートを経営し、公務員や郵便局員に貸していた。だから、貸し家業をやっている知り合いも多かった。結婚してまもなくのころ、この義理の母の紹介で、知り合いの女性(ひと)がもっていた借家に住んだ。そこは半地下の部屋だった。暗くて、風通しがわるく、じめじめしていた。でも、義理の母の家と一軒隔てた隣だったから、近くてなにかと便利だった。義理の母には、子どもたちが2歳になるまで面倒をみてもらった。2歳をこえてから、畑に連れていくようになった。妹のマリリンが結婚して部屋を探していたときも、義理の母に口をきいてもらった。義理の母を通じて、どこに空き部屋があるとか、どこが安いという情報も教えてもらった。結局、知り合いの貸し部屋を融通してもらった。家のことでは、知り合いの知り合いというものが、ずいぶん重要なのだということを実感してきた。だから、知り合いをたくさん持つように心がけている。

　結婚したころ、リンダたちの一週間の収入は58ポンドだった。夫は週に45ポンドもらっていた。でも、20ポンドは税金や保険料で天引きされてしまう。手元にはたったの25ポンドしか残らない。リンダの収入源は農場の収穫作業だった。働いた分はまるまる手に入った。だいたい週に33ポンドだったから、2人あわせて58ポンドだった。家賃、生活費、子どもにかかる費用の全部をまかなうので、きつきつの生活だった。本当に必要なものしか買えなかった。よけいなものは買わないように、リンダはいつもおサイフを引き締めていなければならなかった。

　半地下の部屋に住んでいるうちに、リンダはカウンシル・ハウスに住みたいと思うようになった。住宅局に行って、どうやったら入

写真12　シェアネスのカウンシル・ハウス（2008年　筆者撮影）

居できるのか聞いた。なんどもなんども行って、担当の女性(ひと)に顔を覚えてもらった。あるとき、ひょいとその女性(ひと)が、カウンシル・ハウスに空きが出ることを教えてくれた。この女性(ひと)はいまでも神様か何かのように思える。これも、知り合いをつくるように心がけていたおかげかもしれない。シェアネスにある海岸防備隊住宅とよばれていたところに入居できることになった。ちょっと、ごつい名前だけど、以前は海軍造船所や海岸防備警察に勤めている人たちの住宅だった。頑丈にできているカウンシル・ハウスで、とても気に入っていた。

　リンダたちが、自分たちだけではどうにもこうにも解決方法がみつからなくて、人の世話で窮地を切り抜けたことは他にもあった。あるとき、思いもかけないことに高額の納税支払請求書がきた。税金か、夫の失業手当のことで、減税手続きの申請をしなければならなかったのに、そのことを全く知らなかった。あまりにも高額で、リンダの家計ではとても払いきれなかった。困りはてた。エンタープライズ・エージェンシーに勤めていた知り合いのスーのところに駆けこんだ。スーはリンダたちの窮状を察して、すばやく方法を考えてくれた。書類をめくりながら「ちょっと待ってくださいね。詳しく読んでみますから」。そして「申請書に必要事項を書き込んで、送付する必要がありますね。夕方まで記入できますか。書類はタイプ打ちのほうが、印象がいいと思います。書き終わったら、2部コピーをとってください。1部は手元に残し、もう1部を送付すればいいんです。封筒に入れたら、夕方までに持ってきてください。私の義理の父が郵便局に勤めていますから、今晩中に発送するように頼んでみます」と、てきぱきと教えてくれた。頼りになる友だちのありがたさが骨身にしみた。

　末っ子のマイクが小学校に入ってから、リンダは介護の仕事をはじめた。ちょうど、農場の収穫作業も機械を使うことが多くなって、仕事も減ってきたところだった。別の仕事にかえるよいしおどきだった。下の2人を朝学校に送っていったあと、介護の仕事に行く。介護の仕事は働く時間を調整できるので、午後3時になったら、子どもたちを迎えに学校にいく。

　姉のローズも介護の仕事に応募しているとは知らなかった。リンダは

ローズから何も聞いていなかった。ほんの数軒向こうに住んでいるだけなのだから、ひとこと自分に言ってくれればよかったのに。介護のオーガナイザーからリンダに、問い合わせの電話があった。「ローズはこの仕事に向いているかしら」とたずねてきたのだ。希望者から応募があったときは、知っている人に様子をたずねるのはよくあることだった。問い合わせがあってはじめて、姉のローズが介護の仕事をやりたがっていることを知った。「もちろん、私の姉ですから、大丈夫ですよ」と答えておいた。でも、どうしてローズは自分に言わなかったのだろう。うちのような大家族では、むかしから仕事探しのときは、あっちのきょうだい、こっちのきょうだいに声をかけて、一緒に仕事探しするのがふつうだった。
　ローズの娘のジャッキーも介護の仕事をしたがっていた。この姪が応募したときにも、ローズはリンダに何も言わなかった。このときも、オーガナイザーが電話をかけてきた。「あなたの姪御さんがいついつから仕事を始めることになっているけれど、この仕事に向いているかしら？」、「大丈夫でしょう」と答えておいたものの、本当のところはちょっと心配だ。ジャッキーは気分屋なのだ。すぐぷりぷり怒る。ジャッキーは子どものころから、いつもそうだった。
　いまもリンダとローズは近所に住んでいるが、結婚したころも近所ずまいだった。まだ、リンダに子どもがいなかったので、なにかとジャッキーの面倒をみて、かわいがってあげた。だから、ジャッキーの性格はよく知っている。いろんなものを買ってあげたし、あちこち連れていってあげた。姉のローズもそれで、ずいぶん助かったはずだ。ジャッキーはリンダたちに、よくなついている姪の一人だった。だから、仕事探しで、自分たちに何も声をかけてこなかったのは、ちょっとショックだ。
　1980年の秋、ジムが失業した。自分にあう仕事を一生懸命に探したが、世の中、不況のどん底で、適当な仕事はころがっていない。中学を出たロレーヌにも仕事がみつからなかったので、一家はジムの料理上手の腕を生かして、お年寄り向けの給食・配食サービスの仕事をはじめようと計画した。中古車を買って、車内にはプロパンガスのコンロを備えて、食事を温

めることができるようにしよう。原価はこれぐらいで、利益はこれぐらい。ジム、ロレーヌ、リンダのお給料はこれぐらいにしよう。一家はこの計画に夢中になった。お年寄りに喜んでもらえるなら、自分たちが毎日どれぐらい働くことになるかは全く気にならなかった。毎日頭をつきあわせて、細かく計算し、しっかりとした計画をたてた。はじめるには、役所に相談して事業資金の貸し付けを受ける必要があったから、書類もていねいに作った。申請したが、1週間がたち、1ヶ月がたっても、返事はこなかった。結局、計画に終わってしまった。

　ジムに仕事がみつからない。それなのに、リンダはフルタイムの介護の仕事をやめなければならなくなった。リンダは精一杯働くのが好きだ。それにケア・ワークはやりがいがある。自分だって、仕事をやめたくはない。でもフルタイムの仕事についていたら、夫の失業手当がその分カットされてしまう。そんな理不尽なことって、あるだろうか。仕事がないからこそ、一家でもっと働くことが必要なのに。自由に働けないなんて、貧乏人に、もっと貧乏になれと言っているようなものだ。思いがけないところに落とし穴があって、どんどん追いつめられていく。

　リンダは表むき、フルタイムの仕事ができなくなった。それで事務所にお願いして、夜の病院付き添いの仕事を紹介してもらった。アルバイトのようなものだ。ひと晩じゅう付き添って、10ポンドだ。涙のようなお金だけど、やらないより、やったほうがいい。ジムが失業して、去年の冬、うちは電気代が払えなかった。近所に住む弟のポールのところに駆け込んだ。ポールに借りたお金をまだ返し終わっていない。夜のつきそいの仕事をすれば、少しずつ返していくことができる。

　リンダが夜の仕事をはじめたと聞いて、あるときポールが言った。「リンダ、いらないよ。僕に返すために、夜の仕事までやる必要ないよ。そんなきつい仕事、やめなよ。お金、返す必要ないからね」。このときのポールの言葉は、胸のおくの奥までしみこんだ。ポールのような弟がいるのは、本当に誇らしい。これからさき何か起きたとき、たよりにするのはポールだと思う。ポールのところに行って、相談するだろう。自分も泣き言を言

ってはいられない。丈夫な身体があるのだから、できることはやっていきたい。夜の仕事はやめない。

　お金に関して、ポールと母は正反対だ。母はお金にきつい。たとえば、リンダがジムと結婚したいと言ったとき、母は「ああ、毎週2ポンドのお金を失うことになるんだね」と言った。リンダの毎週の給料のことだ。結婚を喜んでもらえると思っていたのに、2ポンドのことを言い始めたので、正直のところ、リンダもびっくりした。母のもの言いは直接的だ。母にこのように言われたので、結婚してしばらくの間、ジムは、母に毎週2ポンド支払っていた。数回払ったあと、ジムは言った。「もう払わないよ。人身売買をやっているような気がするから」。

　子どもがおおぜいいて、うちはいつも貧乏だった。額は少なくても、毎週決まったお金が入ることを母はたよりにしていたのだろう。一人ずつ学校をおえて働きはじめ、収入のルートが太くなっていくことは、母の重荷を少しずつ軽くしていくことであった。いつもお金におわれていた母にとって、結婚して子どもたちが一人ずつ出ていって、収入の道がまた細くなってしまうことは、心細いことだったのだろう。

　母は70歳をこえているのに、いまも毎週、近所の家に家事手伝いに行って、小銭を稼いでいる。リンダも、母に洗濯ものをお願いしている。母に毎週、5ポンドを払っている。あるとき、姉のローズが「洗濯もの洗ってもらっているでしょう。洗いものを持っていくのを見たわよ」と言った。「ほんのちょっとした、小さなものだけよ」と答えておいた。本当に、母にお願いしているのは、ふきんとか、短い靴下とか、薄手の洋服だけだ。厚手のかさばるもの、重たいものを頼んだことはいちどもない。

　リンダが母に洗濯ものを頼むことを思いついたのは、ある年のクリスマスのあとだった。前の年のクリスマスに、母はガス代の支払いができなかった。母はポールのところに相談に行った。ポールがきょうだいのところをまわって、お金を集めて支払った。きょうだいの誰かが、お金を出すのは嫌だ、と言ったそうだ。そのことを聞いて、母は怒ってしまった。リンダが思うに、母がそんなふうに腹を立ててしまったら、そのうちみんなお

金を出さなくなるだろう。

　母は、毎年クリスマスのころに、ガス・電気の支払いに頭をかかえてしまう。ある年は、うちの末っ子のマイクが、母のところからもどってきて「おばあちゃんの家、ガスがつかないよ」と言った。また請求書が払えなかったんだな、とわかった。母に洗濯ものを頼んで、毎週5ポンドずつ渡し、やりくりしてもらうことを思いついたのは、このときだ。

　ジムが失業しているので、リンダの家計は、正直なところ火の車だ。ある週はバターを買うのを伸ばし、次の週は卵を買うのを翌週にまわして、5ポンドをひねり出した。ひねり出そうとすれば、なんとか知恵は出るものだ。母が支払いができなくて、弟のポールをたより、きょうだいたちに頭をさげてまわるのは、なんともかわいそうなものだ。

　母も70歳をこえた。農場で長年働いて、関節炎で腰を痛めている。母は気丈だから、腰を痛めていることを他人に知られるのを嫌がっている。でも、腰をかばって歩いている姿から、調子が悪いことがわかる。本当は、母にはゆっくり休んでもらいたい。働くのもほどほどにしてほしい。でも、支払いができなくて、きょうだいたちに頼んだり、断られて怒ったりする姿を見るのはしのびない。リンダはいっぺんに大金を出すことはできないけれど、毎週すこしずつなら、なんとか方法はある。考えついたのが、軽い洗濯ものを頼んで、毎週5ポンドずつ貯めてもらい、支払いに備えてもらうことだった。

　母は社会福祉の対象者になっている。週21ポンドの援助をもらっているはずだ。でもそれで週7日暮らさなきゃいけないのだから、多い額ではない。カウンシル・ハウスの家賃は控除されているらしい。母はそのことを一切言わないし、聞いてもそのことを話さないと思う。福祉の対象者となることは、さげすまれるような気がして嫌なのだろう。

　腰を痛めているので、何か利用できる社会福祉サービスがあるはずだと思って、役所に電話してたずねてみた。お金の援助を受けることはできないが、物材の補助ならできると言う。バスルームに補助バーをとりつけることもできるし、2階にあがる階段に補助てすりをとりつけることもでき

るという。そういう方法がいいですねと言うと、「では、近いうちにお母さんのところへ行って、家の内部を見てから、相談しましょう」と言う。「うちの母は年をとっていて、気むずかしいときもあるんです。行ったときはちょっと気をつけてください。へそを曲げると、人に出ていけ、と言ってしまうこともあるんです」と念のため、つけたしておいた。

しばらくして、母の家に行ってみると、バスルームや階段に、すでに補助バーがとりつけてあって、使いやすくなっていた。母はご満悦だった。福祉サービスのスタッフはうまくやってくれたみたいで、感謝している。でも、福祉サービスにしょっちゅう電話して、お願い事を重ねることはしない。自分も介護で働いていたので、スタッフを知っている。知り合いだということを利用して、ちょくちょく頼み事をすることはしたくない。

母のことは、いつも心のどこかで気にかけている。母は「とんがった」性格だから、きょうだい全部と仲がいいわけではない。母も年をとって、気むずかしさが増した。きょうだいの家の事情もいろいろだ。母とうまくいっていない家もある。だから、ときどき思いがけないことで、母が腹を立てる。それを嫌って、母をよびたがらない家もある。母はマリリンの家にはいかない。マリリンの夫とは仲がわるく、顔を合わせないようになってしまった。72歳だから、おだやかな毎日を過ごしてほしいのだが、なかなかそういうわけにもいかない。

リンダは近くに住んでいることもあって、特別のことをしなくても、母の様子をみることができる。自分たちが日曜日に外出の予定があるときには、サラに言って、母も必ず誘いにいかせている。このあいだも誘いに行ったサラがいうには、「おばあちゃんは、その日になって、出かける気分になっていたら、一緒に行くと言っていたよ。でも、たぶん来ないと思う」と言う。そうはいっても、ちゃんと誘いにいく必要はある。このあいだも、ちゃんとしたくをして、待っていた。

マリリンか、ポールの誕生日に、きょうだいが集まって、楽しかったことがあった。誰かが母を誘ったけど、来なかったんだろうと思い、もどってきてから、ごく当たり前に母に集まりのことを話した。驚いたことに、

誰も母に声をかけていなかったらしい。母はそのことを知って、腹を立てた。だから、そのあとはとても気をつけている。何でも集まりがあるときは、母に声をかけておくのだ。リンダは、きょうだいの中でも、母との距離が近いほうだ。母からすると、リンダとポールがいちばん声をかけやすい子どもたちだろう。リンダも母のことを気にかけるのは、自分のつとめだと思っている。

　母は、うれしいときも、感情をストレートにあらわすほうではないから、何を考えているのか、ちょっとつかみにくいところがある。母と距離をおくほうが楽に感じるきょうだいもいる。リンダたちが子どもの頃、いつも話をきいてくれるのは、母ではなく、父だった。母にはちょっと近づきにくい雰囲気があった。母は、人が傷つくようなことも平気で言うことがある。リンダでさえ、ときどき「ひどい子だねえ。きっと、地獄におちるよ」とぐさりと言われてしまう。

　母は、子どもも孫も、男の子のほうをかわいがった。ただ、ディレック（兄の１人）だけは別で、母はディレックに近づきたがらない。きょうだいの中でも、ディレックは喜怒哀楽の自分の気持ちをストレートにあらわす。うれしければ人にとびつき、だきつく。母と似ているのに、母はディレックと性が合わない。１〜２年前にディレックが重い心臓病になった。シェピーでは手術ができず、ロンドンで入院し、手術をうけなければならなかった。手術は成功するかどうかわからないほどだった。それなのに、母はお見舞いにも行こうとしなかった。「コリンの心臓病と同じでしょ」と言っただけだった。

　母は子どもの頃から、ちょっと「とんがった」性格だったのだという。この夏、久しぶりにシェピーに遊びに来た母のきょうだいが、そう言っていた。母もおばも、「渡り」の子どもとして、小さいころから、人にきつく当たられることが多かった。おばが言うには、母は子どものころから全然かわっていない。小さかったときも、人ともんちゃくを起こさない日はなかった。結婚して、家を離れる日まで、そうだった。おばが若かったころは、母とよくぶつかった。でもいまは、母が生きていく道はそれしかな

ったんだろうと、思うようになったそうだ。

　母にくらべて、自分は子育てで苦労したこともほとんどなくて、恵まれていたとリンダは思う。子どもたちはのびのび育ってほしいと思っていた。願ったとおり、素直な子どもたちに育ってくれた。リンダが口うるさくしつけをする必要もなかった。でも、最近心配事がひとつ出てきた。この秋、末っ子のマイクが中学校にあがった。友だちができなくて、苦労しているのだ。この間も、サラが学校の中庭でひとりぼっちでぼんやりとしているマイクをみかけたと言っていた。

　小学校のときの友だちも、同じ中学にあがった。別の友だちグループを作り、マイクからは離れていったらしい。友だちができないどころか、いじめられて、蹴りを入れられることもあるらしい。マイクはやさしい子なのにどうして仲間はずれにされてしまうのだろう。マイクがどんな気持ちで毎日を過ごしているのか、リンダにも痛いほど伝わってくる。自分も一緒に泣きたい気持ちになった。うちにお金の余裕があったら、汽車に乗って、どこかへ連れていってあげて、気分転換でもさせてあげたいくらいだ。いまは、じっと様子を見守るしかない。

　最近、自転車事件があった。マイクが乗っていた自転車は古くなり、乗り心地がだいぶわるくなっていた。マイクは新しい自転車をほしがっていたし、アルバイトに行くために自転車が必要だった。ミンスターで、手頃な自転車を売っていたので、10ポンドで買った。月曜日に新しい自転車に乗って学校にいった。火曜日には、もう全部バラバラにされてしまった。学校の駐輪場でマイクの自転車がバラバラにされているとき、サラがちょうど通りかかった。こわくて止めにはいることはできなかった。でもしっかり、やったヤツらの名前はメモしてきた。

　すぐに学校に電話をかけて、自転車事件のことでねじこんだ。ヤツらの名前もぜんぶ告げて、ちゃんと対処してくれるように言った。むかし、母もポールの上着のことで学校に怒鳴りこみ、校長と勝負したことがあった。「自転車をばらばらにするなんて、学校にも責任があるんじゃないんですか。そんなことがはびこっている学校なんて、もうがっかりですよ」と、

はっきり言ってやった。そうしたら担任は「対処します。ですが、自転車については、学校では責任もちません、と生徒たちには言ってあります」と言う。そして、結局は何もしてくれなかった。自転車をバラバラにされるのは、盗難に等しいぐらいの出来事だ。なのに、それが放置されているなんて、学校の実態には失望した。中学校ではがっかりすることがいろいろ起きる。弱い者は黙っていると、ますますおいつめられてしまう。夫は、親がそんなにいちいち文句をいうのも考えものだよと言う。マイクも男の子だから、母親が学校に苦情をいうのを嫌がって、そのうち学校のことをあまりしゃべらなくなるかもしれない。やきもきするけれど、マイクがなんとか乗りきれるように、いまは見守ってあげることしかできない。

　自分は、シェピーで生まれ、育った。自分はシェピーが好きだ。子どもたちがシェピーに心底から愛着をいだけるような環境を整えてあげたい。だから、マイクの自転車事件は残念なのだ。自分は、シェピー以外のところに住むことはありえない。シェピーには、母もきょうだいたちもいる。「家族」がいるところ、それがシェピーだ。もしシェピーに「家族」がいなくなったら、それはシェピーではなくなる。

　リンダは、シェピー島の中でも、北のテムズ川に面したあたりの風景が好きだ。もし、お金に余裕があったら、そこに近いパーク通りか、レオナルド通りに家を買いたいものだと思う。前は静かでおしゃれな通りだった。あのへんはお金に余裕のある人が住む地域だった。兄のコリンはあそこに家を持っている。いまは人に貸している。コリンはパブを経営している。自営業だから、いつも順調とは限らない。不動産をいくつも持って、いざというときに備えているのだ。

　リンダはいつまでもカウンシル・ハウス暮らしだ。ジムも失業したままだし、自分もフルタイムの仕事につけない。とうぶん、カウンシル・ハウスだろう。でもカウンシル・ハウスの生活をそれなりに楽しんでいる。ジムは最近リビング・ルームに少し手をいれて、バー・カウンターのようなものを作った。そのうち、どこかのカウンシル・ハウスを買いとって、ジムの得意の腕を生かして、住み心地のいい家を作りあげていきたい。

I 部
シェピー・スタディーズ (*Sheppey Studies*) の 2 次分析

*I*部　シェピー・スタディーズ (Sheppey Studies) の2次分析

1章　シェピー・スタディーズ再考

1-1　2次分析の目的と意義

　I部では2次分析の実例を示すことにしよう。用いるデータは、イギリスの社会学者レイ・パール (Ray Pahl) が、1970年代後半〜80年代半ばに、10年余年の歳月をかけて取り組んだ調査プロジェクト「シェピー・スタディーズ (Sheppey Studies)」の質的データである。パールを代表者とするシェピー研究チームの調査・データ・分析を、それぞれ「オリジナル調査」「オリジナル調査データ」「1次分析」と記し、それを用いた筆者 (武田) の分析を「2次分析」と記すことにしよう。日本人研究者である筆者 (武田) が、1980年代のイギリスのデータを用いて2次分析を行うことには、どのような意義があるのだろうか。

　シェピー・スタディーズが実施されたのは、1980年代のイギリス経済の不況期で、失業者が増大していた時期である。調査の目的は「格差拡大・分極化 (polarization) プロセスの解明」で、貧困世帯が貧困状態からなぜ脱出できないのか、その社会的メカニズムを明らかにすることであった。近年、日本においても格差拡大、貧困問題が深刻化している。議論の焦点となっているのは、非正規雇用労働者、ワーキング・プア、フリーターなど、フォーマル・ワーク市場から排除された人々が、セーフティネットから抜け落ち、多重の排除が集中している社会的状況等である。労働という面からみると、おおむねフォーマル・ワークとそこからの排除に関心が集まっているといえるだろう。

　これと比較すると、シェピー・スタディーズの場合は、インフォーマル・ワークの調査から出発し、フォーマル・ワークとインフォーマル・ワークの両方のワークに目配りをきかせて、貧困状態が継続するメカニズムを追究している点に特徴がある。両方のワークが連関しあって、どちらの市場からも排除される貧困者を生み出していることを解明した視角と調査方法は、現代日本の格差問題や貧困問題について深い射程で分析することに資

するであろう。このような特徴をもつシェピー・スタディーズを2次分析することは、現代社会の貧困の特性、格差発生の要因をさらに深く多面的に考察することにつながる。

2次分析を通して、1980年代のイギリスの貧困・格差問題の分析方法を再検討し、現代日本の同様の問題にせまる有益な視角を洗いだすことが、本書で行う2次分析の目的と意義である。

本書Ⅰ～Ⅲ部は、シェピー・スタディーズのオリジナル調査データ・資料、パールの著作・論文、シェピー研究チームの共同研究者たちの論文、パールへのインタビュー(2007年8月27・28日、2008年8月28・29日、サウサンプトン大学グラハム・クロウ教授と共に実施)に基づいて記述している。シェピー・スタディーズのオリジナル調査データ・資料はUK Data ArchiveのQualidataによって管理・公開されている(本書Ⅴ部に詳述)。

1-2 レイ・パールとシェピー・スタディーズ

シェピー・スタディーズ着手に至るまでのパールの研究テーマの推移、彼の研究キャリアにおけるシェピー・スタディーズの意義、その後の研究の深化については本書Ⅲ部に詳述している。ここでは、レイ・パールとシェピー・スタディーズ着手のきっかけについて、簡略に紹介することにしよう。

日本では、パールは1960～70年代に台頭した欧米の新都市社会学の研究者の1人として紹介されてきた[1]。ネオ・ウェーバー主義の立場にたつアーバン・マネジャリズム論の論者として知られている。1970年代には、すでに新都市社会学者の1人として国際的に著名であった。世界社会学会(International Sociological Association)のRC21 (Research Committee 21 = Urban and Regional Development)の創立メンバーの1人であり、1974～1978年には、RC21の会長も務めている。

1980年代には、シェピー・スタディーズによってワーク論へと研究の幅を広げた。その主たる研究成果は『労働と分業(*Divisions of Labour*)』(1984, Blackwell)である。ヨーロッパの社会科学分野において、社会学以外の領

I部　シェピー・スタディーズ (Sheppey Studies) の2次分析

域からも高い評価を得ている研究である。都市社会学にとどまらない、新たな研究の方向を切り開いてきたその独自性は、「1970年代初頭から現在にいたるまでの35年の間、イギリス社会学において最も強い影響をあたえ続けてきた社会学者の1人[2]」として衆目の一致するところで、2008年には英国学士院会員 (Fellow of the British Academy) にも選ばれている。

1960〜70年代半ばまで、パールの研究テーマは都市官僚制と権力、アーバン・マネジャリズム論で、調査対象はおもに郊外住宅地、ミドル・クラスであった。資本主義社会を全体社会としてとらえ、都市をサブシステムの1つとして考察し、それらとミクロ・レベルの家族・個人との関係に影響をあたえる拘束要因 (constraint) や機会 (opportunity) などについての考究を深めていた。

1970年代半ば、パールは強い決断力で研究の方向を転回させ、ワーク論の研究に着手した。これがのちにシェピー・スタディーズとして知られるようになった研究である。調査対象はワーキング・クラスと、ワーキング・クラス集住地域であった。それまでのパールの研究キャリアに鑑みて、ワーク論への着手が研究上のどのような課題を追究するものであったかについては、本書III部に詳述している。

転回の背景について、パールは次のように記している。「1976年にワーク論の研究に着手した。ワークが男性の雇用労働の意味でしか用いられていないような社会学の狭い観点を広げることが目的であった[3]」。1976年は、まだISAのRC21の会長を務めていた時期にあたる。しかし、パールは、ワーク論の研究に切り替える決心をした日をはっきり記憶しているという。バッキンガム宮殿周辺の通りを、社会移動の研究者であるマイク・メラー (Mike Mellor) と議論しながら歩いているとき、自分のこれまでの研究がある区切りの段階に至ったことを自覚した[4]。パールの決心を促したのは、1970年代半ばの高インフレと失業率の高さであった。「いったい普通の人々はどのように暮らしているのか (How ordinary people are getting by?)」という思いが、パールを新たな領域に向かわせた。

1978年からナフィールド財団 (Nuffield Foundation)、1980年から社会科

学研究機構 (Social Science Research Council) の研究費がついた。1979年は保守党の政府が復活して、サッチャーが政権を握った年である。公的資源が削減され、研究資金の獲得が難しい状況の中で、パールのこの研究は時代が必要とし、期待された研究であった。ちなみに、パールはこの研究の半ばの1984年にケント大学のフルタイムの教授を辞め、パートタイムの教授に職位を変えている。中堅の教授に重くのしかかる勤務校本務の負担を軽減し、調査に専心するため、「リスクをとった」決断であった[5]。

1-3　1970～80年代のイギリスの社会的状況

パールが新しい領域の研究に着手することを決意した1976年当時のイギリスの社会的状況とはいかなるものであったのだろうか。政治面では、1974～79年は労働党政権の時代であった (1974-76：ウィルソン、1976-79：キャラハン)。1973年の第一次オイル・ショック以降、経済面では停滞が続き、1975年のインフレ増加率は25％を超えた(図表I-1)ウィルソン首相は1976年4月に辞任し、キャラハン新首相の指導力で深刻な経済状況の打開が期待された。しかし、1976年9月にはポンドが下落して、IMFからの借款が必要となり、ポンド危機が生じた。図表I-2はイギリスにおける1963～82年の男女別失業率である。1950～60年代には、失業率が3

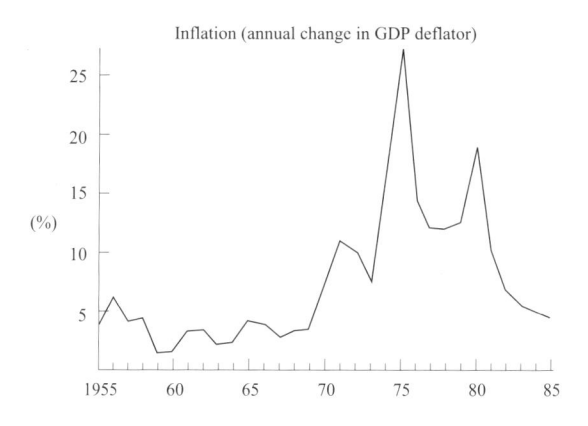

出典：Layard, L., 1986, *How to Beat Unemployment,* Oxford University Press, p. 31.

図表I-1　イギリスにおける1955-85年のインフレ増加率

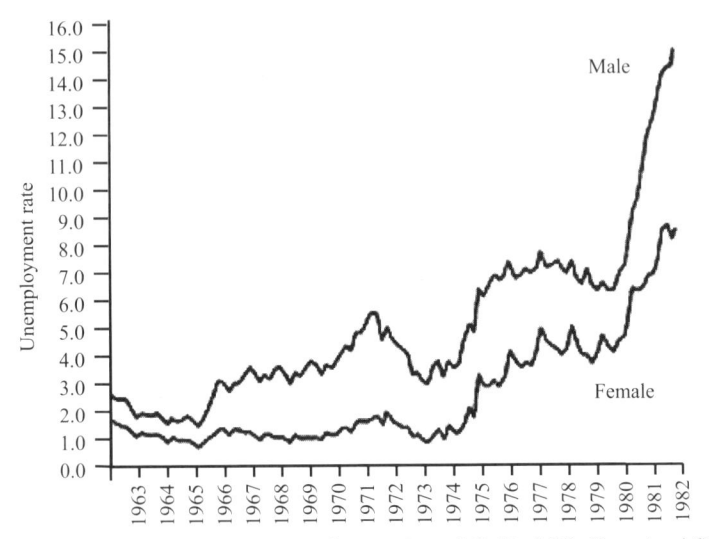

I部　シェピー・スタディーズ (Sheppey Studies) の2次分析

出典：Frost, M.E., Spence, N.A., 1983, "Unemployment change", Goddard, J.B., Champion, A.G(ed)., *The Urban and Regional Transformation of Britain*, Methuen; London.: pp. 239-259

図表 I -2　イギリスにおける1963-82の男女別失業率

％をこえることはほとんどなかった。しかし、1970年代には、73年にいったん下がったものの、74～76年は高い失業率を呈し、77年8月のピークには失業者実数は160万人をこえた。

1979年に、保守党政権に変わり、サッチャーが首相となった。失業率は、79年にはいったん5.9％まで下がったが、80年代に入ると急増し、82年には12.9％に達した。このような社会状況を反映して、補足給付金（生活保護）受給者も増え続け、1979年の約300万人が、1984年には約500万人に達した [Walker 1987: 20-26]。受給者の増加は公的出費の増加を意味する。

1980年代前半、失業者の年齢層は、若年男性と50代以上男性が多かった。失業者全体の18％は20～24歳男性であった。50代以上男性の失業は長期化する傾向にあった [Hopkins 1991: 216-217]。また、失業者のうち、未熟練労働者、建設業もしくは製造業就業者、イングランド北部居住者が占める割合が高かった [Layard 1986: 21-24]。

1982年の状況では、世帯主が失業している世帯のうち54％は公的住

1章　シェピー・スタディーズ再考

図表Ⅰ-3　1973-86のマニュアル職、ノンマニュアル職の実収入
（1週間の平均賃金。単位：ポンド）

Real Wages, 1973-86

	1973	1974	1975	1976	1977	1978	1979
All occupations	172.3	170.3	178.5	177.2	165.2	173.5	179.9
Manual workers	157.1	156.1	164.1	161.1	150.7	157.6	165.0
Non-manual workers	198.0	194.4	201.1	201.5	187.0	196.2	200.0
	1980	1981	1982	19893	1984	1985	1986
All occupations	180.9	185.6	183.1	190.9	197.0	198.3	207.5
Manual workers	162.7	158.5	159.0	164.1	168.2	168.6	174.7
Non-manual workers	205.4	211.6	212.2	222.3	230.3	231.9	249.9

Source: *Employment Gasette*, January/June 1988

宅（カウンシル・ハウス）に居住していた。しかし、30％は持ち家層であった。有職者で結婚している男性の場合、妻も働いている割合が高かったが、失業者で結婚している男性の場合、妻は働いていない割合が高かった。妻が働いていると、補足給付金の受給額に影響するからである。これは、有職者世帯、失業者世帯の間で格差が拡大していることを意味する [Hopkins 1991: 216-217]。

82年以降、インフレは次第に治まってきたが、製造業の回復は88年頃まで遅れた。その一方で、化学工業や電子機器産業のように成長していた業種もある。矛盾するようであるが、家庭で消費される日用品の需要は落ちこむことがなかった。消費意欲は活発で、日用品販売は活況を呈していた [Hopkins 1991: 194-195]。

図表I-3は1973～86年のマニュアル職、ノンマニュアル職の実収入（1週間の平均賃金。単位：ポンド）の推移である。1973～79年には、マニュアル職、ノンマニュアル職の間の格差は小さい。しかし、1980年以降は格差が拡大している [Hopkins 1991: 229-230]。

以上のように、1970年代半ば～80年代半ばにかけて、イギリス社会は全般的に高失業率の状態が続いていた。経済停滞の影響は一律ではな

I部　シェピー・スタディーズ (Sheppey Studies) の2次分析

く、社会の中の「格差拡大・分極化 (polarization)」が進行していた。パールは、このような状況を機敏に読みとり、社会が必要とする調査に取り組んでいったのである。補足給付金に対する公的出費は増大し、失業者を怠惰とみなす世論の批判も強かった。「いったい普通の人々はどのように暮らしているのか」という問いは、失業者世帯に対するそのような批判に対し、ワーキング・クラスの日常生活の面から、格差が進行するメカニズムを解明しようとしたものなのである。

　パールは1960年代後半から行政の仕事に関与することが多く、地方および中央政府の統計を詳細にみる機会に恵まれていた。1970年代前半の経済成長期に、一般的には楽観的なシナリオが流布していたが、ワークのパターンが変化しつつあり、格差拡大の予兆があらわれていることに危惧を感じていた [Pahl 1984: 1-14]。都市のインナーエリアには深刻な社会問題が生じていた。またそれ以上に、不均等な資源配分の深刻な影響があらわれていたのが、シェピー島のような地方の工業地域であった。都市だけを分析単位としていたのでは、イギリス社会が内包している問題には迫ることができないという問題意識をパールは強く持つようになっていた。全体社会を独立変数とし、都市社会を従属変数とする分析枠組からテイクオフし、地方の工業地域およびワーキング・クラスの生活を視野に入れた分析枠組を作る必要があった。ワークを切り口として、経済的停滞というナショナル・イシューが、日常生活 (the everyday lives of people) に及ぼしている影響を解明し、現代社会の構造にせまろうとした試みがシェピー・スタディーズである。

1-4　シェピー・スタディーズの知見

　シェピー・スタディーズの調査がどのように進行していったかについては本書II部に詳述している。調査は1976年から1986年の10年余におよんだ。この期間を調査段階別に分けると4つに区切ることができる (図表II-1参照)。1976～77年は調査企画段階、1978～80年夏は予備調査、1980秋～83年は第1次本調査、1984～86年は第2次本調査である。

第1次本調査を終えたあと、1984年に『労働と分業』が出版された。この『労働と分業』出版後に実施されたのが第2次本調査である。ここでは、第1次本調査までの知見、つまり1984年の『労働と分業』に記された知見の核心的な部分についてだけ述べておこう。

「いったい普通の人々はどのように暮らしているのか」という問いにせまるため、1976〜77年（調査企画段階）、まず最初に探索を開始したのは、勤務先の大学があったケント州のメドウェイ地域であった。1970年代にメドウェイ地域は、地場産業の造船業が衰退し、高い失業率を呈していた。1977年にメドウェイ地域の本土の町を探索していたとき、パールはしばしば次のような場面に遭遇した。男性労働者が一時解雇されて、自宅待機状態になったが、さほど苦にしていない。むしろ、自宅、親族宅のメンテナンスや、近隣からの頼まれ仕事にとりかかる時間を得たと言っている。これは、失業手当をもらいながら、自力で他の仕事、つまりインフォーマル・ワークができることを意味する。「いったい普通の人々はどのように暮らしているのか」にせまるには、インフォーマル・ワークの状況を明らかにすることが肝要で、インフォーマルとフォーマルの2つのワークの関連を解明することが鍵になるとパールは考えた。フォーマル・ワーク市場から排除された人々が大勢いるのに、なお暮らしていくことが可能であるのは、インフォーマル・ワークに頼っているとしか思えないような社会的状況だったのである。

探索の結果、メドウェイ地域の北部に位置するシェピー島は、インフォーマル・ワークが活発であるという噂も高く、かつ離島であるため他のメドウェイ地域との地理的・社会的境界も明確で、ミクロ・レベルのデータとマクロ社会との関連が考察しやすいと思われたため、最終的にシェピー島が調査地として選ばれた。

シェピー島は、テムズ川とメドウェイ川が合流する両河川の河口、かつ北海への出口に位置するという好条件のため、17世紀末に海軍造船所が開設され、19世紀にはすでに多くの熟練労働者が居住していた（序章参照）。本土との距離は近く、早くから橋が架かり、鉄道も通っていた。造船業を

I部　シェピー・スタディーズ (Sheppey Studies) の2次分析

主産業とし、関連製造業が集積する工業地域、ワーキング・クラス集住地域として成長してきた。メドウェイ地域の他の造船業の町とともにロンドン大都市圏外側に位置する成熟した工業地域であった。しかし、1960年代に基幹産業である造船業が衰退し、造船所は閉鎖され、1970年代半ばには高失業率に悩む地域となっていた。

　フォーマル・ワーク市場から排除された人々の生活に、インフォーマル・ワークが重要な役割をはたしていると推測されたので、仮説は「フォーマル・ワーク市場から排除された失業者は、インフォーマル・ワークを活発に行い、生計をたてている」であった。

　1978年からはじまる予備調査は、インフォーマル・ワークの調査から着手された。第1次本調査では、フォーマル・ワークの領域もカバーするサーベイ調査も実施された。多様な調査手法が取り入れられ、その概要については本書II部に詳述している。

　これらの調査を通じて、パールが明らかにした格差拡大のメカニズムは次のようであった。インフォーマル・ワークは4種類に区分することができる。それぞれの条件によって、フォーマル・ワークとの連動のしかたは異なる。フォーマル・ワーク市場で定職をもっている世帯は、収益を得ることが可能なタイプのインフォーマル・ワークを行っている比率が高い。つまり、裕福な世帯は、フォーマル、インフォーマルの両方のタイプのワークを活発に行っていた。

　一方、フォーマル・ワーク市場で失業した貧困世帯は、経済的資源が乏しいため、インフォーマル・ワークを行うための資材・機材・手段の購入が不可能である。そのため、インフォーマル・ワーク市場に参入する比率が低い。参入できたとしても、収益率が低いマージナルなタイプのインフォーマル・ワークしかおこなうことができない。また、失業給付金を受給している場合には、配偶者もフォーマル・ワークには就業できない。ひそかにインフォーマル・ワークに従事したとしても、近隣の監視、嫉妬の視線にさらされる。近隣との贈与・交換という最も単純なインフォーマル・ワークからも疎外される可能性があった。つまり、フォーマル・ワーク市

1章　シェピー・スタディーズ再考

場から排除された失業者は、インフォーマル・ワーク市場でも不利な状況におかれていた。両方のワークが相乗的に作用して、貧困世帯はますます貧困化し、格差拡大が進行していた。つまり、調査結果は、失業者はインフォーマル・ワークを活発に行っているという仮説とは正反対であった。以上が1次分析の知見の核心である。

　パールはこのような知見を各種調査データ（質的・量的の両方をふくむ）を用いて『労働と分業』に概述している。『労働と分業』は12章の構成になっており、このうち第11章で、格差拡大の両極に位置する貧困世帯と裕福な世帯の例が、質的データに基づいて1ケースずつ詳細に記述されている。貧困世帯が貧困状態からなぜ脱出できないのか、その社会的メカニズムを明らかにすることが調査の目的であるから、『労働と分業』では、貧困世帯の事例のほうがより重要な意味を担っている。貧困世帯として記述されたのは、リンダとジムという夫婦の世帯（Linda & Jim）であった [Pahl 1984: 280-304]。この世帯が、なぜ貧困世帯のケースとして選択されたかについては、本書II部に詳述している。

1-5　貧困化プロセスの分析視角：経済的要因

　『労働と分業』第11章には、夫が定職を失ったことにより、この世帯が貧困状態に陥っていくプロセスが記述されている。パールがこの世帯にはじめて会ったのは1978年の予備調査のときであった。そのとき、夫のジムは港湾設備を管理する会社に勤め、入港する船舶を誘導・係留するボートマンとして働いており、失業世帯に該当していなかった。

　しかし、ジムは1980年の不況期に、自宅待機者・失業手当受給者となってしまった。リンダとジムは役割を交替し、リンダが主たる生計の稼ぎ手となって外で働き、ジムが家事を担当するようになった。ジムはDIY作業が得意で、近隣・親族からDIY仕事（インフォーマル・ワーク）を頼まれるほどであった。自宅待機は、器用なジムがインフォーマル・ワークをこなす時間を持つことにもなると考えられた。

　妻のリンダもインフォーマル・ワーク経験が豊富であった。15歳で義

務教育を修了したあと、初職はシェピーにあるホリデー・キャンプのカフェのウェイトレスで、結婚後はケント州各地の農場の収穫作業で長く働いた。収穫作業の機械化が進んで仕事も少なくなってきたので、その後は高齢者の介護労働者となった。リンダの職歴はインフォーマル・ワークの連続そのものであり、かつシェピーの産業構造、ローカル社会の特性を反映している。

　このように夫も、妻も、多様なインフォーマル・ワークを経験していた。夫の失業によって、フォーマル・ワーク市場から排除されたが、インフォーマル・ワークをおこなう潜在能力をもった世帯であった。この世帯がインフォーマル・ワークを組み合わせてどのように生計を維持するのか、そのプロセスを探る適当なケースとなったのである。やがて、一家はジムの手先の器用さ・料理の腕を生かして、高齢者への給食・配食サービスの自営業をはじめる事業計画をたてた。開業資金はケント州の行政担当部門に申請し、調達する予定であった。結果的には資金援助をうけることができず、計画は実現しなかった。

　夫が失業状態になるまで、リンダは高齢者介護の仕事をしていた。パートタイムのインフォーマル・ワークではあったが、継続して働くことが保障されている安定した仕事であった。しかし、夫が失業手当受給者となれば、妻が従事できる仕事も制限される。受給手当をカットされたくなければ、パートタイムの介護の仕事をやめなければならない。リンダは働くことが好きだったので迷ったが、不本意ながら辞めて、アルバイトのような病院付き添いの夜勤の仕事をはじめた。つまり、失業給付金の受給対象になることは、行政の管理・監視下に入ることを意味し、インフォーマル・ワークのなかでも、さらにマージナルな領域に追いつめられていった。弱者を保護するはずの福祉システムが逆に陥穽となり、貧困状態を悪化させることになった。

　若年者の労働市場も厳しく、義務教育を終えた長女も職を見つけることができず、若年失業者のままである。夫、妻、長女ともに労働意欲があるにもかかわらず、経済環境の悪化や、行政の諸制度の意図せざる逆効果に

図表I-4　貧困世帯の事例調査

```
◇リンダ調査(シェピー・スタディーズ第1次本調査)
                    ([ ]内は[Pahl1984]のページ)
  1回目:1978年春          [pp.281-286]
  2回目:1980年11月        [pp.286-292]
  3回目:1980年11月        [pp.292-297]
  4回目:1981年1月19日     [pp.298-300]
  5回目:1982年3月         [pp.300-303]
  6回目:1983年2月28日     [pp.303-304]
◇フォルダー・ファミリー調査(シェピー・スタディーズ第2次本調査)
  1回目:1985年6-9月　11世帯
  2回目:1986年8-9月　3世帯(うち2世帯は再調査)
```

はまり、労働機会に恵まれない。悪循環に陥り、貧困のスパイラルから脱出できない。以上がリンダのケースに基づく「格差拡大・分極化プロセス」の貧困世帯の例である。格差拡大・分極化が進行するプロセスが世帯、夫婦単位、一世代内で考察されている。

　貧困の悪循環の起因は、夫の失業である。ワーキング・クラス世帯がフォーマル・ワークから排除されて、インフォーマル・ワークに移動し、そのなかでもさらにマージナルなインフォーマル・ワーク領域に移行していく。つまり、格差拡大・分極化進行のプロセスは主として「ワーク」という視点から説明されている。経済的要因を重視し、「男性、夫側、ワーク、失業、世代内」に焦点をあてた分析視角であるといえよう。

　パールは1978年の予備調査から1984年にいたるまでの7年間に、リンダ世帯に対して、6回のインタビュー調査を行い、『労働と分業』に記した(本書Ⅰ部、Ⅱ部参照)。これらのフォーマルなインタビュー以外に、パールはしばしばリンダの家族を訪ね、あつい信頼関係を築いていた。ジムが高齢者への給食・配食サービスを計画したときは、それがなんとか実現するように応援し、ケント州の行政担当に電話をかけて働きかけたこともあった。1984年に『労働と分業』が出版された後も、リンダの家族との関係は続き、その信頼関係は次の調査につながっていった(図表I-4)。

I部　シェピー・スタディーズ (Sheppey Studies) の2次分析

2章　貧困世帯ケースの2次分析

2-1　リンダのケース再考

　1984年7月に『労働と分業』が出版された後も、シェピー・スタディーズの調査は続けられた。第2次本調査で実施された調査の1つが、リンダの拡大家族であるフォルダー・ファミリーを対象にインタビューを行ったフォルダー・ファミリー調査である (本書II部参照)。本書では、このオリジナル調査データを用いて、2次分析をおこなう。

　パールがこの調査を実施したのは次のような理由による。シェピー・スタディーズ第1次本調査では、夫婦単位、核家族に焦点をあて、世帯内の労働分業を精査し、充実したデータを蓄積することができた。しかし、たとえばリンダにどのような範囲まで「家族」として意識しているのかを尋ねたところ、彼女は、母、生きている8人のきょうだい、その子どもや孫など、70人をこえる名前をあげた。そのうち約60人はシェピーまたはその近辺に居住していた。リンダにとって、日常の社会生活の基盤はこの拡大家族であった。パール自身も1978年以来、リンダの家族にインタビューを重ねてきて、次第にリンダのきょうだいやその配偶者たちと面識をもつようになり、ワーキング・クラスの拡大家族が、多人数で複合的に構成されている状況を理解するようになった。ちなみに、多人数の拡大家族はシェピーでは珍しいものではない。他にも複数あって、いずれの拡大家族もきょうだい数が多く、シェピー島内で近接居住している。

　第2次本調査では、労働分業のありかたについて、世帯単位で考察するだけではなく、世帯をこえた範囲で考察する必要があるという反省が生まれた。そこで、夫婦単位の「世帯」ではなく、拡大家族に焦点をあてて調査することになったのである [Pahl & Wilson 1988a]。調査対象としては、すでにラポールが築かれているリンダの拡大家族が選ばれた。

　このようにして、1985年6〜9月、1986年8〜9月にリンダの拡大家族3世代12世帯に対し、インタビュー調査が行われた (図表I-5)。第1世

2章 貧困世帯ケースの2次分析

代はリンダの母、第2世代はリンダのきょうだいたち、第3世代はリンダの子どもたち世代である。調査方法は世帯単位で行われ、半構造化インタビューである。設定した質問項目は、各世帯のサポート資源に関わるもので、住宅や雇用問題を切り口に、誰からサポートを得ているかを尋ねつつ、拡大家族の相互の関係を探るものであった。各インタビューのトランスクリプトが作成されており、言及されている内容は、各世帯の夫婦それぞれの学歴、労働歴、地域移動歴、結婚後の住居歴、子どもの教育、日常生活、第1世代の母親との関係、第2世代きょうだい間の相互関係、住宅情報、雇用情報、経済的援助の入手先など多岐にわたる。

このデータの特徴は、リンダのきょうだいである第2世代について8世帯のデータがそろっていることである。同じ定位家族の出身であっても、きょうだいを比較すると、職歴、社会移動の状況が異なっている（学歴は義

図表1-5　フォルダー・ファミリー調査の概要

◆期間：1985-86年　調査対象世帯：3世代の合計12世帯

世帯数		対象者		インタビュー日	
第1世代	1世帯	母(ローズ)	Rose	1985年9月16日	
第2世代	8世帯	アーサー	Arthur	1985年8月6日	
		ジミーの妻	Gladys	1986年9月8日	
		ディレック	Derek	1985年7月18日	
		コリン	Colin	1985年7月18日	1986年9月9日
		ローズ	Rose	1985年8月9日	
		リンダ	Linda	1985年9月19日	
		マリリン	Marilyn	1985年6月26日	
		ポール	Paul	1985年6月19日	1986年9月9日
第3世代	3世帯	ジャッキー	Jacqui（Roseの娘）	1985年7月9日	
		ドンナ	Donna（Derekの娘）	1985年8月9日	
		キム	Kim（Colinの娘）	1985年8月9日	
その他		グループ・ディスカッション		1986年8月28日	

出典：*The Ray Pahl Collections: Isle of Sheppey Studies* (Qualidata, Albert Sloman Library, University of Essex) より筆者作成

務教育終了レベルで同等)。定位家族という属性的資源は等しいにもかかわらず、きょうだい間でなぜ社会的資源の蓄積に格差が生じるのか、多面的な分析が可能なデータになっている。

　このデータに基づいて公刊された論文は1本だけで[Pahl & Wilson 1988a]、充分な分析がされてはいるとはいえない。この論文によって明らかにされたことは、同一世代内つまりきょうだいの援助・貢献が大きく、第2世代のきょうだいがサポート資源、社会的資源として重要な役割をはたしていることである。たとえば、第3世代の1人は「ポールおじさんが、この家族の〈母親〉なんです、本当に」という表現で、末弟が拡大家族の要であることを語っている。きょうだいに存在感があり、末弟が〈母親〉的な役割をはたしているのであれば、第1世代の母は拡大家族のなかでどのような存在となっているのだろうか、第1世代の母には存在感がないのだろうか。公刊された論文をふまえて、2次分析でさらに深く考えてみたい課題の1つは、リンダの拡大家族における第1世代の母親の位置づけである。2次分析では、きょうだいそれぞれと母親との関係にも注意を払って考察を進めることにしたい。

　フォルダー・ファミリー調査のオリジナル・データ(インタビュー・テープ、トランスクリプト)は、UK Data ArchiveのQualidataが管理し(本書Ⅴ部参照)、[*The Ray Pahl Collections: Isle of Sheppey Studies*]として公開されている。エセックス大学図書館(Albert Sloman Library, University of Essex)に所蔵されている。本書がオリジナル・データとして分析対象にするのは、14本のトランスクリプトである。

2-2　フォルダー・ファミリーの概要

　2次分析は、オリジナル調査者が収集したデータの特徴を充分に理解し、その特徴を生かして、分析枠組を設定することが重要である。2次分析の分析枠組を説明する前に、フォルダー・ファミリーの概要を記しておこう(図表Ⅰ-6)。

　リンダの父は亡くなっているので、第1世代として調査対象になったの

2章 貧困世帯ケースの2次分析

△ 男性
○ 女性
▲ 男性（死亡）

第1世代　▲○ 母

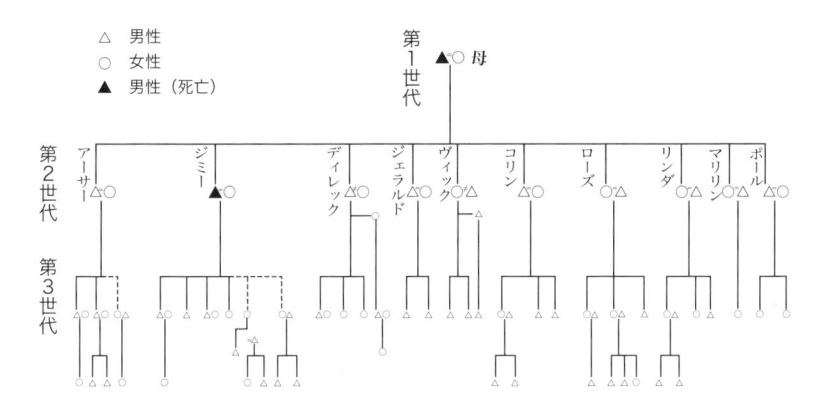

第2世代　アーサー △○　ジミー ▲○　ディレック △○　ジェラルド △○　ヴィック △○△　コリン △○　ローズ ○△　リンダ ○△　マリリン ○△　ポール △○

第3世代

図表 1-6　フォルダー・ファミリー
出典：*The Ray Pahl Collections: Isle of Sheppey Studies* (Qualidata, Albert Sloman Library, University of Essex) より筆者作成．

は、リンダの母だけである。第1世代母と表記することにしよう（夫は、第1世代父と表記する）。第2世代のきょうだいは、次のような状況であった。リンダはもともと12人きょうだいである。そのうち2人は幼少期に亡くなり、成年まで成長したのは10人であった。そのうち、1人は成年後に亡くなっているが、配偶者がインタビューに応じた。別の1人はオーストラリアに住んでいて調査が不可能であった。さらに別のもう1人は調査を拒否した。ゆえに、第2世代でインタビューに応じたのは8世帯である。第3世代としてインタビューしたのは、結婚して、シェピーに居住していた3世帯である。成年に達していない第3世代も多いので、調査対象となる第3世代の選択肢は限定されていたものと思われる。

　第1世代母は、1912年の生まれである。シェピーで生まれたのではなく、対岸の本土の町フェヴァアシャムで生まれた。母の両親はともにジプシー[6]の出自であった。両親のライフスタイルは次のようなものであった。実際に馬とほろ馬車に乗って、ケント州内を移動し、ある町に本拠をおいて数年間定着する。その後また家族で移動し、別の町に数年間定着する。そのくりかえしである。定着している間、両親はジプシーに典型的な仕事である廃品回収業を営み、廃品販売の店舗をもったこともあった。父親は、

1部　シェピー・スタディーズ (Sheppey Studies) の2次分析

図表1-7　第2世代きょうだいの出生年

生年	名前		男女別	調査対象世帯	備考
1932	アーサー	Arthur	男性	○	
1933	ジミー	Jimmy	男性	○	成年後、死去。配偶者が調査に応じる。
1934					
1935					
1936	ディレック	Derek	男性	○	
1937					
1938	ジェラルド	Gerald	男性		調査拒否。
1939	ヴィック	Vic	女性		インタビュー調査不可能(オーストラリア居住)
1940					
1941	コリン	Colin	男性	○	
1942	ローズ	Rose	女性	○	
1943					
1944	リンダ	Linda	女性	○	
1945					
1946					
1947	マリリン	Marilyn	女性	○	
1948					
1949	ポール	Paul	男性	○	

出典：*The Ray Pahl Collections: Isle of Sheppey Studies* (Qualidata, Albert Sloman Library, University of Essex) より筆者作成

ときどき家族をおいて単独で、馬とほろ馬車に乗って移動の旅に出た。また、季節的農作業の時期には、家族で本拠の町を離れ、農場の果物・野菜の収穫作業に入ることもあった。農場の収穫作業もケント州を移動するジプシーの典型的な仕事の1つであった。とくに秋のホップ摘み取りは、その1つとしてよく知られている。ケントの特産品の1つはビールで、ホップはビール醸造に用いられる。秋にホップ収穫作業に入って、冬を越す資金を準備し、暖かい衣料等を購入するのである。

2章　貧困世帯ケースの2次分析

　1920年ごろに、一家はシェピーに定着した。第1世代母は5人姉妹で、シェピーの小学校に通った。結婚したのは17歳のときで、相手は造船所で働くボイラーの洗浄工(1906または07年生まれ)であった。子ども(第2世代)は12人生まれたが、成年まで成長したのは10人である。その10人の出生年は、図表Ⅰ-7の通りである。第一子は1932年、末子は1949年の出生で、17年の幅がある。第一子が成年期に入るのは1950年代である。つまり、第2世代は戦後のイギリスの経済成長期に、成年に達して、職歴を形成していった人々であった。

　第1世代父は、1947年頃、胸の病気のため造船所を退職した。療養生活に入り、自宅で家事を担当するようになった。1960年頃に50代前半で亡くなった。第1世代母は1930年代後半から、農場の収穫作業に通いで働くようになった。夫が働けなくなった1940年代後半から、一家の大黒柱、主要な稼ぎ手となった。1980年代前半に70歳代になるまで一貫して農場の収穫作業で働いた。フォルダー・ファミリーの経済状況は常に厳しかった。1950年代にイギリスが経済成長期に入ったときでさえ、日々暮らしていくのがやっとであった。フォルダー・ファミリーは、シェピーにおける貧困層であった。

　シェピー島には17世紀末に海軍造船所が設置され、19世紀半ばにはすでに多くの熟練労働者が集住し、20世紀初頭には成熟した工業地域・ワーキング・クラス集住地域となっていた。また、シェピー島をふくむケント州メドウェイ川沿いの工業地域は、農業地帯と隣接していたので、メドウェイ地域は工業・農業の両面の労働需要があった。さらにシェピーでは、1900年代前半に海岸部にホリデー・キャンプ場がオープンし、ロンドンのワーキング・クラス向けの安価なホリデー・リゾート地として、ツーリズム産業も形成されはじめた(序章参照)。労働者向けのホリデー・ツーリズムで働く労働者も流入する社会構造が形成されていた。このように20世紀前半までに、シェピーでは工業、農業、ツーリズム、つまり第1次産業から第3次産業にいたるまで、いずれの産業においても労働者を吸収する労働市場が形成されていた。フォルダー・ファミリーの家族史は、この

I部　シェピー・スタディーズ (Sheppey Studies) の2次分析

ようなシェピーの地域特性を反映している。

このような工業地域には多様な層が流入する。未熟練労働者、移動労働者、商業者・零細自営業者、サービス業労働者などである。中核的な位置を占めるのは熟練労働者であるが、その周辺に多様な流入者が集積する。第1世代母の両親はこのような層の一部であった。ジプシーはエスニック・マイノリティである（後述）。フォルダー・ファミリーは20世紀前半にシェピー島の工業地域に流入したエスニック・マイノリティ家族と定義することができる。

古くから形成されたワーキング・クラス地域には、独特の労働者文化や規範が形成される（後述）。ジェンダー、エスニックという点からみると保守的な価値観が根強い場合も多い。フォルダー・ファミリーは、熟練労働者層の価値観がつよい地域に流入したエスニック・マイノリティの貧困層である。フォルダー・ファミリーを通して、3世代にわたる長期のタイム・スパンでエスニック・マイノリティ家族のホスト・コミュニティへの適応、貧困状況、社会移動を考察することができる。

ワーキング・クラス集住地域に居住しているのは、健康な者だけではない。労働災害によって負傷し不具となった者、不良な労働環境によって健康をそこなった者を地域はかかえこむ。ワーキング・クラス地域は、身体頑健な男性が一家を養っているという男性性を誇る傾向がある。第1世代父の健康問題は、男性中心の労働規範がつよい地域で、働くことができなくなった男性の身体虚弱者がどのように周囲と調整し生きていくかという問題を示している。

このようにシェピーのワーキング・クラス地域は、熟練の工場労働者から成る単一な性格の地域であったのではない。多様な周辺労働者を吸収していた産業構造、社会構造であった。フォルダー・ファミリーはそのような地域に流入したエスニック・マイノリティであり、身体虚弱者をかかえた家族であった。

第2次大戦終了後、1950～60年代のイギリスの経済成長期に、ワーキング・クラスの一部はミドル・クラスに上昇移動した。第1世代父母はミ

ドル・クラスに上昇できなかった層である。第2世代は同じ定位家族の出身であるにもかかわらず、多様なライフコースをたどっている。これはホスト社会への適応に多様なパターンとプロセスがあったことを示している。第2世代きょうだいの職歴を概観しておこう。ちなみに、第2世代の学歴は、全員が義務教育修了段階にとどまっている。中等教育に進学した者はいない。みな14〜16歳で社会に出ている。きょうだいの年長に男子が多く、年少に女子が多いので、男子、女子に分けて記述する。

　男きょうだいとして、アーサー（Arthur、1932年生）、ディレック（Derek、1936年生）、コリン（Colin、1941年生）、ポール（Paul、1949年生）について述べる。上の3人は年齢が近い。10〜20代の職歴は類似している。ほぼ1950年代に、建設業労働者として労働市場に参入している。個人で建設業者に雇われるパターンと、数人で請負グループ（組）を作り、建設業下請として現場に入るパターンがあった。

　最年長のアーサーは14歳で学校を出たあと、50代まで一貫して建設業で働いた。10代の頃はシェピーで雇われていたが、20代で軍隊に行き、もどってきてから、きょうだいのジェラルド（Gerald、1938年生、ニックネームはバブル。調査拒否）とコリンの3人で自営の請負グループを作った。ロンドン周辺の現場で働いたこともあるし、ウェールズへ1年間行っていたこともある。1960年代に30代でシェピーにもどり、それ以降は人に雇われて働いている。失業の経験はない。建設業でおおむね安定した職歴を積み重ねてきた。きょうだいの最年長者として、きょうだいから仕事の相談をうけることもたびたびあった。

　コリンは義務教育修了後、ロンドンに出て、住み込みの守衛として働いた。労働者集住地域として名高いイースト・ロンドンのベスナル・グリーンに住んでいた。ロンドンで結婚し、配偶者はロンドン生まれである。イースト・ロンドンの環境が子どもを育てるのに適さないことを実感し、20代前半に家族でシェピーにもどってきた。建設業労働者として働きはじめ、長兄のアーサーが作った請負グループで働いた。他のきょうだいが別の仕事に移ったり、病気でグループを抜けるなか、コリンはねばり

*I*部　シェピー・スタディーズ (Sheppey Studies) の2次分析

強く仕事を続け、元請会社に雇われ10年以上勤続した。ケント州の建設現場をまわり、現場監督も勤めた。そのかたわら、週末にはシェピーのパブでウエイターとして働き、経験を積み、ネットワークをひろげた。コリンは健康に恵まれ、頑健な身体の持ち主であった。36歳のとき自分のパブを所有するにいたった。その後、所有するパブや住宅等の不動産も増えた。コリンは被雇用の建設労働者から、自営業主に上昇移動し、きょうだいの中の成功者である。

　身体頑健なコリンと対照的なのが、ディレックである。ディレックは幼少のころに、上半身にやけどを負った。病弱のため学校も休みがちで、長期入院を繰りかえした。義務教育修了後は、建設業の道路工事人夫をかわきりに、頻繁に転職を繰り返した。20代は7回、30代は6回転職した。40代に入ってから、6年間ガラス会社で働いた後、失業し、3年経過した。このようにディレックは、父親と同じように、男性の身体虚弱者である。男きょうだいのなかでは最も不安定な職歴をたどり、貧困層にとどまっている。ディレックとコリンは年齢が近いが、職歴形成のパターンは対照的である。

　年長の兄たちと年が離れている末弟のポールは、兄たちとは異なる職歴パターンである。義務教育修了後、シェピーの港湾に立地する複数の工場で働いた経験をもつ。24歳のとき、シェピーの港湾管理会社に移り、それ以降12年間勤続している。積荷の荷揚げ部門の現場監督を務め、おもに自動車を担当している。船は毎日のように入港・出港するので、週7日出勤するときもあり、労働としては厳しい。しかし、労働者としては熟練化しており、安定した雇用を確保している。定位家族が貧困層であった状況から、安定したワーキング・クラス層に上昇移動したと言えるだろう。第3世代の姪が「ポールおじさんが、この家族の〈母親〉なんです」と表現しているように、穏やかな性格で、どのきょうだいとも良好な関係を保っている。母親やきょうだいが経済的に困ったときは、ポールに相談に行くことが常である。拡大家族のどの成員からも信頼されている。

　次に、女きょうだいのローズ (Rose、1942年生)、リンダ (Linda、1944年生)、

2章　貧困世帯ケースの2次分析

マリリン（Marilyn、1947年生）の状況について述べよう。リンダとマリリンについては、後に詳しく分析するので、ここではポイントだけを簡略に述べておこう。

他の女きょうだいと異なる、特徴ある職歴を形成しているのはマリリンである。マリリンは義務教育修了後、港湾に立地していた縫製工場に就職し、ミシンを使って繊維製品を製造するミシン縫製工になった。同業他社に転職した経験が1回あるが、初職以来23年間一貫して縫製工として働き、フォーマル・ワーク市場において安定した雇用を確保してきた。繊維産業が安価な女性労働力を求めて、シェピーの工業地域に工場進出し、女性むけフォーマル・ワーク市場が拡大したところにうまく参入したと言えるだろう。夫は70年代前半に失業の経験が1回あるが、それ以降は安定した雇用を確保している。マリリンは上昇志向がつよく、子どもの教育に熱心である。マリリンも定位家族が貧困層であった状況から、安定したワーキング・クラス層に上昇移動したと言えるだろう。

これと対照的なのがすぐ上の姉のリンダである。前述したように、リンダは初職以来、一貫してインフォーマル・ワーク市場で働いてきた。ホリデー・キャンプのカフェのウェイトレス、農場の収穫作業、介護労働者、夜勤の病院付添いなどである。1980年に夫が失業し、世帯としてフォーマル・ワーク市場から排除された状況に陥った。定位家族と等しく、貧困層にとどまり続けている。

この2人の姉にあたるローズは、義務教育修了後、シェピーのシャツ製造縫製工場に勤めた。18歳で結婚し、子どもが2人生まれ、退職した。夫は軍隊勤務の後、ポールと同じ港湾管理会社に勤め、勤続13年めである。荷揚げ部門のマニュアル職として、安定した雇用を確保している。ローズは、第1世代母やリンダと一緒に農場の収穫作業に行くこともあった。7年前から介護の仕事に移った。ローズの職歴はリンダに類似しているが、夫の職が安定しており、貧困層には該当しない。

以上が、第2世代きょうだいの職歴である。第1世代と第2世代の現住地（1985～86年当時）は、図表Ⅰ-8の通りである。母、リンダ、ローズ、ポ

I部　シェピー・スタディーズ (Sheppey Studies) の2次分析

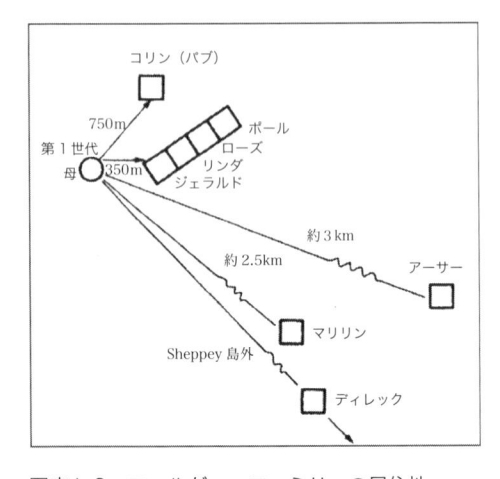

図表I-8　フォルダー・ファミリーの居住地
出典：*The Ray Pahl Collections: Isle of Sheppey Studies* (Qualidata, Albert Sloman Library, University of Essex) に基づき筆者修正.

ール、ジェラルド（調査拒否）の5世帯は、300m以内の近距離に住んでいる。親族ネットワークと近隣ネットワークが重複した社会的世界に居住しているといえるだろう。そこはシェピー島の中心地シェアネス (Sheerness) にある古くからのワーキング・クラス集住地域であり、第2世代が1950年代、60年代に成長期をすごした通りである。そこからやや離れて、コリンが経営するパブがある。長兄のアーサー、マリリンは、2～3km離れた異なる地区に住んでいる。ディレックは、シェピーに近い本土の町に住んでいる。

2-3　2次分析の課題と分析枠組

　2次分析は、オリジナル調査データの特徴を生かして、分析枠組を設定することが重要である。また、1次調査者・1次分析者の調査コンテキストを充分に理解した上で、2次分析独自の分析視角を設定することが必要である（V部-4参照）。

　シェピー・スタディーズの調査コンテキストは「格差拡大・分極化プロセスの解明」で、貧困状態が継続するメカニズムを明らかにすることであった。パールによる1次分析は、夫の失業をきっかけにリンダの世帯が貧困化するプロセスを明らかにしていた。貧困化の契機としては経済的要因を重視し、「男性、夫側、ワーク、失業、世代内」に焦点をあてた分析視角であった。1次分析で、あまり注意をはらわれていないのは、貧困化にいたるまでの妻側の要因である。

2章 貧困世帯ケースの2次分析

2次分析では、パールとは異なる分析視角から、貧困化のメカニズムを考察する。フォルダー・ファミリー調査データの特徴は、リンダの拡大家族を詳細に調査していることで、とくに第2世代きょうだいの比較が可能なことである。ここで考えてみたいのは、妻の職歴のことである。夫が失業したとしても、妻にフォーマル・ワークの定職があれば、リンダの世帯は貧困層に陥ることはなかったであろう。たとえば妹のマリリンは夫が一度失業したが、マリリンに定職があったので貧困層にはならなかった。これと対照的にリンダの職歴はインフォーマル・ワークの連続であり、不利な労働条件で働いていたことは、夫がフォーマル・ワーク市場から排除されたとき、家計を支える役割をはたすことができず、世帯として貧困の極へ下降していくことになった。

2次分析では、妻が保有している社会的資源の側面に着目し、「妻側、女性のワーク経験・職歴、世代間」という視角から、貧困化にいたる「多様な要因」をあらいだしてみたい。1次分析と2次分析の関係を図示すると、図表Ⅰ-9のようになる。1次分析と2次分析をあわせると、「夫側、男性、ワーク、失業、世代内」と、「妻側、女性のワーク経験・職歴、世代間」の両側面から、貧困化のプロセスを総合的に考察することになる。具

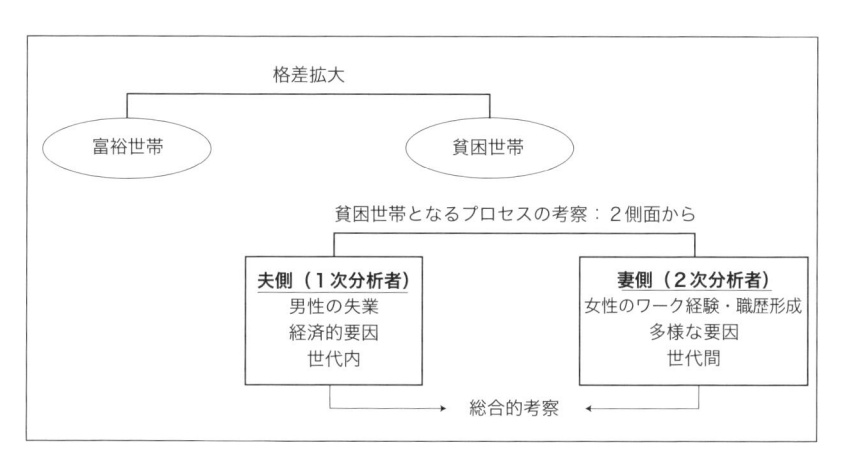

図表Ⅰ-9　1次分析と2次分析の関係

*I*部　シェピー・スタディーズ (Sheppey Studies) の2次分析

体的な分析方法としては、きょうだい8人の中から2人の女きょうだいをピックアップし、格差が生じた要因をさぐる。比較するのは3女のリンダ（10人きょうだい8ばんめ、1944年生）と4女のマリリン（10人きょうだい9ばんめ、1947年生）である。1985年調査時点でのリンダの年齢は41歳、マリリンの年齢は38歳である。この2人は3歳ちがいで、同世代に属し、職歴形成の時期も同じである。家族のなかでのジェンダー的位置づけも同じである。しかし前述したように、職歴は対照的で、マリリンは上昇移動し、リンダは貧困層から脱出できない。2人の違いを比較しやすく、論点を明らかにしやすい。なぜ、リンダの職歴はインフォーマル・ワークの連続なのだろうか。マリリンとの比較を通して、リンダの職歴形成の特徴と要因を考察する。

　2人の相違点を探る1つのポイントとして、それぞれと第1世代母との関係にも着目する。リンダの職歴は、第1世代母と類似しており、第1世代の影響をみのがすことはできない。第1世代母の拡大家族のなかでの位置づけ、つまり第2世代、第3世代との関係を考察することによって、職歴形成に影響を与える文化の継承、貧困化プロセスと文化的要因を考察することができる。

　リンダとマリリンの相違点を明らかにした上で、男きょうだいにも言及する。男きょうだいの格差拡大の状況を概観することは、女きょうだいの事例について理解を深め、格差拡大要因について重層的な知見を得ることにつながるであろう。

　2次分析の着地点を前もって見通しておくならば、2次分析では貧困化にいたる要因として、家族要因、文化的要因、パーソナル要因の3つを指摘する。各要因は明確に区分できるわけではなく、互いにオーバーラップしている。1次分析で詳細に分析された経済的要因との関連も深い。貧困化プロセスに関わる要因として、1次分析と2次の関連を図示化したものが図表 I -10である。フォルダー・ファミリー調査データの2次分析として、家族要因、文化的要因、パーソナル要因の詳細を記述し、経済的要因をふくめた4つの要因の関連を考察することにしよう。

3章　マリリンのケース：上昇移動とドライブ

```
┌─────────────────────────────────────────┐
│  1次分析              2次分析            │
│                                          │
│                    家族要因   文化的要因 │
│   経済的要因                             │
│                      パーソナル要因      │
└─────────────────────────────────────────┘
                    ↓
┌─────────────────────────────────────────┐
│        貧困化プロセスに関わる要因        │
│                                          │
│          家族要因    文化的要因          │
│                                          │
│          経済的要因  パーソナル要因      │
└─────────────────────────────────────────┘
```

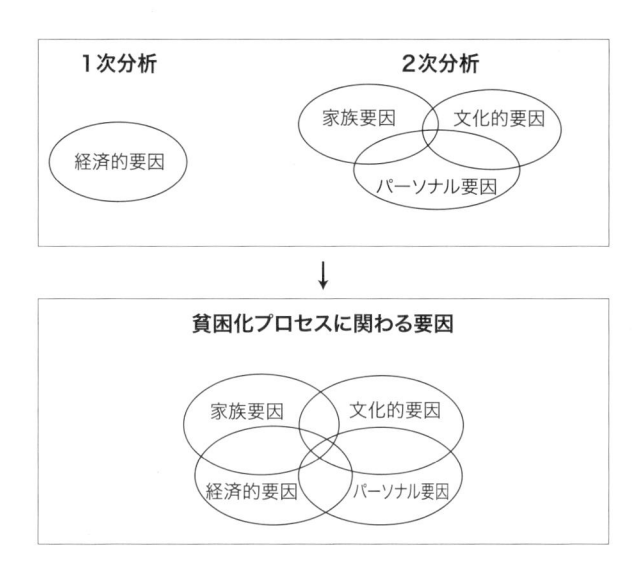

図表1-10　1次分析と2次分析の分析枠組の関連

3章　マリリンのケース：上昇移動とドライブ

　マリリンのインタビュー・データは、フォルダー・ファミリー調査データのなかで最も興味深いものの1つである。第2世代きょうだいのなかで、上昇志向を最も明確に語っているのがマリリンである。コインの裏表のように、定位家族に対するいらだちも表現されている。しかし、きょうだいの病気をきっかけに、定位家族に対して深い愛情をいだいていたことを自覚した。マリリンが単なる上昇志向一辺倒ではなく、矛盾をかかえつつ、複雑な現実を生きる生身の人間であることが伝わってくる。上昇移動したワーキング・クラス女性がかかえる深い葛藤が吐露されているインタビュー・データとなっている。

I部　シェピー・スタディーズ (Sheppey Studies) の2次分析

3-1　差別・偏見

　マリリンの上昇移動へのドライブの1つが、スティグマ化されていた家族からの脱出である。マリリンのナラティブの特徴は、子ども時代に差別され、偏見をもたれていたくやしさや、悲しみが多く語られることである。他のきょうだいのナラティブには、貧乏だったが、大家族で親密な時間をすごした楽しさが多少なりとも語られる。マリリンのナラティブにそのような面が登場することは少ない。たとえば、小学校時代の思い出として、マリリンが語るのは次のような出来事である。

　【冬のオーバー】[7]マリリンとポールが着る服は同じで、お互いに着回していた。ある年の冬、着ていくオーバーがなかったので、2人は長期欠席を続けていた。学校の生活指導担当者が見回りに来て、慈善協会に無理矢理連れていかれて、大きな雨ゴートのようなものをあてがわれた。母がその雨ゴートを気に入って、翌日、自分でそれを着て、農作業に行ってしまった。

　このような語りから、学校を休みがちで、冬期にはオーバーがなくて長期欠席することすらある、貧困家庭の児童の姿がうかんでくる。

　【みすぼらしい子ども】小学校で集会があったとき、マリリンとポールは講堂に入れてもらえなかった。担任教師は、体育倉庫で待っているようにと言った。差別されていると感じた。いつも、学校でいちばんみすぼらしい格好をしているからだと思った。その日の夕方、学校からの帰り道、泣きながら帰ったことを絶対に忘れはしない。こんなめにあうなら、もう学校には行きたくないと思った。

　1950年代の小学校である。学校にいけば、クラスメートからいじめられ、教員からも差別された。イギリスでは服装のコードが日本より厳しい。小学校の講堂で行われる行事の際には、子どもなりに整った服装で出席す

3章　マリリンのケース：上昇移動とドライブ

ることが求められていたのだろう。イギリスではたとえば日曜日に教会に行くときには正装して行かねばならず、日常着しか持っていない貧困層は教会に行くことをためらい、信者集団からも疎外されがちであった（後述）。教員の立場からすると、講堂の集会にみすぼらしい日常着の児童を参加させることは、上層部の評議員のとがめをうけかねないことだったのだろう。こぎれいで服装コードにそっていれば「リスペクタブル（respectable）」、みすぼらしく粗野で服装コードからはずれていれば「ラフ（rough）」と判断された（後述）。「ラフ」とみなされる家庭の子どもたちは、差別と偏見の対象であった。

　【偏見】小学校ではマリリンとポールは、他の子どもたちから、「ジプシー」とよばれていた。「マリリンと遊んではいけないよ。ジプシーだから」と言われることもあった。いつもみすぼらしい格好をしていたからであった。きちんとシャワーをあび、清潔にしていたにもかかわらず、このように言われた。

　このときマリリンが通っていた学校は、ワーキング・クラスの子どもたちが通う学校である。ワーキング・クラスの子ども集団のなかでも、フォルダー・ファミリーは差別の対象だった。ワーキング・クラス・コミュニティの中核は熟練労働者とその家族である。伝統的規範がつよく、緊密なネットワークが集積し、独特の規範や価値観が形成されていることがある。異なる社会層とみなされると、ストレンジャー、よそものとして、排除されがちであった。フォルダー・ファミリーは流入者であり、異質な存在だった。フォルダー・ファミリーに対する差別は、ワーキング・クラスのなかも、細かく序列化されていたことを示している。

　差別や偏見をうけた経験は、マリリンの子ども時代にとどまらない。

　【友だち】フォルダーという自分の名前をいっただけで、まるでくさったマフィアのように見られた。札つきか、ごろつきのように嫌われた。自分

がフォルダー家の娘というだけで、何人もの男友だちを失った。男友だちとシェアネスの通りを歩いていて、通りの向こうから兄の一人が歩いてくるのが見えた。彼らはくもの子を散らすように逃げていった。（中略）女友だちと、待ち合わせすると、マリリンの家の前に来るのも嫌がり、通りで待ち合わせしようと言われた。

結婚後に、現在の住宅地に転居してきたときにも、次のような出来事があった。

【転居のときの出来事】引っ越してくる前に、道路の向かい側に住んでいる人が「ジプシーが1人ここに来る。フォルダー家の1人がここに来るから、何かトラブルがおこる」と近所に言いふらしていた。自分たちが引っ越してくるのを阻止する嘆願書まで出そうかと言われていたほどだった。転居の当日も、マリリンの娘がまだ小さかったのに、親が見ていない間に「おまえなんか、あっちへ行け」と道路につつきだされた。抗議すると、次には「殺してやると脅かされた」と言いふらされた。

フォルダー・ファミリーの一員であることは、マリリンに厳しい現実を経験させた。このような経験が、親やきょうだいとは異なる世界への脱出願望につながっていったと思われる。

3-2 職業選択

脱出を実現させるための第1段階として、マリリンが慎重に選択したことの1つは、フォーマル・ワーク市場における安定した職の確保であった。マリリンが義務教育修了後に得た初職は、シェピーの湾岸工業地域にある縫製工場のミシン縫製工であった。このような工業地域では、工場の転廃、進出も頻繁であった。働きはじめてまだ数ヶ月しかたたないのに、工場が閉鎖する云々のうわさが出はじめた。ちょうどそのとき、別の縫製工場がシェピーに進出してきた。

3章　マリリンのケース：上昇移動とドライブ

【転職】アーサー・ミラー縫製会社が、シェピーに工場を開いて、ミシン縫製工を募集していた。千載一遇のチャンスだと思って、この募集にとびついた。前の工場で働いたのは数ヶ月だけだった。その工場はあとで閉鎖になった。あのとき決断して、自分は本当に「ついて」いた。

マリリンは転職のチャンスに機敏であった。フォーマル・ワーク市場で定職を維持したいという強い意志がうかがえる。このような選択を重ねてきた結果、23年間安定した仕事に就いてきた。マリリンのケースは、明確な意志があれば、貧困層からの脱出は不可能ではないことを示している。

3-3　配偶者選択

脱出実現の第2段階は、慎重な配偶者選択であった。フォルダー・ファミリーの一員という理由で悲哀と辛酸を味わってきたので、配偶者選択の基準は「フォルダー・ファミリーの過去を知らない人」だった。

【結婚】本当に正直なところ、どうして彼と結婚したかというと、彼が自分の家族の過去を全く知らない人だったから。(中略)彼はリヴァプールから来たので、「ラフな生活(rough life)」とはどのようなものかを知っていた。「ラフ」で驚く人ではなかった。

マリリンは定位家族の生活環境が「ラフ」なものであったと述懐している。マリリンの夫はワーキング・クラスが多いリヴァプールの出身であった。成年に達してから、親族ネットワークにひきよせられて、シェピーに流入し、工場労働者として働くようになった。フォルダー・ファミリーがスティグマ化されていることを知らなかった。もしものちに知ったとしても、ワーキング・クラスが多い北部イングランドの「ラフ」に慣れていれば、フォルダー・ファミリーが「ラフ」とみなされていることもさほど気にしないだろうという深謀遠慮が配偶者選択にもあらわれている。

3-4　住宅取得

　脱出実現の第3段階は、住宅取得であった。自分が生まれ育った伝統的なワーキング・クラス集住地域から転出することがマリリンの目標であった。

　【生まれ育った通り】母の近くに、サンドラも、ポールもローズも住んでいる。生まれ育った同じ通りに、そのまま住んでいる。自分はあそこに住む気はしない。自分は子どものために、何かもっとよいものを追求したい。子どもは自分よりいいものを持つようになってほしい。(中略)ここに引っ越したのは、母たちが住む通りに住みたくなかったからだ。もうちょっとましな通りにかわったとしても、あそこに住む気はしない。自分は過去の自分とは違うものになりたいから、生まれ育った通りには住んでいたくない。

　生まれ育った通りからの脱出は「古い絆」からの脱出を意味していよう。つまり、生まれ育った通りに依然として住み続けている親きょうだいは同類結合なのである。緊密な親族ネットワーク、近隣ネットワークの集積によって、共有する価値観、規範が強化される。マリリンにとって、それは貧困家庭のライフスタイルをひきずる価値観であり、上昇意欲に欠ける生き方にみえる。マリリンは、緊密なネットワークから脱出し、同類結合が醸し出す規範から自由になりたかったのである。

　イギリスでは、サッチャー政権下の1980年代に、公営住宅の払い下げが進んだ。1980年の住居法改正で、公営住宅居住者に住宅購入権が認められ、80年代前半は、各年10数万戸が売却された［中島 2003: 45-46］。マリリンは実家がある地区にもどることは避けたかったので、売却対象世帯に選ばれるように全力を尽くした。対象となる基準は、子どもが2～3人いるということであった。子どもが1人しかいないマリリンの世帯は対象にならない。申請を出して2回却下された。しかし、あきらめずに担当の住宅局の局長宛に手紙で陳情し、6軒売却するときの審議の対象に加え

てもらった。売却時のメンテナンス費用の節約は、住宅局の重要な検討項目である。審議まで数日の余裕があったので、マリリンは住宅局の役人に、こぎれいにしているマリリンの住居を見に来てもらった。自己努力でメンテナンスがいきとどき、住宅局が費用を節約できることを理解してもらい、首尾よく売却対象に選定してもらった。マリリンのつよい意欲が不可能を可能にした。

3-5　定位家族に対する批判

マリリンのナラティブに特徴的なことは、定位家族とくに同性である母や姉のリンダに対して批判的なことである。たとえば、育った家の中が整理整頓がいきとどかず、乱雑だったことが語られる。

> 【乱雑】たしかに自分の家は乱雑で、「みすぼらしいジプシー(scruffy gypos)」も同然だった。
>
> 【めちゃくちゃ】いま、自分の娘は、友だちをあたりまえのように家へ連れてくるが、自分が子どものころは友だちを連れてくることはあり得なかった。にわとりが家の中をうろついていて、床はべとべとによごれていた。万事この調子だったから、友だちを連れてくるなんてできなかった。来たら、めんくらったことだろう。

マリリンが批判しているのは、「秩序がない生活」、「整っていない生活」である。動物と人間の居場所の区別がない家は「粗野(rough)」の典型であった。冬の寒さを承知しているはずなのに、子どもが学校に通うためのオーバーが用意されていないような、行き当たりばったり、見通しのない生活は、マリリンには納得できないものであった。マリリンの好みは、こぎれいで整理整頓がいきとどいた生活である。

> 【家事】自分は、ふだんの日は一日じゅう働いているので、土日は外出せず、家のことをやるほうが好き。ガーデンで植木鉢をならべたりとか、そ

ういう類のこと。

　マリリンがめざすのは、「リスペクタブルな生活」、つまり「秩序だった生活」、「見通しをもった生活」である。母の買い物のしかたについても、次のように手厳しい。
　母は、衣料品の安物セールが好きだった。

　【安物セール】自分の娘がまだ小さかったとき、母がセールで買った衣料品の大包みをかかえて、自分の家の戸口に現れたことがある。全部赤ちゃん用衣料だった。品は悪くなかったが、自分には不要のものだった。姉にそのことを話したら、「悪気があってやっているんじゃないんだから。喜んでもらっておきなさいよ」と言った。母の気持ちを傷つけたくないので、「ありがとう」は言って、もらっておいた。でも自分はセール品や中古の衣料品はいらない。中古のベビーカーもいらない。娘にはできるかぎりいいものを与えたい。

　マリリンからみると、母の行動は衝動買いで、「行き当たりばったり」「見通しがなく無計画」の典型であった。しかもマリリンは貧困や差別を思い出させる安物衣料品は嫌いである。過去から脱出し、「趣味のいい生活」を送ることが理想である。子どものために整えてあげたいのは、安物・中古品にとりかこまれた「ラフ」な世界ではなく、「リスペクタブルな生活」であった。
　マリリンはフルタイムで働いていたので、娘が5歳になるまで、昼間は、義姉（夫の姉）に娘の面倒をみてもらった。経済的に余裕がある義姉は専業主婦で、小高い丘の上にあるミドル・クラスの住宅地に住んでいた。

　【子どもの教育】自分たちはシェアネスに住んでいたので、毎朝、娘を乳母車にのせて、丘の上にある義姉の家まで預けにいった。ちょっと距離があるので、しんどい仕事だった。朝6時半に家を出て、預けて、大急ぎで

3章 マリリンのケース：上昇移動とドライブ

バス停まで走って、出勤した。(中略)娘が安心して毎日を過ごすことができるような快適な預け先が大事だった。

このときマリリンが住んでいたシェアネスには、母や姉たちも住んでいた。しかし、マリリンは自分の拡大家族には預けず、こぎれいな住宅地に住む義姉にわざわざ預けに行った。娘に追い泣きされて気にしたことはあったが、迎えにいったとき、「5分で泣きやんだ」と聞いて安心した。娘にとって、義姉のところは我が家も同然で、自分が面倒をみるのと同じなのだと思った。

一時、義姉が面倒を見ることができなくなり、姉のリンダに娘を預けたことがあった。リンダはときどき農場の収穫作業に行っていた。マリリンはそのことを知っていたが、まさかリンダが自分の娘を畑に連れて行くとは思っていなかった。あるときリンダはマリリンの娘を収穫作業に連れていった。

【畑】そのことで、リンダとけんかをした。娘を畑とか、収穫作業なんぞに連れていってほしくない。たしかに、母は私たちを畑に連れていった。しかし、自分は娘を畑に連れていってもらいたくない。リンダにそう言ったら、もう娘の面倒はみないと言った。こっちも、「おことわり」と答えておいた。

そこで、マリリンは、なんとか義姉にふたたび娘の面倒をみてもらえるように取り計らい、首尾よく5歳まで預かってもらうことができたのである。

マリリンからみると、子どもを畑に連れて行くようなやりかたは、労働と子育てが「いっしょくた」になった「ラフ」の典型であった。親の労働の場と切り離して、子どもが安心して落ち着ける環境を用意してあげることが「リスペクタブル」なのである。一方、リンダは農作業に子どもを連れて行くことを非とは思っていない。母も祖母も農作業で生活費を稼ぎ、畑に子どもを連れていった。リンダは、母からその労働のスタイル、子育て

95

のスタイルを受け継いでいる(後述)。農場の収穫作業はジプシーの人々の典型的な仕事の 1 つであった。リンダは母からそのような労働・子育ての文化を「継承」している。それに対して、マリリンはそのようなエスニック・マイノリティの文化的資源の継承を「拒否」している。

　マリリンは、子どもに対する食事の「しつけ」についても、リンダを手厳しく批判している。

　【しつけ】リンダの子どもたちはみな、ぽっちゃり型で太っている。あんな体型にさせてしまったのはリンダの責任だ。食い意地がはったあの子たちは、夕食を食べ終わって、すぐまたビスケットを食べたがる。自分だったら、夕食後はだめよと言って食べさせない。あの子たちは勝手に箱をあけて食べてしまう。(中略)自分は娘にきちんとテーブルマナーをしつけた。ところが、リンダの子どもたちは、食事中もうしろを向いて、平気でしゃべる。リンダはにらみつけるけれど、効果はない。

マリリンから言わせれば、食事のルールを身につけ、摂生のきいた食習慣を維持することは、「秩序だった生活」の基本である。子どもたちの食習慣が乱れていること、太った「子どもの外見」は「ラフ」な暮らしのあらわれであり、親のせいである。

　「行き当たりばったり」の暮らしぶりは、リンダの夫の生き方にもあらわれていると、マリリンは考えている。

　【リンダの夫】自分の兄や弟にああいうタイプの人間はいない。リンダの夫のジムは百万人に 1 人いるかいないかの変わった人間だと思う。リンダがお金のやりくりで、困って走り回っているのに、失業しているジムは眉ひとつ動かさず、全く意に介しない。そういうことに無頓着でいられるのは彼ぐらいのものだ。彼がのんきで、いきあたりばったりだから、まわりの人があくせく走り回ることになる。(中略)リンダの長女が(夫の軍隊勤務のため)赤ん坊と一緒に同居しているが、ジムはまるで、「乳母」だ。買い物

にも連れていき、離乳食も食べさせている。こんなことをやっている祖父なんて他にいますか。こまごまとした大したことないことを、朝早くから、午後のお茶の時間のころまでやっている。そのあとは晩ご飯の用意、翌日の用意で、一日がおわっている。

主夫を続けているジムの生き方は、マリリンには理解しがたい。マリリンの両親も、母が稼ぎ手で、父が家事をしていた。しかし、父には病気療養、つまり身体虚弱という理由があった。ジムは特別な理由もなく、定職に就かない暮らしを続けている。男性を主要な稼ぎ手とみる伝統的な男女役割分担意識がつよいマリリンには、前向きな生き方とは思えない。

【生きる価値】いまは、貧乏だったころとちがって、服も着ているし、靴もはいている。胃袋には食べ物も入っている。でもそれだけで満足していたら、人生それだけで終わってしまう。

マリリン自身はつよい向上心の持ち主だった。それだけに、定位家族に対する見方は手厳しい。

【自分の家族】大家族が理想的という人もいるが、実際のところ、大家族はそんなものではない。自分の家族は変わった、奇妙な家族だった。

以上のように、マリリンは母や姉の家族が食事、教育、労働等々の点で、「秩序だった生活」「見通しをもった生活」を作り上げていく姿勢がないことを批判している。秩序や見通しをもたない生活はラフである。そのような環境から脱け出して、リスペクタブルな生活を実現することが、マリリンの上昇志向の基盤になっている。

3-6　格差拡大の内的メカニズム：ラフ／リスペクタブル規範

ここで「ラフ」と「リスペクタブル」について簡略に述べておこう。この

*I*部　シェピー・スタディーズ (Sheppey Studies) の2次分析

2つは対になる概念なので、ラフ／リスペクタブルと表記する。イギリスのワーキング・クラス研究史ではよく言及される概念である。ワーキング・クラス研究史におけるラフ／リスペクタブル概念の重要性については、本書VI部に詳述している。

　グラハム・クロウ (Graham Crow) はワーキング・クラスの生活におけるラフ／リスペクタブル規範について、次のように述べている。ラフ／リスペクタブルには明確な基準があるわけではない。服装がこざっぱりとしている、日曜日のミサや宗教行事の服装コードにそっている、住居の掃除や管理が行き届いている、アルコール摂取の習慣が適切であることなどはリスペクタブルとみなされた。たとえば、日曜日のミサに出席するときの服装コード（みだしなみ）は大切である。服装を整えるには費用がかかる。貧困層は労働着しか持っていないため、労働着で出席してラフと思われるよりも、家の中にいるほうを選ぶ。そのため、貧困層が日曜日のミサに出席することはまれである。最貧困層でも、窓にカーテンがあるか、子どもが靴をはいているか等々、ラフか否か判断された。ラフと判断されると疎外されることもある。伝統的なワーキング・クラス・コミュニティにはラフ／リスペクタブル規範にそって、微妙な差異があり、序列があった。

　だから、ワーキング・クラス女性には、ラフと批判されないように家事遂行にプレッシャーがかかる。食事の準備、家をこぎれいに保つこと、借金をしないよう家計を管理すること、家族のくちげんか、ギャンブル、週末の飲みすぎに注意を払い、秩序ある整った暮らしを営むことは、女性の責任とされた。

　コミュニティの中がリスペクタブルな集団とラフな集団に分裂していることもある。リスペクタブルな人からみると、ラフな人々は道徳観が欠如し、プライバシー尊重の観念がない。ラフな人からみると、リスペクタブルな人々は非社交的で気取っている。貧困層はリスペクタブルであることが難しい。ワーキング・クラスの中で経済的に余裕のある層は、ミドル・クラス住宅地に脱出して、リスペクタブルを追求することがある [Crow 1994: 33-37, 58, 70-71]。

以上がラフ／リスペクタブル規範の概要である。ラフは、貧困、スティグマ、疎外、排除と密接に関連している。マリリンは子ども時代に、学校の講堂に入れてもらえないことがあった。みすぼらしい衣服のせいだとマリリンは考えた。これはラフ／リスペクタブル規範の服装コードに関係していたのだろう。講堂の行事にふさわしい服装に気を配るのがリスペクタブルなのである。

　マリリンは、母と姉のリンダにラフであることの自覚がなく、ラフであり続けていることにいらだちを感じている。社会にラフとリスペクタブルの区別があることに無頓着で、ラフ／リスペクタブル規範を内面化していない。そのため上昇移動のトラックにのることがなく、貧困層にとどまっている。

　マリリンのケースは、ラフ／リスペクタブル規範の内面化が、社会移動と関連していることを示している。格差を拡大させるものは経済的資源の多寡だけではない。規範や価値観の内面化の有無も格差を拡大させる。ラフの無自覚、リスペクタブルへの無関心は、貧困層の再生産につながっている。フォルダー・ファミリーの事例は、20世紀後半のイギリス社会においてもなお、ラフ／リスペクタブル規範が媒介して、ワーキング・クラス内の分化や空間的乖離を促進していたことを示している。

4章　アウトサイダーと文化

4-1　ノマド的ライフスタイル

　マリリンの視点からみれば、母やリンダはラフで、姉は母からラフという負の文化的資源を継承しているようにみえる。しかし、本人たちは必ずしもそれが負の文化的資源とは思っていない。なぜ、母やリンダはそのようなライフスタイルを保持しているのだろうか。母やリンダにとって、ラ

I部　シェピー・スタディーズ (Sheppey Studies) の 2 次分析

フとは何を意味するのかについて考えてみよう。

リスペクタブルな人からみると、ラフな人々は道徳観が欠如しているように思えることがある。一般的な常識から逸脱していると思われる行動や考え方はラフとみなされる。第 1 世代母のインタビュー・データには、一般からはラフと思われるだろう次のような出来事が語られている。

第 1 世代母は、1912 年の生まれで、5 人姉妹のまんなかであった。1920 年ごろに、一家はシェピーに定着するようになった。貧しかったので、小学校の往復にも満足な靴をはいていなかったらしい。ある日、通学の途中、1 人の女性に呼びとめられた。

【二人の父】ある朝、むこうからやってきた女性(ひと)が、「あんたのおばあちゃんなんだよ、靴を買ってあげたからあとでとりにおいで」と言った。自分は左右ばらばらの靴をはいて通っていた。帰ってから母にそのことを話したら、「よかったじゃないの。もらいに行っておいで」と言った。それで、自分には別の父が本当にいるんだということがわかった。生みの父は煙突掃除夫だった。生みの父と育ての父、父親が 2 人もいて、自分は幸せ者だと思う。

【育ての父】自分は（育ての）父に、あまりなつかなかった。本当の父ではなかった。でも、自分を育ててくれた人だ。父も私のことを好きではないと感じていた。自分はきょうだいのまんなかで、上にも下にも 2 人ずついた。

【蒸発】父はときどき母をおいて蒸発した。だから、母が子ども 5 人を育てなければならなかった。母は毎朝農場へいちご収穫作業に行った。毎朝 8 時半になると、畑にいる母のところへ行く。いつも何か食べるものをくれた。

ここで述べられているのは、一般的な家族モデルにあてはまらない家族の実像である。育ての父親は、母親をおいてしばしば短期間蒸発し、移動生活に出た。子どもが 5 人いるが、少なくともそのうちの 1 人の父親は別の人物である。母親もそのことを隠さない。育ての父親もそのことを知

っている。本人が実の父親に会いにいくことは秘密ではない。本人も「父親が２人いてよかった」という意識である。実質的に一夫一婦制ではなく、それは家族内で秘密にもなっていない。

　父とは何か、父親の役割について、育ての父親、母親、本人のいずれも、独特の価値観に基づいて行動している。一般的にワーキング・クラス地域では、男性中心の労働規範・家族規範がつよく、父親が主たる稼ぎ手とみなされた。一夫一婦制の一般的な家族道徳の持ち主からみれば、この家族の行動はモラル・ハザード、道徳の崩壊、ラフとみなされてしまうだろう。家族のそれぞれが、一般とは異なる価値体系で行動している。

　本書ではエスニック・マイノリティの文化という視点から、この家族の行動を考えてみたい。この家族がジプシーを出自とする家族であることは前述した通りである。独特の発想は、ジプシー社会が有する母系的な価値観のあらわれと考えられる。ジプシーの家族の場合、男女の役割分担意識が一般とは異なる場合がある。男性はノマド的で、移動の自由度が大きく、家族責任が軽い。生まれた子どもは女性側のもので、生活を共にしている男性の子とは限らない。子育ての責任は、主に女性側が負担する。このようなノマド的ライフスタイル、母系的な価値観である。

　第１世代母はエスニック・マイノリティの文化、ジプシー文化をつよく継承していたと考えられる。男女の役割にこだわらず、自分が稼ぎ手となって一家を支えた。リンダも同じように一家の稼ぎ手となっている。それぞれに夫の病弱や失業という理由はあったが、マリリンのように男女の役割分担にこだわるような語りはみられない。第１世代母は一般社会のラフ／リスペクタブル規範には無頓着で、内面化していない。その語りや行動は、ノマド的ライフスタイルなどジプシー文化の視点からとらえるとよく理解できる。一般的な価値観とノマド的価値観のギャップは大きく、ラフ／リスペクタブル規範を知っているマリリンは母たちの無頓着にいらだちを感じている。一般の価値観とノマド的価値観のコンフリクトはマリリンの内面で発生しているともいえる。

4-2 イングランド南部におけるジプシー

イギリスでは現在でもジプシーとよばれる人々が一定数存在している。イギリスでは政府の公的文書、学術刊行物、新聞をはじめとするメディアの報道等、すべて一般的に「ジプシー(Gypsy)」の語が使われている。この語に特有の価値観がこめられていることはなく、この語の使用が避けられていることもない。本書もイギリス社会の通例に基づいて、この語を使用する。

ここでは先行研究に基づき、1900年代のイギリス社会とくにイングランド南部におけるジプシーの生活とホスト社会について概略を記すことにしよう。

ジプシーの定義は、細かく分類すると複雑になる。各種伝説、地理、歴史に依拠して、他と差異化し、Romanies, Didikoys, Irish Tinkersなど細分化した用語を使って、アイデンティティが主張されることもある。イギリス政府は、移動式住居整備法(Caravan Sites Act)や教育に関わる法令の対象者を特定するために、'Gypsy'を、「raceやoriginに関わりなく、移動生活の習慣(nomadic habit of life)をもつ人」と定義している [Office of the Deputy Prime Minister 2003]。

ジプシーの労働のパターンは、ノマド的ライフスタイルにそくして、形成されてきた。賃金労働者と比較すると、零細自営的、家族経営的、労働・余暇の境界があいまいなどの特徴がある [Adams, et al. 1975: 139]。

ジプシーが従事する典型的な仕事の1つは、農業の季節労働であった。イギリスの農業地域では労働力が不足しがちであった。季節労働者として、収穫作業に従事するジプシーの労働力は農場経営に不可欠であった。1900年代前半に農業の機械化が進展したが、農作業に従事するジプシーの数は減少することはなかった。限定された期間の就業ですむ季節労働は、ノマド的ライフスタイルに適合的であった [Adams, et al. 1975: 125-126]。

ジプシーは移動生活の場合でも、かつて定着したことがある町など、なんらかのホスト・コミュニティをもっている。主たる収入はホスト・コミュニティで稼ぎ、その周辺地域で移動生活を送ることが多い。例えば、ホ

スト・コミュニティでは、複数の廃品回収作業を組み合わせて生計をたてる。イギリスでは産業化が早く進展したので、くず鉄、アスファルト、タールなど工業からの廃品・不要物を回収するジプシーも早い段階で出現した。このような工業関係の廃品が出るので、工業地域や都市化が進んだ地域の周辺にジプシーが集中した。また、ぼろ布などの繊維製品の廃品回収業もジプシーの典型的な仕事の1つであった [Adams, et al. 1975: 116-124]。

ケント州は、イギリスのなかでも、ジプシーに対する政策的対応が早かった地域である。第2次大戦後、ケント州選出の下院議員（1945～65年）が、選挙区におけるジプシーの教育、住居、衛生などの社会的問題に関心をいだき、中央政府に政策的対応をとることを提案した。また、1951年には、イギリスのなかで最も早くケント州でジプシー人口を推定・把握する調査が実施された。このような取り組みによって、法整備をすすめる基礎資料が整い、1968年移動式住居整備法が制定された。ケント州では、1951年の調査に基づいて、州内のキャラバン・サイトの整備も独自にすすめたので、隣接する州から流入するジプシー人口が増加した [Adams, et al. 1975: 5-18]。

ジプシーは廃品回収を行うことが多いから、移動式住居（トレーラー）の周りに、商売用の廃品を積み重ねる。廃品を処理するときに出る煙や油で、顔や手足が汚れる。移動生活ではトレーラーの周囲に、煮炊き用の薪、飲料水の金属缶などを置く。このような移動生活や労働にともなう外見的な特徴が、ホスト社会の一般人に、不潔・非衛生と誤解される要因となった。実際にはトレーラーの中は清潔で、水は食物用と洗濯用は使い分け、衛生的であった。移動生活や労働に適合的な価値観を有しているため、ホスト社会の一般人から誤解を受けることも多かった。しかし、今日では、ホスト社会とは異なる「言語、宗教、移動式生活の習慣をもっている社会集団」「エスニック・アイデンティティを有している集団」、つまりエスニック・グループとして、法的保護を受ける権利が認められている [Adams, et al. 1975: 48-52]。

ヨーロッパの社会科学分野では、近現代社会における「社会的排除」の

研究の進展にともなって、ジプシーのように社会的には統合されているように見えながら、政治的にはマージナルな位置にある集団の権利を見直す動きが強まっている。独特のライフスタイルや価値体系を維持してきたエスニック・グループを通して、近現代のヨーロッパ社会構築の過程を再検討する研究動向もある。イギリスでもホスト社会への適応、教育問題などの視点からジプシー再考の研究成果が90年代以降も生みだされている [Bancroft 2005: 2, 43-47]。

1990年代のイギリスにおけるジプシーの推定人口は9～12万人である。移動式ライフスタイルも維持されている。地方自治体 (local authority) は、移動式住居 (トレーラー) の駐車スペースを整備する責任を負っている。これは、1968年施行の移動式住居整備法に基づくもので、1990年代には、イギリス全土で300をこえるキャラバン・サイトが地方自治体によって設置・管理されていた。子どもたち (traveller children) の教育は、とくに重要な問題で、1990～2000年代も政府などによる各種の公的レポートが発表されている。2003年の政府レポートでは、調査対象者を3つのカテゴリーに分けている。Gypsy (English, Welsh, Scottish Gypsy), Irish (Irish Traveller), New (New Age Traveller) である [Office of the Deputy Prime Minister 2003]。ジプシー／移動者 (Gypsy/Traveller) は、現在もなおイギリス社会におけるアップ・トゥ・デートな問題である。

4-3 アウトサイダーと社会的排除

第1世代母の両親は、'Romanies'の中の'didicoys' (混血のRomanies) で、実際に馬と古いほろ馬車 (old trailer) に乗って、ケント州内を移動していた。ケント州は温暖なため農業がさかんで、農場の季節労働の需要があった。また、メドウェイ川流域は、早くから産業化が進み、造船業がさかんな重工業地域だった。工業関係の廃品も多く出ただろう。農業、工業の両面において、ジプシーが収入を得ることができるニッチな領域が豊富だった。両親は、農場で短期間働く、ある町に数年間定着して廃品回収業を営む、また移動するというように、移動と定着、不定期の労働と零細自営の商売

を組み合わせた生活を送っていた[Pahl 1984: 281]。そして1920年ごろにシェピーに定着した。

シェピーは農業エリアに接する工業地域であり、ワーキング・クラス向けの観光産業もあった。第1次産業から第3次産業にいたるまで、非安定雇用、不定期就労の労働者や移動労働者など多様な周辺労働者が流入する。フォルダー・ファミリーも流入したエスニック・マイノリティ、つまり周辺層であった。第1世代母のナラティブにはアウトサイダーに対する社会的排除の厳しさを伝える次のような出来事が語られている。

第1世代母はいつも仕事仲間と一緒に農場へ入って仕事をした。これは戦争中の婦人農耕部隊(Land Army)以来の仲間である。第2次大戦中に農業労働力が不足し、婦人農耕部隊が組織された。戦後もその一部は引き続き農作業に従事した。農耕部隊のチーフであった男性が、農場へ必要人員を送りこむ手配師のような仕事をやっていた。農場主が仕事に来た各グループに作業範囲を割り当てる。請負グループの中には、パキスタン人やインド人の移民労働者のグループがあった。

【パキスタン人】ある農場では、自分たちの作業場が、パキスタン人グループと隣りあうことが多かった。あるとき、農場主が自分たちに「すまないね。パキスタン人の隣で」と言った。「何がすまない、なの？」と聞くと、「気にしないのかい？」と言った。自分は「ここに、なにがしかのお金を稼ぎに来ているということでは、自分たちも、あの人たちも同じだよ」と答えた。自分もパキスタン人も違いはないと思う。しかし、パキスタン人のそばで仕事をしたくない人たちが多いらしい。

農作業の場で、パキスタン人などの移民労働者グループに対して、きつい差別があったことを知ることができる。第1世代母はそのような差別観をもっていない。自分もパキスタン人も同じと考える発想には、根源的な平等感覚ともいうべきものがうかがえる。この感覚は、ラフに対して無頓着であったのと同じ構造から生じる。つまり、アウトサイダーであるがゆ

1部　シェピー・スタディーズ (Sheppey Studies) の2次分析

えに、ホスト社会の一般的な価値観やどのような人々がラベリングされているかを知らない。そのため差別観を共有することがない。第1世代母の反応にはアウトサイダーであるがゆえのアウトサイダーに対する共感をみることができる。

　教育の場でも、厳しい差別を経験した。1960年代、末子のポール（1949年生）が中学生だったとき、次のような出来事があった。男子生徒の間で、レザーのジャケット、ジーンズが流行した。ようやく入手したジャケットだったが、学校へ着ていくと、規則違反ということで、ポールのジャケットだけが切り刻まれ、見せしめにされた。翌朝、母は学校にかけつけ、受付の職員や教員と押し問答の末、校長室に飛びこみ、校長と1対1で対決することになった。

　【ポールのジャケット】「フォルダーだ、ポールの親だ、いったいポールのジャケットに何をしてくれたか、聞きに来た」と言った。校長は「ポールには、学校でそのジャケットを着ないように、注意したんですよ」と言った。「じゃ他の子たちはどうなんだ」と聞くと、「学校でそれを着てる子なんかいませんよ」と言う。毎晩うちに遊びに来る4人の子は着ていたから、「この子たちは着てるじゃないか」と言ったら「彼らはちがう」。「いったい、何がちがうんだ。あの子たちとうちの息子のどこがちがうんだ。うちには父親がいないからって、あの子をかばう者が誰もいないわけじゃないぞ。」

　ジャケットを切り刻んだ上級生も校長室によんでもらい、すべては校長の指示によって起こった出来事だということが明らかになったところで、激昂し、校長室からつまみ出されてしまった。
　母の語りには、ポールだけが見せしめにされた悲しさ、悔しさ、校長が差別したことへの憤り、教育への不信が凝縮されている。校長室に飛びこみ、激しく抗議する実力行使はラフと思われてしまう行動であったかもしれない。しかし、そうせざるを得ないところにフォルダー・ファミリーが経験してきた社会的緊張が反映されている。

4章　アウトサイダーと文化

　時代はさかのぼり、1940〜50年代のことになる。フォルダー・ファミリーがワーキング・クラス・コミュニティのなかでつねに監視される存在であったことを示す次のような出来事もあった。ある夕方、山高帽をかぶり、ソーシャル・ワーカーと名乗る男が訪ねてきた。子どもたちが親にネグレクトされている、養育放棄されている、不潔・栄養不良で野放図に走り回っているという通報があったという。折しも下の2人は家の中に呼びこんだが、上の子たちはまだ道路の向こう側で遊んでいた。

　【通報】「ちょっと待ってください。他の子もいま呼んできますから」と言って、子どもたち6人を集めた。ソーシャル・ワーカーは、頭のてっぺんから、靴の先まで、子どもたちを眺め回し、ジャンパーやベストをつまみあげた。自分の母親もちょうど来ていた。母と私のどちらが先に言ったのか、同時だったかもしれない。「いったい、どこが問題なんですか」。「フォルダーさん、どうもすみません。問題ないみたいですね」。「子どもたちに夕食を食べさせなきゃいけない。早く帰ってください。何を食べているかなんて、見に戻ってきたりしないでくださいよ」。彼は、誰が通報したのかは言わなかった。母親が「誰だと思う」と聞いたが、自分も「わからない」としか答えられなかった。自分は毎晩、子どもたちを順番にきれいに洗ってあげていた。洗濯も、夜中までかかって、洗っていた。暖炉の前に干して、朝までに乾くように気をつけて、学校に行くとき、困らないようにしていた。子どもたちは、学校で給食の夕食も食べていたし、空腹にさせていたことなどない。

　子どもをネグレクトしていないのに、近所にそのような通報をする者がいた。この出来事は、シェピーのワーキング・クラス・コミュニティが多様な社会層で構成され、葛藤が内包され、社会的緊張の高い状態であったことを示している。フォルダー・ファミリーはアウトサイダーとみなされ、差別・偏見をうけやすいエスニック・マイノリティの貧困層であった。

5章　リンダのケース：貧困と労働のハビトゥス

5-1　エスニック・マイノリティ文化の継承

　姉のリンダにフォーマル・ワークの定職があれば、この世帯は貧困層に陥ることはなかったであろう。リンダの職歴はマリリンと対照的で、インフォーマル・ワークの連続である。職歴に一貫性がないため、熟練化して労働の価値が高まることがなく、転職しても安定した職歴形成につながらない。リンダが最も長く続けた仕事は農場の収穫作業であった。熟練を必要としない仕事を長く続けたことは、フォーマル・ワーク市場に参入するチャンスを失うことにもなった。母の時代には、女性の仕事の選択肢は少なかったかもしれない。しかし、リンダが20～30代であった1960～70年代には、シェピーでも女性の就業の選択肢は拡大していた。この時期に、第2次または第3次産業で職歴を積んでいれば、異なる展開があり得たかもしれない。リンダが農場の収穫作業で働き続けたのはなぜだろうか。

　リンダが農場の収穫作業で働きはじめたのは、母の導きによる。そもそも第2世代のきょうだいたちが小さい頃から、第1世代母は子どもたちをつれて畑に働きに行った。

　【畑の夕食】アーサーが5歳、すぐ下のジミーが4歳ぐらいのときから、畑に連れていった。畑にフライパンをもっていって、夕方は、収穫したばかりのじゃがいもや野菜をフライにして、あたたかい夕食を食べさせた。子どもたちが畑でおなかをすかせるなんてことはなかった。〈第1世代母のインタビュー〉

　新鮮な食材と、新鮮な空気を満喫できる、畑の夕食は、それ自体が魅力にとんだものであっただろう。子どもからみると、農作業には非日常の解放感があった。

5章 リンダのケース:貧困と労働のハビトゥス

【ホップ収穫作業】(リンダが)13歳になるまで、一家は9月の始めから10月末まで、ホップの収穫作業に行くのが恒例だった。子どもたちはこの期間は学校を休んで農場のホップ収穫作業で一緒に働いた。農場の小屋に住み込み、カーテンで部屋の仕切りを作って、わらのマットレスに寝た。5時から働きはじめ、一日中働いた。戸外で火をおこして、畑やまわりで採れるものを料理して食べた。父親はウサギをつかまえて、うさぎのパイやシチュー、ポテト料理を作った。日曜日には屋外においた錫製の大きな缶に父親がお湯をいれ、身体を洗った [Pahl 1984: 281-282]。

リンダのナラティブの特徴は、子ども時代に経験した農作業や戸外での一家団欒をなつかしみ、肯定的にとらえていることである。戸外での煮炊き・食事は、ノマド的ライフスタイルの特徴である。第1世代母は、第2世代の成人後、自分の請負グループに娘や息子の妻を誘った。このようにして農作業をともにしたのが、娘のリンダ、ローズ、長男アーサーの妻、末弟ポールの妻である。なかでもリンダが最も長く続けた。対照的に、マリリンが畑を嫌ったことは前述した通りである。

リンダは農作業にさまざまな利点を見出し、魅力的な仕事という認識をもっている。

【賃金】農場での収穫作業は、とても「いい仕事」だ。税金も払わなくていいし、保険料も払わなくていい。その日に稼いだ分は全部自分のものになる。

イギリスでは、収入にしめる税金や社会保険料の割合が高い。支払いの計算・手間も負担である。そのような手間をカットし、労働量が即座に賃金に反映され、現金を入手できることは魅力である。労働に対するモチベーションも高まる。

さらに、畑での農作業は柔軟性に富み、子育てにも適していた。

【子育て】仲間に子育て中の人がいれば、畑仕事だと、休憩時間には、赤

ちゃんにミルクをあげることもできるし、おむつをかえてあげることもできる。

　畑の労働は、時間も規則も柔軟である。子どもを畑に連れていけば、戸外の空気にふれ、日光を浴びて健康的である。ともに働く仲間は子育てを経験したことがある年上の女性たちである。助言や経験談を聞くことができる。マリリンが勤めている工場は、規則と時間で拘束された労働環境で、仕事場に子どもを連れていくことはありえない。工場で低廉な賃金と、融通性のない職場環境に甘んじ、単純なマニュアル・ワークを繰りかえす日常に比べ、農作業は自由で柔軟性に富み、解放感が感じられるものであった。農作業のほうが魅力的にみえたとしても不思議はない。拘束されることが少ない労働パターンで、組織だった労働管理がおこなわれることもないため、仲間関係も親密であった。

　【仕事仲間】一緒に働いていた女性たちは、みんな年上だった。畑で土まみれになって一緒に働く仲間だったから、お互いなんでも助けあった。(中略)毎日顔を合わせて働いていたので、このときの仲間にはとても親近感を感じている。(中略)いまも、町で買い物をしているとき、このときの1人、2人に会うことがある。たちどまって、おしゃべりが始まる。

　女性たちで構成された同質的な社会集団、気楽なコンボイ集団の中で働く快適な労働環境であった。
　このようにリンダにとって、農作業は賃金、労働環境、仕事仲間の点で続けるに値する仕事であった。最も重要なのは労働の柔軟性というメリットである。ジプシー文化ではノマド的ライフスタイルに適した、柔軟性のある労働形態が好まれた。農作業はその典型の1つであった。拘束の少ない労働パターンの選好は母から受け継いだものであろう。リンダの農作業に対する選好は、結果的にはジプシーの労働文化を継承するという意味をもつことになった。母も祖母も農作業で収入を得てきた。リンダの職業選

択には労働のハビトゥスがあらわれている。母の文化資本を肯定的に受け継ぐことは、リンダのアイデンティティの形成、安定したパーソナリティの形成に寄与していたであろう。しかし、結果的には、低廉なインフォーマル・ワーク市場から離脱できない状況を継続させ、職歴の点では不利な条件を蓄積することにつながっていた。

5-2 緊密なネットワークと貧困

　リンダとマリリンは、職歴が相違しているだけではなく、母との関係も対照的である。マリリンはミドル・クラスの住宅地に移り、母と空間的に距離をおいた。リンダは母と350mほどの距離に近接居住しており(図表I-8)、次のようなサポートをさりげなく行っている。

　【洗濯】リンダは、母に洗濯を頼み、毎週、5ポンド払っている。かさばる洗濯ものは頼んだことはない。子どもの服とか、ティータオルなどの軽いものだけだ。(中略)母に洗濯を頼むことを思いついたのは、ある年のクリスマスのあとだった。母は、クリスマスのころに、ガス・電気の支払いができなくて、とめられてしまうことがある。洗濯を頼むことによって、毎週5ポンドずつ渡し、貯めて備えてもらうことを思いついた。

　夫が失業中で、厳しい経済状態にあるリンダが、乏しい家計から毎週5ポンドを母に渡して援助している。貧困なのに乏しい資源を分け合っている。貧困状態から抜け出すことができなくなるのは当然であろう。リンダの一家は、金銭面以外にも母の日常に配慮している。

　【外出の誘い】日曜日に外出の予定があるときには、娘のサラに言って、必ず母を誘いにいかせている。このあいだもサラは、「おばあちゃんは、その日になって、出かける気分だったら、一緒に行くと言っていた。たぶん来ないと思う」と言う。でも、このあいだも、一緒に出かけるつもりで、したくをして、待っていた。以前、マリリンかポールの誕生日に、きょうだ

I部　シェピー・スタディーズ (Sheppey Studies) の2次分析

いが集まって、楽しかったことがあった。もどってきてから、母にそのことを話したら、驚いたことに、誰も母に声をかけていなかったらしい。母はそのことを知って、腹を立てた。

　第2世代のきょうだいみなが母のことに気を配るわけではない中で、リンダは母に配慮することが自分の役割と心得ているところがある。母親に対する強い責任感をいだき、母もリンダに対して、強い信頼感をいだいている。一方、母とマリリンとの間には次のような出来事があった。

　【新聞の死亡欄】マリリンが2週間前に、ここに来てちょっと顔を見せた。「あら、何がほしくて来たの」と言ってやった。ちょうど、リンダの娘のサラがいたので、「マリリンおばさんは何がほしくて来たと思う？」と言ってやった。マリリンは「あら、様子を見に来たんじゃないの」と言うので、「ああそうかい、それなら、2週間前に死んじゃったよ。新聞の死亡欄、見なかったのかい」と言ってやった。「あら、そんな言い方しなくてもいいじゃない」と言って帰った。クリスマス以降は、マリリンの姿を見ていない。〈第1世代母のインタビュー〉

　上昇移動していくきょうだいたちは、母と心情的にも疎遠になり、物理的距離・社会的距離が拡大する。その一方で、母とリンダは物理的・心理的に近接し、緊密なネットワークを保持し、価値観を共有している。貧困層にとどまっているリンダが、乏しい資源をさいて母の面倒をみている。貧困層の同類結合、資源分割である。リンダと母の貧困2世帯が、貧困の極を脱する可能性はますます低くなる。これが2次分析で明らかになった貧困層再生産のプロセスである。

6章　貧困のスパイラルと社会的排除

6-1　ハビトゥスと規範

　2次分析の目的は、リンダが保有している社会的資源の側面に着目し、「妻側、女性のワーク経験・職歴、世代間」という視角から、貧困化にいたる「多様な要因」を考察することであった。リンダとマリリンの比較によって、格差が発生する要因として次のような諸点を挙げることができる。

　定位家族は貧困層であった。属性的資源は等しい。しかし、2人の間では、「ラフ／リスペクタブル」規範の内面化の程度と、母親との距離の取り方が異なっていた。この規範を深く内面化しているマリリンは、貧困層の母と物理的・心理的・社会的距離が拡大した。母と異なる職歴パターンを形成し、フォーマル・ワーク市場で安定した雇用を維持し、貧困層から脱出した。母や姉との間に、格差が生じた要因として、規範の内面化、貧困の文化の非継承、職業選好をあげることができる。

　一方、リンダは母と緊密なネットワークを保持し、エスニック・マイノリティの文化資本を継承し、ファミリー・アイデンティティはマリリンよりつよい。家族という場を通して労働ハビトゥスが形成され、インフォーマル・ワーク労働の選好につながっていた。貧困層にとどまった要因として、エスニック・マイノリティの労働ハビトゥスの保有、貧困の文化の継承をあげることができる。

　マリリンとリンダとの間の、格差が拡大したプロセスは図表Ⅰ-11のように整理できる。「ラフ／リスペクタブル」規範と「エスニック・マイノリティの労働ハビトゥス」という価値観の相違が、フォーマル・ワークとインフォーマル・ワークの職業選好の相違を生みだし、職歴の相違につながっていた。

6-2　貧困と身体性

　女きょうだいの事例の理解を深めるため、ここで男きょうだい間の格

I部　シェピー・スタディーズ (Sheppey Studies) の2次分析

```
                    ┌─────────────────────────────┐
                    │ 母                          │
                    │・ノマド的ライフスタイル、価値観 │
                    │・ノマド的労働ハビトゥス       │
                    │・エスニック・マイノリティの文化資本│
                    └─────────────────────────────┘
      空間的・心理的距離をおく ↙           ↘ 空間的・心理的近接性
                                            緊密なネットワーク
┌──────────────────────┐      ┌──────────────────────────┐
│ マリリン               │      │ リンダ                    │
│「ラフ/リスペクタブル」   │      │ エスニック・マイノリティの │
│規範の内面化            │      │ 労働ハビトゥス            │
│  ↓                   │      │   ↓                     │
│上昇志向               │      │ インフォーマル・ワークの   │
│  ↓                   │      │ 柔軟性を評価              │
│フォーマル・ワークの    │      │   ↓                     │
│安定性を評価           │      │ インフォーマル・ワーク市場 │
│  ↓                   │      │ での選好                  │
│フォーマル・ワーク市場  │      │                          │
│での選好               │      │                          │
└──────────────────────┘      └──────────────────────────┘
```

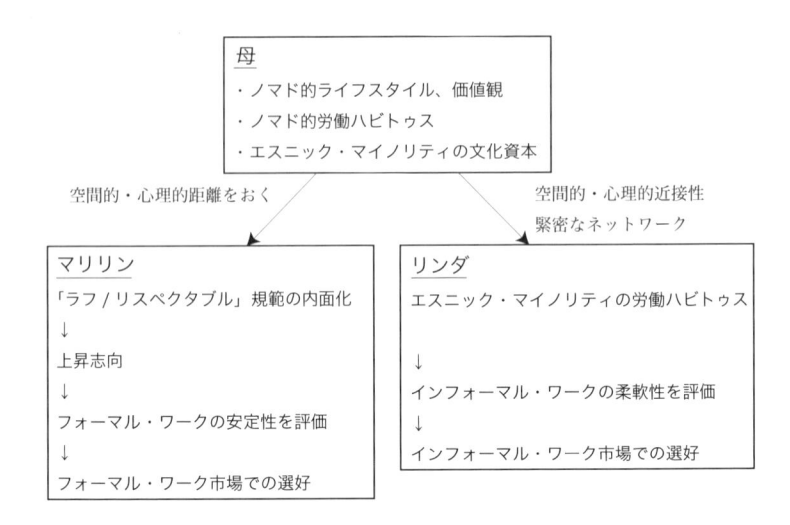

図表 I-11　リンダとマリリンの間の格差拡大プロセス

差拡大の状況について概観しておこう。第2世代の男きょうだいのなかで、上昇移動したのはコリン（10人きょうだい6ばんめ、1941年生）、貧困層にとどまっているのがディレック（10人きょうだい3ばんめ、1936年生）である。義務教育修了の学歴は共通している。この2人は5歳ちがいで、同世代に属し、職歴形成に影響する時代効果はほぼ等しい。しかし、この2人の職歴を比較してみると、20〜30代における職歴形成のパターンが全く異なっている。コリンは転職が少なく、30代でパブ経営の自営業主に上昇した。対照的に、ディレックは頻繁に転職をくりかえした。職歴形成の相違を生み出した要因の一つに、身体の強弱という健康の問題があった。2人のケースは健康問題と職業移動の関連、ワーキング・クラス男性の身体性を考察する好事例となっている。

コリンのケース：身体強健と上昇移動

　コリンは36歳でパブ経営の自営業主となった。それ以前に就いた職種のほぼすべては建設労働である。フォルダー・ファミリーの男きょうだいは、年が離れた末弟のポールを除いては、いずれも10〜20代に建設労働

者として働いた経験がある。義務教育をおえたが、さしたる職業訓練をうける機会がなかった若年者にとって、建設労働はすぐに働きはじめることが可能な職種であった。フォルダー・ファミリーの第2世代男きょうだいの中には、学卒後すぐに工場の熟練労働者となるトラックを歩みはじめた者はいない。フォルダー・ファミリーはワーキング・クラス地域の中核を成す熟練労働者層ではなく、周辺労働者層であったことがこのような側面にも反映されている。

コリンは10代に、ロンドンで住み込みの守衛として働いた。結婚して第1子が生まれた後、妻子を連れて、20代はじめにシェピーにもどってきた。帰郷した頃、兄たちが建設業の請負グループを作ったので、自分も加わった。元請会社から現場の仕事を斡旋してもらう建設現場の「組」である。

きょうだいは現場へ通う中古車を入手したが、まもなく故障してしまった。メンテナンス費用を捻出することができず、列車で長時間かけて現場に通わざるを得ない羽目になった。兄たちは次々と請負グループから抜けていった。

【胸の病気】最初に抜けたのはアーサーで、何か他の仕事をシェピーで見つけたらしい。次に抜けたのはバブル（ジェラルドのニックネーム）だった。バブルは胸の病気が悪化して、現場に通うのが難しくなった。自分たちはそのころ現場に通う交通手段をもっていなかった。中古車を買ったが、壊れてしまい、修理の費用を出せなかった。列車で通った。バブルは身体の調子が悪く、胸の病気が悪化してしまうので、シェピーの工場で別の仕事をみつけ、請負グループから抜けた。

兄の一人が抜けた理由は健康問題であった。何か悪条件が生じたとき、健康でなければ事態を乗り切ることができない。身体虚弱者は、悪条件のダメージをうけやすい。

健康良好だったコリンは建設現場で働き続け、やがて元請の建設会社に

I部　シェピー・スタディーズ (Sheppey Studies) の2次分析

採用されて10年以上勤め、現場監督になった。健康状態が良ければ、悪条件の影響をさほど受けずにすむ。同じ職場で安定して働けば、ルーティン・ワークに習熟し余裕が生じる。コリンは夏期には、昼間は建設会社で働き、夜にホリデー・キャンプのパブでアルバイトをするようになった。

【パブ修行】ワーナーズのパブで働いて、ちがうタイプの人たちと知り合うことができた。自分のパブを開くとき、ワーナーズの経営者は力になってくれた。シェピーでビジネスをしている人たちや、ミンスターでパブを開いている友だちも紹介してくれた。そのパブに妻が手伝いに行って、パブの仕事に慣れていった。パブの物件を探すときにも、いい仲介業者を2〜3紹介してくれた。

昼と夜の仕事の両立は、身体が丈夫でなければできないことである。コリンは、強健な身体を資本に、時間を有効活用した。まずパブ・ワークの基本を習得した。経験がなかったパブの仕事に熟練化していった。未熟練の時期は、一般的に賃金は低いものである。コリンは建設会社の本務をもちながら、要領よくパブ・ワークの未熟練の時期を通過していった。

パブでアルバイトすることによって、昼間の勤務と異なるネットワークを構築していった。自営業に必要な取引関係のネットワークや、同業者のネットワークを形成した。妻も同業者のパブで働き、パブ・ワークの経験を積んだ。

コリンの妻はロンドン生まれである。義務教育修了後、速記・会計実務の専門学校に通い、ロンドンにあった航空省のオフィスで速記タイピストとして働いた経験もある。コリンの女きょうだいとは違って、専門職の技能訓練を受けている。中等教育を修了しているため、社会的関心の幅が広く、シェピーで子育ての時期も、地域の子育てグループの講座に参加し、ボランティア活動を行った。リンダやマリリンとは異なる行動様式である。パブ自営をはじめた後は、妻が経理・会計を担当し、専門職の技能も生きることになった。

このようにコリンは身体壮健で、時間を有効に使い、安定した生活基盤を形成した。自営業によって、妻の技能も活用されるようになった。コリンの例は、身体強健が連鎖効果を生みだし、上昇移動の資本となることを示している。勤勉で向上心があり、リスペクタブル規範を内面化している夫婦といえるであろう。

ディレックのケース：身体虚弱と貧困

身体虚弱なディレックは、コリンと対照的である。ディレックは生後3ヶ月のときに、上半身にやけどを負った。成長期に皮膚移植手術をうけるため、長期入院を繰りかえした。

【学校】自分は学校を休みがちで、病院と家との間を往復する生活だった。10年間の義務教育のうち、たぶん3年分か4年分しか学校へ通っていない。学校へ行けば、先生からいろんなことでお小言をくらう子どもだった。15歳で学校を出て、すぐに道路の掘削工事で働きはじめた。とくにトレーニングをうけることもなく、いきなり現場に入って、道路を掘り返したり、掘削マシーンを使いはじめた。

長期欠席が多かったため、基礎学力が不充分で、学卒時に非安定雇用の労働に就く以外、選択肢がなかった。道路工事作業員をかわきりに、頻繁に転職する労働パターンになっていった。

20代の転職回数は7回（おもに建設労働）、30代は6回（夜勤ガードマン、長距離トラック運転手、建設現場監督、パイプ敷設工、鉄道レール敷設工など）におよぶ。就業に継続性がないのは、身体が虚弱で、やけど以外にもさまざまな病気を併発しているからである。とくに40代にはいってからの心臓病は深刻であった。ガラス工場に6年間勤めたが、自発的失業にしてもらった。失業手当をもらいつつ、アルバイト的な仕事をして、3年が過ぎた。ディレックはいくつもの病気をかかえて、肉体的にも精神的にも、忍耐が持続しない。しかも非安定雇用市場には社会的弱者が集積し、葛藤の多い環境で

I部　シェピー・スタディーズ (Sheppey Studies) の2次分析

ある。

　【アイルランド人】(その建設工事を紹介してくれた知り合いが)「アイルランド人と一緒に働くことになる」と言った。自分は「誰と一緒に働くことになろうが、毎週の賃金さえちゃんともらえれば、気にしないよ」と言った。(中略)いま入っている建設現場で働いているのは、ほとんどアイルランド人だ。彼らは一日中、大声で話す。何を言っているのかもわからない。きょうは、その中の身体の大きいヤツと組んで作業しなければならなかった。午後にはあやうく喧嘩になるところだった。相手にしてもしょうがないから、冷静さをとりもどし、その場から離れて、別の作業に没頭した。

　エスニック・マイノリティが多い労働現場では使用言語さえ一致しない。コミュニケーション不全になりやすく、不安やストレスが大きい。精神状態も待遇も安定しない。葛藤が多く、すぐやめることにつながる。ディレックの妻も病弱で、同じように入退院を繰りかえしている。身体虚弱の同類結合である。夫婦両方の健康に問題があるため、生活が安定しない。親族ネットワークに依存しがちな行動パターンになる。

　【ディレックへの評価　1】ディレックはいつもお金に困っている云々の泣き言を言う。以前はそのことに同情して、お金を貸したけれど、彼に貸したお金はもどってくることがない。〈コリンのインタビュー・データ〉
　【ディレックへの評価　2】パブを開くために、引っ越しをしたとき、ちょうど中古車を1台処分しようとしていたところだった。ディレックがほしいというので、安い価格で譲ってあげた。ところが、いつまでたっても代金を持ってこない。そのうえ、事故まで起こしてしまった。譲渡の手続きがきちんと終わっていなかったから、その事故のせいで、自分たちまで責任を問われてしまった。〈コリンのインタビュー・データ〉

　ディレックはきょうだいに借金や不義理を重ね、信頼を失っている。言

動が行き当たりばったりで、生活に計画性がなく、迷惑をかけても無頓着である。

　【ディレックへの評価 3】きょうだいの中でも、ディレックは喜怒哀楽の自分の気持ちをストレートにあらわす。うれしければ人にとびつき、だきつく。母と似ているのに、母はディレックに近づきたがらない。ディレックが重い心臓病になったとき、ロンドンで入院し、手術をうけなければならなかった。手術は成功するかどうかわからなかったが、母はお見舞いにも行こうとしなかった。〈リンダのインタビュー・データ〉
　【ディレックへの評価 4】ディレックも心臓の手術をしたことがある。いまは心臓の調子はいいらしい。姪のロレーヌの結婚式のときに、跳ねたり、踊ったりしているのを見かけた。まるで2歳のやんちゃな子どものようだった。〈第1世代母のインタビュー・データ〉

　感情の起伏が激しく、コミュニケーションのとりかたが安定しない。貧困世帯は次第にサポート資源を失い、疎外・孤立の状況に陥っていく。ディレックの例は、身体虚弱が生みだす負の連鎖を示している。基礎学力の不足、未熟練労働、短期就業、コミュニケーション不全、葛藤の多発、頻繁な転職、経済的・サポート資源の欠如、病弱をおしての就業、さらなる健康悪化という連鎖である。ディレックは自分が他のきょうだいたちに劣っていることを自覚している。

　【きょうだい】いま、きょうだいたちはみんな、自分よりいい仕事についている。コリンはパブを経営している。マリリンは工場の優良長期勤続者、ポールは港湾の荷揚げ作業員、バブルはガラス工場に長く勤めて現場監督、アーサーはまもなく引退だ。

　母親が電気代を払えなくなったとき、末弟のポールが男きょうだいの家をまわってお金を集めた。ディレックは金銭的余裕がなく、出すことができ

なかった。きょうだいたちとの間に格差があることを切実に実感している。

　ワーキング・クラス男性は身体が資本である。身体虚弱者が直面する現実は厳しい。ワーキング・クラス地域では、男性性を尊重し、男性を主たる稼ぎ手とみなす規範がつよい。身体虚弱者は、このような規範から逸脱している存在である。身体虚弱者はどのように生き抜く方法を見出しているのだろうか。第1世代父も身体虚弱者であった。第1世代母が稼ぎ手となり、父が家事を担当した。

　ディレックは、父とある共通点がある。それは動物との関わりである。父は家でうさぎ、鶏、鳩、がちょうなどを飼っていた。それらは家族の食料であり、売って現金収入を得ることもあった。父は犬やいたちを使って、シェピーの沼地で猟をして、うさぎのパイやシチューを作ってくれた。沼地での猟は、父のインフォーマル・ワークの1つだった。ディレックも沼地で猟をするため、いたちを飼っている。きょうだいの中でいたちを飼っているのはディレックだけである。

　ディレックの生きがいは、沼地のいたち猟、鳩レース、新種のカナリアの育成である。ディレックのアイデンティティの根拠は、動物の世界に詳しく、豊富な知識をもっていることである。学校にあまり行かなかった子ども時代に次のような出来事があった。

　　【うさぎ退治】母が農場の収穫作業に行くと、農場主が、うさぎが繁殖しすぎて、作物を荒らすと嘆いていることがよくあった。母はそういうとき、「うちの息子は退治するのが得意だから、やらせましょうか」と言った。イーストチャーチにある刑務所の敷地内へウサギ退治に行ったことがある。

　動物のことであれば、家庭内ではディレックが第一人者だった。学校では教えない独特の知識と技能の持ち主だった。うさぎ退治は大人になってからも続いている。

　　【野うさぎ】この間もテレビで、野ウサギが増えて、農場経営者たちが困

っているというニュースを聞いた。農場にうさぎの捕獲をやりましょうかと電話をしてみた。依頼主が多く、今年もまだ依頼が続いている。

うさぎ退治で収入を得ている。これは一種のインフォーマル・ワークを行っていることになる。

【バード・サンクチュアリ】シェピーの沼地はバード・サンクチュアリになっている。猟をするには、捕獲許可証を取得する必要がある。許可をとって、14年になる。バード・サンクュチュアリの管理には大学も関わっている。バード・サンクュチュアリについて勉強する大学生が実習にやってくる。

シェピーは低湿地で、その半分は沼地である。工業地域でありながら、沼地には自然が多く残っている。このような地理的特性がディレックに細々としたインフォーマル・ワークの機会を与えていた。経済的には不遇なディレックであったが、動物の扱いには長じており、アイデンティティを確認する機会になっていた。

ワーキング・クラス・コミュニティは多様な周辺労働者を含んで成り立っている。その中には工場の労働災害で負傷する労働者もいただろうし、長時間労働で病気になり健康を損ねる者もいただろう。ワーキング・クラス男性の身体虚弱者は、男性性を誇る土地柄の中で、それぞれの生きる道を模索しなければならなかった。フォルダー・ファミリーの事例は、2世代にわたる身体虚弱者の生活のありようを示している。第2世代の女きょうだいに健康状態が不良の者はいなかった。男きょうだいの事例によって、格差拡大と健康問題が密接に関連していることを知ることができる。

6-3　家族要因・文化要因・パーソナル要因

2次分析の知見をまとめてみよう。「妻側、女性のワーク経験・職歴形成、世代間」という分析視角から、女きょうだいのリンダとマリリンを比較し、

I部　シェピー・スタディーズ (Sheppey Studies) の2次分析

```
          家族要因                    文化要因
        ┌─────────┐              ┌─────────┐
        ファミリー・アイデンティティ
                    エスニック文化資本
              労働ハビトゥス
              職業選好
     経済要因              ラフ/リスペクタブル規範
  ┌─────────┐
  フォーマル・ワーク市場   職歴   身体性-健康問題
  インフォーマル・ワーク市場
                              パーソナル要因
```

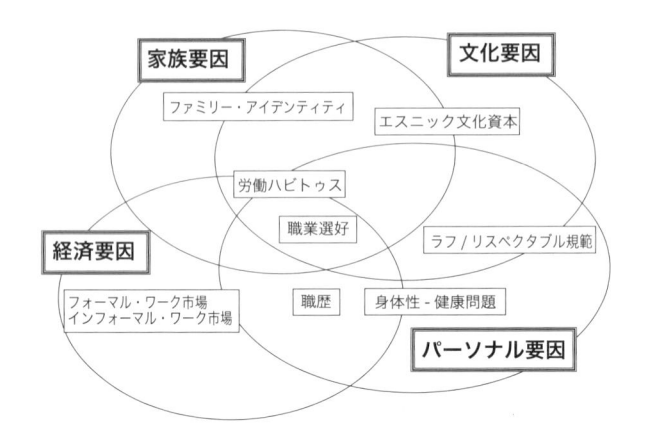

図表Ⅰ-12　格差拡大に関わる要因

　格差が生じる多様な要因を探ってきた。大きくまとめると、家族要因、文化要因、パーソナル要因に整理することができる。また、男きょうだいの事例では、貧困化プロセスに身体性－健康問題が関わっていた。これはパーソナル要因の1つといえるだろう。

　レイ・パールの1次分析の知見と、筆者の2次分析の知見を合わせると、格差拡大に関わる要因を図表Ⅰ-12のように図示できる。1次分析による「経済的要因」に加えて、「家族要因、文化要因、パーソナル要因」を探ることによって、貧困世帯が再生産されるプロセスをより総合的に明らかにすることができる。

　本書の成果の1つとして、貧困化プロセス、格差拡大プロセスを考察する方法として、これら4つの要因から総合的に分析する視角があることを指摘したい。

6-4　社会的排除の重層性

　シェピー・スタディーズが対象としたのは、1970年代後半～80年代のイギリス社会の格差拡大プロセスである。サッチャー政権下の貧困世帯

6章　貧困のスパイラルと社会的排除

図表I-13　スピッカーによる「貧困の要因」の6類型

		貧困を生みだす要因
a	病理学的要因	貧困者自身の性格、環境、行動
b	家族論的要因	家族的背景、遺伝的気質・体質、家族の影響
c	下位文化論的要因	下位集団の文化、態度、行動
d	資源論的要因	資源の分配の不平等
e	構造論的要因	階級、経済的組織、社会的分断
f	機関論的要因	政府、民間企業、機関の対処しなかった過失

出典：[Spicker 2007 ＝圷 他 訳：208-225]

　の事例であり、これ自体が興味深く、価値ある研究対象である。ところで、2次分析の知見をふまえて、次に考えてみたいことは、1980年代の調査データの2次分析・再検討が、我々の生きる21世紀の格差・貧困問題の考察にどのような点で寄与するのか、ということである。ポール・スピッカー(Paul Spicker)の貧困研究を参考にしながら、この点について考えてみよう。図表I-13は、スピッカーによる「貧困の要因」の6類型である[Spicker 2007 ＝圷 他 訳：208-225]。レイ・パールの1次分析、および筆者の2次分析は、6類型のうちのどれに該当するだろうか。

　1次分析は、フォーマル・ワーク市場とインフォーマル・ワーク市場からの排除が貧困世帯を生みだすことを指摘していたので、e.構造論的要因とd.資源論的要因を組み合わせた説明といえるだろう。2次分析は、c.下位文化論的要因とb.家族論的要因に、独自のパーソナル要因を組み合わせた説明である。つまり、1次分析と2次分析を総合すると、b～eの4つの要因が介在していることを指摘していることになる。

　ここからわかることは、貧困化プロセスは1つの要因で説明される単純なものではなく、おおむね複数の要因を組み合わせた説明になるということである。表現を変えると、パールがリンダの世帯からフォルダー・ファミリーへと調査対象を広げ、長期間にわたって、多角的に調査を進めたことによって複数の要因が介在していることが明らかになった。つまり、同一の調査対象に対しても、調査方法や調査期間をかえて、調査を重層的に

構成することによって、複数の要因の複合的様相がみえてくるということである。

いずれにしても、貧困化に複数の要因が関連しているのであれば、次の課題はその複合的な様相の特徴をどのようにとらえ、どのように解釈するかということである。フォルダー・ファミリーの事例については、次のように考えられる。

フォルダー・ファミリーの家族史は、第1世代母の語りによって、その両親の時代つまり1900年代初頭から明らかになっている。この家族はジプシーを出自とし、移動と定着を繰り返す生活であった。1912年生まれの第1世代母は子どもの頃、靴の左右同じものを揃えることができないほど貧しかった。エスニック・マイノリティとして、差別と偏見の視線を浴びる貧困世帯であった。つまり、イギリスの福祉国家体制が形成される以前の時代に、社会システムから排除され、貧困状態におかれていた家族であった。20世紀後半の福祉国家の形成は、このような貧困世帯を救済し、国民全体の生活の質の向上をめざしたものであったはずである。

リンダは母から労働のハビトゥスを受け継ぎ、農場の収穫作業の利点を評価し、インフォーマル・ワーク市場で働き続けた。リンダのこのような就業のありかたは、ジムが失業したとき、この世帯のセーフティネットが脆弱で、貧困状態に陥ることにつながった。失業手当の支給はリンダが就くことができる職種を制限した。つまり、本来は失業世帯をサポートするはずであったしくみが、失業手当支給を通して、貧困世帯を行政の監視下におき、生活の機会を制限するという負の機能を果たすようになってしまった。しかも、失業手当の受給は、近隣から嫉妬と監視の視線を浴び、贈与・交換関係を狭め、近隣ネットワークから排除される状況を生みだした。本来は社会的弱者を救済するはずの福祉政策が、意図せざる逆効果をもたらした。イギリスが福祉国家を形成し、福祉政策が整備されたのに、そのシステムが逆機能し、労働意欲や生活向上の意欲がそがれ、さらなる貧困状態へと追い込まれた。

1979年にサッチャーが率いる保守党が政権をとり、イギリスはネオ・

リベラリズム体制に移行していった。弱者切り捨て政策が本格的に始動し、弱者救済を目的としたセーフティネットも弱体化していった。十全なセーフティネットを保有する者と、脆弱なセーフティネットしか持たない者との格差が拡大し、それはフォルダー・ファミリーの第2世代きょうだい間の格差にも如実にあらわれている。上昇移動を果たしたきょうだいと、下降移動のきょうだいの社会的距離が拡大し、拡大家族は分化していった。ネオ・リベラリズム体制の時期に、家族というセーフティネットも弱体化していく過程がフォルダー・ファミリー・データにはあらわれている。このようにして、貧困者どうしが同類結合し、資源を分かちあって当座の状況をしのぎ、貧困のスパイラルから抜け出せない状況が継続した。

　リンダのケースは、このような「福祉国家形成以前の社会的システムからの排除」「福祉国家体制における社会的システムの意図せざる逆効果」「ネオ・リベラリズム体制下のセーフティネットの弱体化」というように、社会的排除が歴史的に蓄積されてきた過程を示している。「社会的排除の重層性」「社会的排除の歴史的蓄積」を示唆している。

　C.W.ミルズの『社会学的想像力』の冒頭には、'Nowadays men often feel that their private lives are a series of traps.'（こんにち、人々はしばしば自分たちの私的な生活には一連の罠がしかけられていると感じている＝鈴木広訳）と述べられている [Mills 1959: 3]。ミルズは「私的問題 (private troubles)」と感じられている「トラップ (わな)」が「パブリックな問題 (public issues)」から生じていることを解明する必要性を述べている。これはマクロな構造とミクロな状況が偶発的に連動して、個人の生活に思いがけない落とし穴を作り出すことを示唆している。リンダのケースは、福祉システムが整備されていたイギリスの事例であるだけに、良かれと思われていた福祉政策が逆機能し、新たな社会的排除につながることの意外性を浮き彫りにする。これはマクロ的、構造的に生みだされたトラップの側面である。また、リンダは農場の収穫作業を良いものだと思い、母との緊密なネットワークを保持して乏しい資源を分かちあってサポートを続けた。母への思いやりや、母からの文化を継承し、自己のアイデンティティの基盤を保持するという、本来は是と思

われるものが貧困状態から抜け出せないトラップになってしまった。これはリンダをとりまくミクロな関係から生じたトラップの側面である。

「社会的排除の重層性」「貧困のスパイラル」は、マクロとミクロのトラップが偶発的に重なりあい、個人の生活に「思いがけない落とし穴」を作りだすという、複雑な現代社会が抱えている、構造的に先見的予測の困難な状況を照射している。

6-5　格差拡大プロセスの分析視角：現代日本社会の分析への示唆

このようなイギリスの格差・貧困研究に基づく知見は、現代日本の格差問題の分析に対して、次のような点が示唆的である。

日本の格差拡大・貧困化プロセスの議論はフォーマル・ワーク市場からの排除に集中しがちである。しかし、労働の意味を広くとらえ、フォーマルとインフォーマルの両方のワークにおける労働の意味、労働分業、労働ハビトゥスを考察し、貧困との関連を明らかにしていくことが必要であろう。

このような視角には、家族、文化資本、パーソナリティの問題が関連してくる。本書でも明らかにしたように経済的要因、家族要因、文化要因、パーソナル要因などの多様な要因を探ることによって、貧困化プロセスを多角的に明らかにする方法が考えられる。

さらに長期的タイム・スパンの視点をもち、社会的排除の重層性、歴史的経過を明らかにし、その日本的特徴を追究することが考えられる。重層性、歴史的蓄積にあらわれているのはどのようなタイプの貧困であるのか、日本の社会のどのような特性があらわれているのか、意図せざる結果がどこに生じているかを明らかにし、他国の事例と総合的に考察することにより、グローバリゼーションが進行し新たな貧困が拡大している現代社会の特性と対処法を考究することに寄与すると思う。

6章　貧困のスパイラルと社会的排除

[注]

1　本書Ⅲ部10章10-2参照。
2　'Interview Ray Pahl', *The British Sociological Association Newsletter*, 2006, Spring: 7-9.
3　Ray Pahl curriculum vitae: http://www.iser.essex. ac. / staff (1/Oct/2007)
4　パールへのインタビュー：2007年8月27〜28日。
5　パールへのインタビュー：2007年8月27〜28日。
6　イギリスでは現在でもジプシーとよばれる人々が一定数存在している。イギリスでは政府の公的文書、学術刊行物、新聞をはじめとするメディアの報道等、すべて一般的に「ジプシー（Gypsy）」の語が使われている。この語に特有の価値観がこめられていることはなく、この語の使用が避けられていることもない。本書もイギリス社会の通例に基づいて、この語を使用する。
7　フォルダー・ファミリー調査のインタビュー・データにつけた小見出しは、武田がつけたものである。

II部
調査プロセスの構築

シェピー・スタディーズの多角的アプローチ

7章　シェピー・スタディーズの調査プロセス

7-1　調査方法分析への視角

質的データの2次分析にはおもに6つの方法があり、そのうちの1つは、オリジナル調査の調査設計、調査方法を再検討することである(本書V部4参照)。優れた成果を挙げた研究プロジェクトの調査方法を追跡し、特徴を把握し、卓抜した点に学ぶことは、後続の研究者にとって非常に有益である。これはオリジナル調査の研究成果の意義を再評価することにもつながる。

II部では、まず最初にシェピー・スタディーズ(*Sheppey Studies*)の調査プロセスを追跡し、調査方法の特徴を把握する。シェピー・スタディーズでは質的、量的の両方をふくめた多様な調査方法が併用されている。レイ・パール(Ray Pahl)はそれぞれの調査方法の利点や意義をどのように考え、調査を構成していったのだろうか。

調査結果を発表する際にはどのような媒体を用いたとしても、時間や文字数の制限があり、調査の全容を表現し尽くすことはできない。得られた知見を厳選して発表することを余儀なくされる。研究者が直面する調査方法と記述方法の葛藤の中で、パールがどのような基準でデータ・知見を選択し記述していったかについても考えてみることにしよう。

格差拡大プロセスの解明をテーマとするシェピー・スタディーズの眼目は、貧困世帯の調査である。社会的不平等の不利益を被っている立場の人々を調査する場合、特有の困難が生じがちである。パールはこの問題に直面することを通して、独創的な調査スタイルを編み出し、研究に新局面を切り拓いていった。

シェピー・スタディーズは10年余におよぶ研究プロジェクトである。オリジナル調査データ・資料の現物を用いながら、長期間にわたる調査の軌跡を追うと、パールが調査対象者や、調査結果を聴いたオーディエンスと相互作用を重ねながら、調査プロセスを構築していったことが明らかに

なる。

以上のような視角から、調査方法論的にも、多様な側面をふくんでいるシェピー・スタディーズの調査プロセス構築の過程を明らかにしていくことにしよう。

7-2 調査プロセスと調査体制

レイ・パールがシェピー・スタディーズの着想を得たのは1976年である。それ以降、10余年の歳月をかけて調査が行われた。調査内容は多岐にわたる。時系列な進捗状況にそくして、調査プロセスを段階別に分けると、図表II-1のように4段階に分けることができる。第1次本調査と第2次本調査の間に、『労働と分業 (*Divisions of Labour*)』(1984, Blackwell) が出版された。

第1次本調査の調査チームの主なメンバーは6名で、レイ・パール、クレア・ウァレス (Clair Wallece)、ニック・ブック (Nick Buck)、他3名であった。パールはシェピー島の中心地シェアネスに調査事務所を設置し、ここを調査の本拠地とした。調査チームの中核はパールとウァレスで、シェピー・スタディーズはこの2人が車の両輪のようにフル回転したからこそ成

図表II-1　シェピー・スタディーズ 調査プロセス

段階		年次	研究助成金 支給団体
調査企画	構想設計	1976年冬～1977年	
	調査地探索	1977年秋	
予備調査		1978～80年（3年間）	ナフィールド財団 (Nuffield Foundation)：1978～79年
			雇用省 (the Department of Employment)：1980年
第1次本調査		1980～1983年（3年間）	社会科学研究機構 (Social Science Research Council)：1980年10月～1983年12月
第2次本調査		1984～1986年（3年間）	ロウントリー財団 (The Joseph Rowntree Memorial Trust)、その他

出典：*The Ray Pahl Collections: Isle of Sheppey Studies* (Qualidata, Albert Sloman Library, University of Essex) より筆者作成.

し遂げられた研究である。ウァレスはパールを指導教授とする院生としてシェピー・スタディーズに関わりはじめ、のち社会科学研究機構(Social Science Research Council、以降SSRCと略称する)助成金による専任研究員となり、調査を遂行した。

　UKDAのQualidataが管理しているシェピー・スタディーズのオリジナル調査データをみると、ウァレスの働きが非常にすぐれていたものであったことが一目瞭然である。調査の段取り、調査項目の検討、調査の実施、報告書の作成にいたるまで手早くこなし、フル回転の活躍であったことがわかる。シェピー・スタディーズでは多様な調査が実施されているので、多数の調査員を動員しなければ実現不可能だったと思いがちだが、実際には優秀な共同研究者を1人獲得しさえすれば、中核メンバー2名程度の体制でも、高いレベルの研究成果を出せることをシェピー・スタディーズは示している(2009年現在、ウァレスはアバディーン大学教授、ヨーロッパ社会学会会長)。

7-3　調査方法の多様性

　調査方法の視点からみると、シェピー・スタディーズは初期探索調査、インタビュー調査、複合的調査(質的調査・量的調査の組み合わせ)、歴史的資料分析の4種類に分けることができる。実際の調査は整然と進むものではなく、多様な方法を取り混ぜつつ、模索しながら進行するものになりがちである。シェピー・スタディーズにおいても、実際の調査は多様な要素を含んだものであったが、あえて分類すると、図表II-2のようになる。ここに表れているように、シェピー・スタディーズの特徴の1つは質的、量的の両方をとりいれた多様な調査方法が試みられていることである。図表II-2を基に調査方法の特徴を概観してみよう。

　初期探索調査ではフィールドワーク／エスノグラフィーが行われていることが特徴的である。1970年代のイギリスでは、社会学分野の研究でフィールドワークを行うことは一般的ではなかった。パールは初期探索調査でフィールドワーク／エスノグラフィー的方法を取り入れることを強く意

7章 シェピー・スタディーズの調査プロセス

図表 II-2 シェピー・スタディーズ 調査方法別一覧

おもな調査方法	おもな調査内容	
初期探索調査	調査候補地でのフィールドワーク/エスノグラフィー	
	探索的インタビュー調査	
インタビュー調査	世帯インタビュー調査	
	拡大家族インタビュー調査	
	時系列インタビュー調査	
	職業別インタビュー調査(造船所退職者調査)	
	企業インタビュー調査	
複合的調査 (質的調査、量的調査の組み合わせ)	若年者調査	意識調査
		1979 サーベイ調査
		失業者インタビュー調査
		サーベイ追跡インタビュー調査2回
	世帯別労働分業調査	1981 サーベイ調査
		サーベイ追跡インタビュー調査2回
歴史的資料分析	1851年の造船所労働者の個人データ分析	
	1871年の造船所労働者の個人データ分析	

出 典：*The Ray Pahl Collections: Isle of Sheppey Studies* (Qualidata, Albert Sloman Library, University of Essex) より筆者作成

識した。そのような方法が取り入れられた意図については後述する。

　シェピー・スタディーズでは充実した質的調査が行われていることも特徴の1つであり、独創的な点が諸々にみられる。とくにインタビュー調査は扱った対象の幅が広い。時系列インタビューも試みられている。これはシェピー・スタディーズの眼目である貧困世帯の調査に有効な方法として見出されてきたものであり、シェピー・スタディーズの根幹をなす調査の1つであった(後述)。インタビュー調査のほとんどは、パールとウァレスの2人でこなしており、調査に対するモチベーションの高さと集中力には卓抜したものがある。

　特定のテーマを対象に、質的、量的の両方を組み合わせた集中的な調査が行われたものを複合的調査とよぶことにしよう。テーマとしては、シェピーの若年者を対象としたものと、シェピーの世帯別労働分業を対象とし

たものの2種類がある。1970年代後半の高失業状況は当初、若年者の失業として顕在化した。シェピー・スタディーズでも予備調査の段階は若年者の調査に比重が大きくかかっている。上記2種類の調査は、いずれもサーベイ調査をふくんでいる。サーベイ調査を細部にいたるまでコーディネートしていたのは、ウァレスであった。ウァレスは予備調査で若年者対象のサーベイ調査をこなして、シェピーの状況について習熟し、それは第1次本調査の世帯別労働分業のサーベイ調査の設計に生かされていった。予備調査と第1次本調査が連携し、調査者の経験や能力がグレードアップしていった。

シェピー・スタディーズでは歴史的資料分析が行われていることも重要である。歴史的資料分析を担当したのは、第1次本調査に参加したニック・ブックである(2009年現在、ブックはエセックス大学教授)。この歴史的資料は、シェピーの海軍造船所で働いていた労働者の1851年、1871年の個人データで、地域移動歴が詳細に追跡できる貴重なものであった。これによって、19世紀後半の労働者の流入状況が克明に解明され、調査チームは100年間にわたるシェピーの産業変遷の状況について、確固とした見取り図をもつことができた。これもシェピー・スタディーズの根幹をなす調査の1つであり、シェピー・スタディーズの多様な調査内容をまとめあげる基軸となる屋台骨であった。

7-4 『労働と分業(*Divisions of Labour*)』の構成

シェピー・スタディーズの調査実施期間中、多数の詳細な調査報告レポートや論文が公刊された。単行本として出版されたのは、パールの単著による『労働と分業』と、ウァレスの単著による『より豊かに、より貧しく(*For Richer, For Poorer*)』(1987, Tavistock Publications)の2冊である(共著単行本、論文は多数。巻末の「文献」参照)。

『労働と分業』はヨーロッパの社会科学分野に影響を与えた著作であるが、362ページの単行本で、シェピー・スタディーズで得た豊富な知見、調査全容をカバーしているわけではない。1984年刊行であるから、記載

7章　シェピー・スタディーズの調査プロセス

されているのは1983年の第1次本調査段階までの知見である。つまり、『労働と分業』はシェピー・スタディーズの精華ではあるが、調査の詳細はそぎおとし、1984年時点における最も伝えたかった知見とそれを論証するデータのみが記載されている。

　当然のことながら、パールは刊行本を出す際には、複数の本で構成されるシリーズとして出版したいという意図をもっていた。しかし、単発の単行本でまず1冊公刊しておくことが現実的で、SSRCの助成金が終了した翌年に、ブラクウェル社から『労働と分業』が出版されたのである。ページ数が限られているため、内容は厳選せざるを得なかった（パールへのインタビュー：2007年8月27・28日）。

　『労働と分業』の構成について概観しておこう。3部構成になっており、I部（第1～5章）ではワークをめぐる歴史社会学的な考察、II部（第6～11章）ではシェピー・スタディーズの調査結果と知見、III部（第12章）はワークに関する全体的な考察となっている。さらに詳細に述べるならば、シェピーに焦点をあてたII部では、第6章がシェピーの地理的・歴史的概要、第7章が理論的分析枠組の提示、第8～10章が世帯別労働分業調査のサーベイに基づいた分析・考察が記されている。計量分析の数式、図表が列挙され、パール自身が「第8～10章では、クロス表、図表、統計的な手続きが多く、このような記述は、読者にとっては必ずしも読みやすいものではないと思う」と述べている [Pahl 1984: 277]。

　計量調査をベースに記述された第8～10章に対して、第11章では質的調査データが用いられている。格差拡大の両極に位置する、貧困世帯と裕福な世帯の例が1ケースずつ詳細に紹介されている。貧困世帯として取り上げられたのは、リンダとジムという夫婦の世帯（Linda & Jim）である。時系列インタビューに基づいて、1978年から1983年までの変化、この世帯が貧困化していくプロセスが記述されている [Pahl 1984: 280-304]。

　オリジナル調査データの現物と、『労働と分業』の内容を比較すると、非常に意外に感じられることがある。多様で充実した質的調査が行われ、豊富な質的調査データが蓄積されていたにもかかわらず、質的データが具体

的に引用されているのは、『労働と分業』第11章の2つのケースにすぎない。

　当然のことながら、研究プロジェクト全体の方向づけや、シェピーの社会的状況の理解に、質的調査が貢献しているのは言うまでもないだろう。パール自身が「数年にわたるインタビュー調査や参与観察をふまえて、計量分析に臨んでいるので、計量調査の結果や分析内容には確信をもっている」と述べている [Pahl 1984: 13]。質的調査で得た知見がサーベイ調査の基盤になっていると、パール自身が認識している。

　このようにシェピー・スタディーズの調査の全容と、『労働と分業』の記述内容には、ある種のずれがみられる。シェピー・スタディーズの調査方法をめぐって、考えてみたい複数の課題がここからうかびあがってくる。パールは質的調査と量的調査の関係についてどのように考えていたのだろうか。質的調査の意義はどこにあると考えていたのだろうか。1984年の時点では何が課題となっており、『労働と分業』をこのような構成にしたのだろうか。

　これらは、調査方法論における調査方法と記述方法の関係にかかわる問題である。調査そのものの遂行とは別に、調査結果の発表方法にはそれ独自のディシプリンがある。文字を媒体として発表する際に、文字数は制限される。調査で得た豊かな成果から、何を選びとって発表するか、どのような発表方法を用いるか、選択した調査成果をどのように論理的・説得的に表現するかというジレンマは、調査者に常につきまとう。とくに紙面による発表はページ数が制限されるため、ジレンマは大きい。調査で得た知見の全体像と、記述内容との間にずれが生じるのは当然のことなのである。シェピー・スタディーズの調査方法の分析を通して、調査方法と記述方法の関係についても考察を深めてゆくことにしよう。

8章　多角的アプローチ

8-1　フィールドワーク／エスノグラフィーの意義

　パールが質的調査の意義をどのように認識していたのかということについて、予備調査を通して考えてみよう。シェピー・スタディーズの特徴の1つは、調査企画段階(構想設計、調査地探索)および予備調査に充分に時間がかけられ、手厚い準備がなされていることである。パールは第1次本調査以前の段階を「パイロット・リサーチ」とよび、この段階では「社会人類学的調査スタイル(social anthropological style)」「エスノグラフィー」「フィールドワーク」的方法で調査を実施することを強く意識したこと、このようなスタイルの初期段階が本質的に重要であったと繰り返し述べている[Pahl 1980a: 5][Pahl 1984: 7, 9, 10,13]。

　シェピー・スタディーズの着想は、1970年代半ばの高インフレ・高失業率の社会状況で「いったい普通の人々はどのように暮らしているのか(How ordinary people are getting by?)」という疑問から始まった。インフォーマル・ワークを視野に入れ、ワークの概念を広げて考察することが当初から目指された。1960〜70年代のイギリスの社会学は理論志向で、ワークに関わる研究としては職業集団の研究や、集団への帰属意識がつよいワーキング・クラス男性の研究はあった。しかし、インフォーマル・ワークの現状を的確にとらえた研究や、インフォーマル・ワークの探求に有効な調査方法を示している研究例は見あたらなかった。産業化が進展していたイギリスでは、逆説的であるが、国内のインフォーマル・ワークの研究は未開拓のテーマだったのである。

　このような状況もあって、インフォーマル・ワークの探求に適した調査方法は、パール自身が練り上げるしかなかった。パールはサーベイ調査の経験があったが、「サーベイ調査は調査時点での状況しか明らかにしない、スナップショット・アプローチ(snapshot approach)である。スナップショット的な調査方法をとることには、ためらいがあった」と述べている[Pahl

1984: 7]。1970年代半ばはイギリス社会が急速に変化している時期で、社会の実態をつかめていないような焦燥感があったのだろう。この時期、そのように感じたのはパールだけではなく、学会などで他の研究者が「普通の人々 (ordinary people) の生活にせまる詳細なエスノグラフィーがないことを嘆く」場面を目にすることもあった [Pahl 1984: 7]。

「このとき、どのような調査方法でプロジェクトを設計すべきか確信があったわけではなかった」[Pahl 1984: 7] が、パールが参照したのが、社会人類学のエスノグラフィー調査である。勤務していたケント大学では、社会学と社会人類学は同じ学部に所属しており、パールは同僚からの示唆を得やすい立場にあった。「幸いにも、自分の大学では、社会学者と社会人類学者が一緒に働いており、自分は社会人類学の調査や問題設定のスタイルに影響をうけた」[Pahl 1984: 7]。約4年間の準備段階を終えた1980年9月に、パールは調査方法について次のように記している。「(インフォーマル・ワークの実態を把握するには) 特定の地域社会で探求してみることが本質的に重要である。そのためには、社会人類学的な調査スタイルによるフィールドワークが必要である。フィールドワークをかなりこなしたあとでないと、システマティックなサーベイ調査にとりかかることはできないと思う」[Pahl 1980a: 5]。

このように、パールは社会人類学的調査スタイル、フィールドワーク／エスノグラフィーをよりどころとしながら、時代が必要とする研究、調査方法を模索していった。このような試みは、「自分の主たる関心は、〈パブリックな問題 (public issues)〉と〈私的問題 (private troubles)〉の関係を明らかにすることにある」[Pahl 1984: 7] という問題意識に根ざすものであった。新規に着手する調査は、「より〈普通の人々 (ordinary people)〉の経験にせまるもの」[Pahl 1984: 7] でありたいというのが、パールの強い思いだった。「1977年の秋、メドウェイ地域のロチェスターの町で失業中の人々と話している自分を発見した。カフェで、または失業中の人を家に訪ねて語り合った」[Pahl 1980a: 9] と記しており、「普通の人々」の経験にせまろうとする強い意欲がうかがえる。

このような調査方法を試みた結果、「初期の探索調査は、ワークについての新たな分析視角を設定する基礎となった」[Pahl 1984: 11]。また「インフォーマル・ワークについて、それまでとは異なる視角でとらえることができるようになったのは、探索・発見に適したエスノグラフィー調査によるところが大きい」[Pahl 1984: 13]と述べている。つまり、パールにとって、フィールドワーク／エスノグラフィーは未開拓のテーマに着手するとき、状況をひと通り把握し、分析すべきポイントをより明確にするのに適した方法であった。インフォーマル・ワークの現状解明への意志とフィールドワーク／エスノグラフィーの重要性の認識は密接に関連したものであった。

　以上のように、パールがフィールドワーク／エスノグラフィーに意義を認めていた根本には、「パブリックな問題」と「私的問題」の関係解明というテーマがあった。そのためには「普通の人々」の具体的な生活・経験の意味を掘り下げることが必要である。だから、フィールドワーク／エスノグラフィーが必要になる。「パブリックな問題」「私的問題」「普通の人々」は、パールの長い研究キャリアの中で、くりかえし登場するキーワードである。これらは言うまでもなく、C. W. ミルズの『社会学的想像力』に述べられている 'the public issues of social structure'（社会構造に基因するパブリックな問題）、'the personal troubles of milieu'（身の回りで起こる私的問題）[Mills 1959: 8]に基づいている。

　パールの研究キャリアを貫くテーマのひとつは、「私的問題」と思われることがいかに「パブリックな問題」と連動したものであるか、「私的問題」を「より広い文脈 (a wider context)」でとらえ、複雑な連関を解明することであった。このような関心は調査地の選択にも影響している。調査地の探索は最初はメドウェイ地域の本土の町ではじめられた。しかし、地域社会構造の境界が明確ではなく、ミクロ・レベルのデータをマクロ社会の文脈に位置づける方法が難しいと予測された。そのため地理的な範囲が明確な調査地が探索され、シェピー島が選ばれた。『労働と分業』終章にあたるⅢ部のタイトルは、「広い文脈からみたワーク (Work in a Wider Context)」である。ミクロな「私的問題」とマクロな「パブリックな問題」の連関を解き明かす

ことがシェピー・スタディーズ全体を貫く根本のテーマの1つなのである。

シェピー・スタディーズで実施された調査を詳細に挙げると、図表II-3、II-4のようになる。パールが述べているとおり、予備調査段階では質的調査に重点がおかれている。若年者対象のサーベイ調査が行われているが、これはウァレスが16歳153名に実施したもので、規模が大きいサーベイ調査ではない。予備調査で行われた探索的インタビュー調査は、シェピー在住の医師をキーパーソンとして、スノーボール・サンプリングで調査対象者を開拓し、1978年に30人にインタビューしたものである[Pahl 1984: 10]。

予備調査をもとに、パールは1980年に2本の論文を発表し[Pahl 1980a, 1980b]、失業が周辺工業地域で深刻さを増し、インフォーマル・ワークが活発化していること、インフォーマル・ワークへのアクセスの機会は不平等で、ワーキング・クラスの中で格差が拡大する傾向がみられることなどを述べている。裕福な世帯と貧困世帯の事例を1ケースずつ紹介しているが、それはのちに『労働と分業』第11章で紹介した世帯とは異なっている[Pahl 1980b]。予備調査によって、ワークの概念を広げて、格差拡大プロセスを追究することの重要性が確認されたのであった。

8-2　正確さ (precise) の追求

パールは質的調査の意義を充分に認識していた。にもかかわらず、『労働と分業』で計量に重点をおいた構成となったのはなぜだろうか。

予備調査の知見には、研究者からも行政関係者からも関心が寄せられ、質問をうけることが多くなった。第1次本調査に着手する頃の状況について、パールは次のように記している。「あれやこれやの質問に対して、予備調査段階での質的、探索的調査では答えきれなくなった。正確な (precise) 計量調査を実施し、シェピーの労働市場の社会的経済的側面について答えることが必要になった。」「(予備調査では) フォーマル、インフォーマルに経済領域を分割して、インフォーマル・ワークを考察することに重点をおいたが、本調査では、両方の領域の〈ワークの全ての形態 (all forms of work)〉

8章　多角的アプローチ

図表 II-3　調査方法別プロセス

年	月	調査段階	初期探索調査	インタビュー調査		複合的調査 世帯別労働分業調査		若年者調査		歴史的資料分析
				時系列インタビュー調査	その他のインタビュー	個的調査	質的調査	個的調査	質的調査	
1976	秋	調査企画								
1977	秋		調査候補地でのフィールドワーク							
1978	春	予備調査	探索的インタビュー調査							
	5	1年め								
1979	1.9	予備調査		リンダ調査 1						
	3.9	2年め								
1980	1.2	予備調査								
	3.5	3年め			造船所退職者インタビュー調査					
	夏						意識調査(作文142編)			
1980	秋	第1次調査		8 世帯時系列インタビュー						
	11	1年め		リンダ調査 2						
	11			リンダ調査 3						
1981	1			リンダ調査 4						
	2.6					サーベイ調査				
	5.6				企業インタビュー調査 1					
1982	3	第1次調査		リンダ調査 5				サーベイ調査		
	4.5	2年め						失業者インタビュー調査		
1983	夏	第1次調査		リンダ調査 6						
	夏	3年め								歴史的資料分析：造船所労働者
1984	夏	第2次調査		フォルダー・ファミリー調査 1					追跡インタビュー調査	
		1年め								
1985	6.9	第2次調査							追跡インタビュー調査	
		2年め			企業インタビュー調査 2					
1985	10.3			フォルダー・ファミリー調査 2						
1986	6.9	第2次調査 3年め							追跡インタビュー調査	

出典：*The Ray Pahl Collections: Isle of Sheppey Studies* (Qualidata, Albert Sloman Library, University of Essex) より筆者作成.

II部　調査プロセスの構築

図表II-4　シェピー・スタディーズ　調査の概要

R.P.はレイ・パール (Ray Pahl) の略、C.W.はクレア・ウォレス (Clair Wallace) の略、N.B.はニック・ブック (Nick Buck) の略。

年	月	調査段階	研究助成金交付団体	おもな調査者	調査活動
1976	冬	調査企画（構想設計?）			転回を決心
1977	秋	調査企画（調査地探索）			メドウェイ地の探索
					シェピー島の探索
				レイ・パール	調査地をシェピー島に決定
1978	1	予備調査 1年め	ナフィールド財団	レイ・パール	ナフィールド財団の研究助成金を申請
	3				ナフィールド財団の研究助成金開始
					探索的インタビュー調査 (30世帯：リンダの世帯を含む) by R.P.
	春				リンダ調査1：時系列インタビュー調査 by R.P.
	5				若年者調査 (中等教育修了予定者の作文142編・将来展望・生活設計) by R.P.
1979	1-9	予備調査 2年め	ナフィールド財団	レイ・パール クレア・ウォレス	クレア・ウォレスがシェピーに居住（9月）
	3-9				若年者調査2：サーベイ調査 (16歳：153名) by C.W.
1980	1-2	予備調査 3年め	雇用省	レイ・パール クレア・ウォレス ニック・ブック	若年者調査3：失業者インタビュー調査 (17〜19歳：8名) by R.P., C.W.
	3-5				造船所退職者インタビュー調査 (80歳前後：8名=男7女1) by N.B.
	夏				歴史的資料分析：1851年、1871年の造船業労働者の個人データ分析 by N.B.
					若年者調査4：追跡インタビュー調査 (17歳：103名＝1979サーベイ調査の153名から抽出) by C.W.
1980	10	第1次本調査 1年め	社会科学研究機構	レイ・パール クレア・ウォレス ニック・ブック 他3名	社会科学研究機構の助成金 開始
	秋				時系列インタビュー調査 (8世帯：リンダの世帯を含む) by R.P.
	11				リンダ調査2：時系列インタビュー調査 by R.P.
	12				リンダ調査3：時系列インタビュー調査 by R.P.
1981	1				リンダ調査4：時系列インタビュー調査：1月19日 by R.P.
	2-6				企業調査1：インタビュー調査 (25社) by R.P.
	5-6				世帯別労働分業調査：質問紙調査票を用いた訪問調査
					（無作為抽出：948サンプル、回収率79%、有効調査票730）
1982	3	第1次本調査 2年め	社会科学研究機構	上記に同じ	リンダ調査5：時系列インタビュー調査 by R.P.
	4-5				世帯別労働分業調査追跡インタビュー調査 (1981サーベイ調査から30世帯抽出)
1983	2	第1次本調査 3年め	社会科学研究機構	上記に同じ	リンダ調査6：時系列インタビュー調査 (2月28日) by R.P.
	夏				リンダ調査7：追跡インタビュー調査 (2地区11世帯：1981サーベイ調査世帯を含む、その他)
	12				社会科学研究機構の助成金 終了
1984	7				『労働と分業 (Divisions of Labour)』出版 (London, Blackwell)
1984	夏	第2次本調査 1年め	ロウントリー財団	レイ・パール	若年者調査5：追跡インタビュー調査 (84名＝1979サーベイ調査対象者：追跡可能者) by C.W.
1985	6-9	第2次本調査 2年め	ロウントリー財団	レイ・パール クレア・ウォレス	フォルダー・ファミリー調査1：拡大家族インタビュー調査 (リンダの研究助成) by C.W.
1985	10-3				企業調査：インタビュー調査 (23社) by P.W.
1986	6-9	第2次本調査 3年め	ロウントリー財団	上記に同じ	フォルダー・ファミリー調査2：拡大家族インタビュー調査 by P.W.
1987				クレア・ウォレス	『より豊かに、より貧しく (For Richer, For Poorer)』出版 (London, Tavistock Publications)

出典：*The Ray Pahl Collections: Isle of Sheppey Studies* (Qualidata, Albert Sloman Library, University of Essex) より筆者作成。

と、分担のしかたを把握することに重点がうつった」[Pahl 1984: 11]。このようにリサーチ・クエスチョンは、本調査の段階ではさらに発展したものとなった。「規模の大きいサーベイ調査を実施して、フォーマル、インフォーマルの両方をふくめた〈ワークの全ての形態〉が各世帯でどのように実行され、分担されているのか調査し、正確な (precise) 資料を整えることが要請されていた」[Pahl 1984: 11]。

このように、テーマが共有される範囲が広がるに従って、第1次本調査の優先的課題は、「ワークの全ての形態」を「正確」に解明するということになっていった。『労働と分業』でサーベイ調査の分析と知見を記述したあとにも、「最優先したのは、正確 (precise) に報告するということであった。クロス表、図表、統計的な手続きを用いて正確さを期した」と記している [Pahl 1984: 277]。このように「正確」さの追求が計量に重点をおいた構成となった理由である。

1981年のサーベイ調査は、計量調査の手続きに厳密にしたがって進められた。シェピーの全世帯を母集団とした無作為抽出による標本調査である。ちなみに、1979年のシェピー島内のおおよその人口は32,000人、世帯数は11,800で、シェピー島内は18の選挙区に分けられていた。抽出作業の6～8週間前に更新された18選挙区の有権者名簿を用いて、1981年4月に無作為抽出によって948サンプルが抽出された[1]。5～6月に標準化調査票を用いて、調査員による個別面接調査が実施された。調査票は調査員が記入した。有効な調査票は730で、回収率は79％であった。

このサーベイ・データを用いて、各世帯の労働状況が類型化され、代表的パターン6つが選び出された (図表II-5)。各パターンの詳細をさらに明らかにするため、1982年と83年に追跡インタビュー調査が2回実施された。1982年追跡調査は、32世帯を対象とし、半標準化調査票を用いた個別面接インタビュー調査であった (最終的な有効回収数は30世帯)。

6パターン全ての定義と抽出の手続きを述べることは煩雑すぎるので、『労働と分業』第11章のケース分析に関わる2パターンについてのみ言及する。裕福な世帯 (Affluent workers) の定義は、夫の週単位の収入が125ポ

II部 調査プロセスの構築

図表II-5　1982年追跡インタビュー調査6つのパターン

	代表的パターン	世帯数
1	失業世帯（Unemployed）	7
2	自力住宅建設者世帯（Homesteaders）	5
3	裕福な世帯（Affluent workers）	3
4	退職者世帯（Retired）	6
5	自営業世帯（Self-employed）	4
6	男性家事労働型・平等分担型世帯（Domens/Symms... 注2）	7
	追跡調査対象世帯数	32
	有効回収数	30

出典：*The Ray Pahl Collections: Isle of Sheppey Studies*（Qualidata, Albert Sloman Library, University of Essex）より筆者作成。

ンド以上の世帯である。サーベイ調査の730世帯のうち該当していたのは18世帯であった。このうち12世帯は夫の勤務先がシェピー島内、6世帯が島外であった。82年追跡調査の対象として島内勤務から2世帯、島外勤務から1世帯、合計3世帯が選択された。『労働と分業』第11章で記述された裕福な世帯のケースは、このうちの1世帯である。つまり裕福な世帯のケース抽出については、システマティックな抽出プロセス（サーベイ調査の無作為抽出、1982追跡調査の代表的事例抽出）を行って、何ら問題は生じなかった。

8-3　貧困世帯の抽出と問題点

ところが、貧困世帯である失業世帯（Unemployed）の追跡インタビューはスムーズには進まなかった。調査チームによる失業世帯の定義は、夫が失業状態にある世帯である。サーベイ調査のうち該当していたのは45世帯であった。サーベイ・データに基づいて45世帯を4グループに分け（分類の基準は、夫の年齢、夫の失業前の職種、妻の就業状態）各グループの該当世帯数の割合に対応させて、図表II-6のようにシステマティックに追跡調査対象を7世帯抽出した。

ところが、このリストに基づいて追跡調査を申し込んだところ、返答率が低く、調査が実現したのは3世帯のみであった。失業世帯の場合、調査

8章 多角的アプローチ

図表 II-6 失業世帯の追跡調査候補（システマティックな抽出）

	夫の前職	1981年の夫の就業状態	1981年の妻の就業状態	候補世帯数
グループ1	マニュアル職	失業	失業	2
グループ2	マニュアル職	失業	就業	2
グループ3	ノンマニュアル職	失業	失業	2
グループ4	ノンマニュアル職	失業	就業	1
合計				7

出典：*The Ray Pahl Collections: Isle of Sheppey Studies*（Qualidata, Albert Sloman Library, University of Essex）より筆者作成。

へのレスポンスの低さは顕著であった。シェピー・スタディーズのオリジナル資料として保存されている調査チームのミーティングの記録をみると、このとき次のようなことが検討された。調査候補を増やす必要が生じたので、変数を見直して、グループ分けの方法そのものを見直すことも議論された。しかし、失業世帯の状況は多様で、どのように作り直しても、グループに応じてバランスよく候補世帯を選択することは難しく、同様の問題が発生すると予測された。このため、グループ分けの方法は変えなかった。数が不足していたグループに対象者を追加し、最終的に合計7世帯の追跡インタビュー・データを収集した。しかし、15分しかインタビューできなかったケース、再訪問の調査を拒絶されたケースが出て、データの質も最善とは言えなかった。

この過程が示していることは、貧困世帯に該当する失業世帯は、状況が一様ではなく多様性に富んでいるため、システマティックな抽出には適合しないということである。システマティックな抽出をしても意味がないのである。このような問題が生じたのは、労働状況の6つの代表的パターンのうち、失業世帯だけであった。以上のように、失業世帯の追跡インタビューには特有の困難があった。その困難は、大きく3種類に分けることができる。

1つめは、調査に対する反応のわるさ（bad response）である。依頼を出しても、返答率が低かったり（7世帯中3世帯の返答）、調査が実施できても、調査時間が不十分であったり（15分）、再調査を拒絶されたことである。

145

2つめは、システマティックな抽出の難しさである。失業世帯の状況はバラエティに富み、多様性が大きく、各世帯の状況が異なる。その状況を変数で表現しようとすると、多くの変数をあげざるを得ない。どの変数についても比率が等しくなるような対象者の抽出は難しい。システマティックな抽出が意味をもたなくなる。

3つめは、調査実施中の難しさである。失業世帯の多くが、離婚や再婚を経験していた。これはサーベイ調査の質問項目ではわからなかったことである。個別面接調査で調査者が実際に対象者と向き合っているとき、調査者はこのような点にかかわる質問は聞きにくいと感じた。

このような3種類の困難は、貧困世帯について質のよいデータを収集することがいかに難しいかを示している。このような困難が介在するので、貧困世帯に対しては、厳密な抽出手続き、システマティックな抽出は意味を持たなくなることが、追跡インタビューの経過を通して明らかになっていった。パール自身も「社会が急速に変化して、多様性を増しているときには、ステレオタイプというものはない」[Pahl 1982e] と述べている。貧困世帯の状況は多様性に富んでおり、典型例であると言い難いものがある。どのケースを選択しても、おのずと非定型な (atypical) ケースの選択となってしまう。まさに、トルストイの小説『アンナ・カレーニナ』のように「幸福な家庭はみなよく似ているが、不幸な家庭はみなそれぞれに不幸」なのである。

1982年追跡インタビューによって6つの代表的パターンの詳細が明らかにされた結果、1981年サーベイ調査の仮説を修正する重要な知見が得られた。仮説は「フォーマル・ワーク市場から排除された失業者は、インフォーマル・ワークを活発に行い、生計をたてている」であった。しかし、結果は、「フォーマル・ワークもインフォーマル・ワークも活発に行っているのは裕福な世帯 (Affluent workers) である」だった。

追跡調査は翌年の1983年にも行われた。これはシェピー島内の2地区を選定し、11世帯を対象に、半標準化調査票を用いて、個別面接インタビュー調査を実施したものである。インフォーマル・ワークの現状をロー

カル・コミュニティ内の贈与・交換関係から追究したものである。

以上のように、1981年に「ワークの全ての形態」の「正確」な把握をめざしてサーベイ調査が実施され、1982年と1983年に2回の追跡調査を加えて、世帯別労働分業をテーマにした複合的調査はシェピー・スタディーズの根幹を成す調査の1つであった。

8-4 質的調査と量的調査それぞれの意義——プロセスとパターン——

パールの「正確」さへの追究が徹底していたことは前述した通りである。ここで「正確」さ (precise) を手がかりとして、質的調査と量的調査の関係、および調査方法と記述方法の関係について考えてみよう。

『労働と分業』第11章では、ケースの紹介に先立ち、「記述方法」に対する考察が数ページにわたって記されている [Pahl 1984: 277-280]。量的調査・質的調査に対するパールの基本的考え方を知ることができる。量的調査は「パターン (pattern)」について正確な (precise) 記述ができること、質的調査は「プロセス (process)」すなわち変化の過程を記述できることが長所である、という趣旨をパールは述べている。

つまり、『労働と分業』は計量に重点をおいた構成となっているが、これは量的調査と質的調査の優劣を表しているわけではない。調査が長期化すれば、各段階の知見を評価するオーディエンスが登場する。批判や要請を述べ、それは調査設計に影響を与える。オーディエンスも調査プロセスの構築に関わってくる。このようにして、調査の進行にそくして、要請される課題が異なってくる。第1次本調査の段階では、「ワークの全ての形態」の「パターン」を「正確」に示すことが要求されているとパールは考え、量的調査に基づく「正確さ」の記述に集中した。

一方で、パールは量的調査ではカバーできない側面があることを指摘している。それは「プロセス」の記述である。サーベイ調査は1981年時点の「パターン」を解明したものである。ある時点だけを明らかにする「スナップ・ショット」的側面があるとパールは述べている [Pahl 1984: 278]。サーベイ調査を終えた数ヶ月後に「労働者の流動性は高まっている。最初の調

査の時点では失業していても、次のインタビューにいくと職に就いている。このような流動性の高い労働者の総数は全体的に増えており、割合は大きくなりつつある」と記している [Pahl 1982e]。社会の変化が速い時代には「パターン」と、格差拡大の進行「プロセス」の両面を追究することが重要というのがパールの認識であった。

　「パターン」と「プロセス」はパールの研究キャリアを貫くテーマの１つである。1980年代前半は、パールの関心が「パターン」から「プロセス」へシフトしていった時期にあたる（本書Ⅲ部参照）。1970年代後半から80年代前半にかけて、イギリス社会は急速に変化し、地域社会はそれぞれ固有の変容過程をたどった。パールは地域社会に焦点をあて「構造」と「プロセス」を解明することが重要であると述べている [Pahl 1983b: 60-61, 147-149]。

　「プロセス」重視の視点は、調査チームに浸透し、調査全体を貫ぬく屋台骨であった。パールの片腕であったウァレスは、自著『より豊かに、より貧しく』のなかで、調査チームが「プロセス」を重視したことについて、次のように述べている。「シェピー・スタディーズでは、２つの視点から分極化 (polarization) の解明が進められた。１つは分極化を特定の時点での異なる事象の交錯 (cross-sectional phenomenon) としてみる視点である。もう１つは、分極化を〈プロセス〉としてみる視点である。両方の視点が重要という認識で、調査が進められていた」[Wallace 1987: 221]。

　パールが「プロセス」を重視した根底には、「パブリックな問題」と「私的問題」の関係解明に対するつよい関心がある。『労働と分業』のなかで、この点について次のように述べている。「〈パブリックな問題〉と〈私的問題〉の関係を追究することを通して、〈ソーシャル・プロセス (social process)〉を明らかにすることに関心をもっている。量的調査は、特定の時点における社会的状況を明らかにする調査なので、量的調査だけでは不十分であった」[Pahl 1984: 7]。前述したように、〈パブリックな問題〉と〈私的問題〉の関係解明は、パールの研究キャリアを貫く重要なテーマである。シェピー・スタディーズでは、これが格差拡大の「プロセス」解明という具体的なテーマで考察されているのである。

「プロセスを明らかにすることがシェピー・スタディーズの重要な目的の一つ」だったので、パールは質的データの記述には次のような諸点に配慮した [Pahl 1984: 278]。1つめは裕福な世帯と貧困世帯の事例を比較して、状況の複雑さや多様性を理解できるようにした。2つめは、インタビュー・データはある程度の長さで引用するように努め、語られた内容を総合的に理解できるようにした。3つめは、引用するデータはスナップ・ショット的に収集されたデータではなく、適度な時間間隔をおいて、同一の調査対象者に何度もインタビューを行った時系列的なデータを用いた。また、時間の経過にそって理解できるように記述を工夫した。4つめは、調査対象者のことばを生かすように努めた。

以上のように、パールは質的調査では「プロセス」、量的調査では「パターン」の解明に焦点をあて、調査方法の特性を生かそうと考えていた。特性が生きる記述方法も模索していた。それらはすべて「パブリックな問題」と「私的問題」の関連を解明するための探求だったのである。

9章　ケースの選択

9-1　2つの選択過程

『労働と分業』第11章では、質的調査データの中から、2つのケースが引用されている。豊富な質的調査データからなぜこの2つのケースが選択されたのか、ケース選択の過程と、その意味するところについて考えてみよう。

前述したように、裕福な世帯の「ベイルとジョージ (Beryl & George) のケース」は、1981年サーベイ調査、1982年追跡インタビュー調査のシステマティックな手続きにそって選択されたものである。裕福な世帯がこのように選択されたのであれば、貧困世帯も同様にシステマティックなライ

II部　調査プロセスの構築

	裕福な世帯	貧困世帯
	システマティックな抽出	時系列調査
1978		リンダ調査1
1979		↓
1980		リンダ調査2
		リンダ調査3
1981	サーベイ調査	リンダ調査4
1982	↓ 追跡インタビュー調査	リンダ調査5
1983		リンダ調査6

図表II-7　2つの選択過程

ンから抽出されたと推察するのが一般的であろう。しかし、貧困世帯のケースはサーベイ調査・追跡インタビュー調査のラインから抽出されたものではない。それとは異なる調査ラインの時系列インタビュー調査の対象者から選択されている。つまり、『労働と分業』第11章の2つのケースは、異なる2つの調査ラインから選択されてきたものである（図表II-7）。

　貧困世帯のケースとして、1982年追跡インタビューの失業世帯サンプルを用いなかった理由については次のように推察できる。前述したように、失業世帯の調査には特有の困難があり、質のよいデータを収集できたとは言えない状態だった。また、パールは量的データに「正確」さを追求したのと同様に、質的データの記述も特性を生かし、記述方法に配慮をめぐらすことが必要だと考えていた。追跡インタビューの過程から、失業世帯の調査には特有の困難が付随し、システマティックな抽出に適合せず、どのような選択方法を用いても、おのづと非定型（atypical）なケースになってしまうことがわかった。いずれにしろそうなるのであれば、深い考察に導いてくれる、質のよいデータが収集されているケースのほうが望ましいであろう。シェピー・スタディーズのねらいは、「プロセス」の解明にあったから、貧困世帯のケースはとくに重要で、貧困から抜け出せる可能性があるのか否か、抜け出せないとすれば何が拘束要因となっているのかを明らかにすることが必要であった。不充分の感がある追跡インタビューの失業世帯サンプルより、「プロセス」の解明に役立つデータがそろっているケースを使うことのほうが適切と考えられたのであろう。

　2つのケースが異なる調査ラインから選択されているという事実は、貧困者や、社会的不平等の不利益を被っている側を調査することが容易では

ないことを示している。調査対象として応じてもらい、コンタクトが維持されていても、深い分析にいたることが可能なデータを収集するには、調査方法的にもねばり強い工夫が必要なのであろう。

9-2　時系列インタビュー調査

　貧困世帯の「リンダのケース」は、結果的には時系列インタビュー調査から生みだされてきたものである。時系列インタビュー調査は、シェピー・スタディーズの進捗にそって作りあげられてきた調査スタイルで、パールの独創的な面をみることができる。パールは、予備調査段階で時系列インタビューの着想について次のように述べている。

　「サーベイ調査・追跡調査と並行して、時系列インタビュー調査を計画している。予備調査で自分たち（パールとウァレス）は6～8世帯にインタビューを行い、その人々とコンタクトを保っている。これらの世帯を対象に半年おきにインタビューを行うつもりである。このような調査を通して、「パブリックな問題」と「私的問題」の関連を考えてゆきたいと思っている。その世帯の全員が失業してしまうのでない限り、各世帯がどのように生活を組み立てていくのか、時系列インタビューで明らかにされるであろう。この調査は、網の目のように構成されているシェピー在住者の生活構造を明らかにするのにきわめて重要なものとなるであろう」[Pahl 1980b: 13]。根底には「パブリックな問題」と「私的問題」に対するつよい関心があり、考究を深めるための1つの方法が時系列インタビューだったのである。

　Qualidataが管理しているシェピー・スタディーズのオリジナル調査データの中には、1980年当時に時系列インタビューの対象と考えられていたと推察される8世帯のトランスクリプトが残っている。その中でも、その後数年にわたるトランスクリプトが残っているのは、リンダの世帯のみである。現存物から判断すると、1980年時点で時系列インタビューの対象と考えられていた世帯は複数あったが、時間の経過にともない、リンダの世帯が最も適する事例として残ったと考えられる。リンダのケースそのものが調査目的に適合的であったことに加えて、リンダのパーソナリティ

II部 調査プロセスの構築

図表 II-8 リンダ世帯への時系列インタビューの過程

	調査段階	年月	『労働と分業』の言及箇所	備考
1回目	予備調査	1978年春	[pp.281-286]	リンダの末弟ポールの仲介と推測される。
2回目	第1次本調査	1980年11月	[pp.286-292]	トランスクリプトが現存
3回目		1980年11月	[pp.292-297]	トランスクリプトが現存
4回目		1981年1月19日	[pp.298-300]	トランスクリプトが現存
5回目		1982年3月	[pp.300-303]	
6回目		1983年2月28日	[pp.303-304]	トランスクリプトが現存

出典 : *The Ray Pahl Collections: Isle of Sheppey Studies* (Qualidata, Albert Sloman Library, University of Essex) より筆者作成.

や、家族の雰囲気が調査の継続に寄与し[3]、本来は難しい貧困世帯の調査を可能にしたのであろう。

　リンダの世帯とパールのコンタクトの経過を、現存しているトランスクリプト等から確認しておこう (図表II-8)。パール自身は、『労働と分業』第11章に、リンダにフォーマル・インタビューを6回行ったと述べている (インフォーマルな訪問や電話での会話は頻繁であった) [Pahl 1984: 279]。初回のインタビューは1978年春である [Pahl 1984: 10, 281]。予備調査ではシェピー在住の医師を介し、スノーボール・サンプリングで30人に探索的インタビューを行った。その中にリンダの末弟ポールが含まれていた (ポールのテープが現存)。ポールを介して、スノーボール・サンプリングでリンダに出会ったと推測される。1978年にリンダの夫のジムは定職をもち、失業世帯に該当していなかった。ところが、ジムは1980年10月末に失業者となった。第2回め、第3回めのインタビューは、失業から2週間後 (1980年11月) に行われた。

　このように、リンダの世帯は1980年10月に失業世帯となった。失業によって、ケースのもつ意味が大きく変化した。シェピー・スタディーズにSSRCの研究助成金がついて、第1次本調査が始動するのが1980年10月である。もともとコンタクトをもっていたこの世帯がどのように生活を再構築するのか、より関心をひくケースになったと考えられる。パールの関

9章　ケースの選択

心が深化し、リンダの世帯との関係が深まっていく過程を検証してみよう。

9-3　非定型ケース (Atypical Case) と調査プロセスの構築

　予備調査の段階にさかのぼるが、1978年11月発表の論文で、パールは次のような趣旨のことを述べている。パールはその年の5月に、シェピーの学校に協力してもらい、中等教育修了予定者の作文142編を集めた（図表II-3の若年者‐意識調査）。将来展望・生活設計について若年者がどのように考えているか、シェピーの若年者の意識を探ることが目的であった。得られた知見の1つは、女子生徒のほうが男子生徒よりも、ワーキング・クラスのおかれた厳しい現実を認識しており、堅実な将来設計を構想していることであった。生活していくためには、ワーキング・クラス労働と、家事労働を両立させることが必要であると認識しており、現実的かつ具体的な生活イメージをもっていた。この調査に基づき、今後はワーキング・クラス女性の労働分業の重要性がさらに増すであろうと、パールは述べている [Pahl 1978b]。1978年の時点で、パールはインフォーマル、フォーマル・エコノミーの両面において、女性の果たす役割の大きさや、変化のゆくえに関心をもっていた。掘り下げて考察するためには、ワーク経験の豊かな女性のケースを精査する必要性を認識していたといえよう。

　また、1980年の論文で、シェピーを調査対象地とすることには様々な利点があると述べ、次のような趣旨のことを記している。シェピーではインフォーマル・エコノミーがさかんで、多様なインフォーマル・ワークを観察することができる。たとえば、海軍造船所があった西海岸のワーキング・クラス地域では、造船所から材木やペンキなど各種材料を持ち出すことがごく日常的に行われていた。家屋の補修等のDIY作業に使うためで、インフォーマル・ワークの資源となっていた。また、シェピーの東海岸では、20世紀はじめにロンドンのワーキング・クラス向けのホリデー・キャンプ場がオープンした。観光客相手のパブやカフェなどホリデー・ツーリズムが成長し、観光シーズンの季節労働が出現した。農業がさかんなケント州では、果物・野菜の収穫作業、ホップ収穫作業は、従来からある典

型的な季節労働で、1970年代でもシェピーでは一定数の女性たちがこの労働に従事し、冬支度をそろえるための重要な収入源の1つになっていた [Pahl 1980b: 7-9]。パールがここで述べているインフォーマル・ワークのほとんどをリンダは経験している。ローカル社会の特性を反映したワーク経験が豊かだった。夫のジムもDIY作業が得意で、この世帯は、多様なインフォーマル・ワークを展開させる可能性をもっていた。

　ジムの失業をきっかけに、この世帯に対するパールの関心はより深化していったと考えられる。発表する論文にリンダのケースを引用するようになっていった。『労働と分業』の出版以前に、このケースを引用している論文が2本ある。1本めは1981年3月発表の論文で、インフォーマル・エコノミーの活性化にともないローカル社会の社会的資源・物理的資源が再編成される可能性があることを論じ、次のように紹介している。「そのケースは、夫は40代前半で、最近失業したばかりである。家庭内のこれまでのやりかたを改めることを迫られている。最近、次のような出来事があった。夫は大工仕事が得意で、妻の弟のために新しい鳩小屋を作ってあげた。出来上がって、いくら対価を払えばよいか尋ねられた。値段を考えたことがなかったので、適当に10ポンドと答えておいた。妻の弟は、あとで姉（妻）に25ポンド払うと言った。値段を決めるのが、買い手で売り手ではないことになって、姉（妻）のほうはなんとなく夫の好意が侮辱されているように思った」[Pahl 1981a]。インフォーマル・ワークをめぐって、贈与・交換的発想と対価をつける発想があり、その間にギャップがあることをリンダとジムの経験で説明している。

　2本めは1982年1月発表の論文で、「家族、コミュニティ、失業 (Family, Community and Unemployment)」というタイトルである。冒頭にジムのインタビュー・データが引用されている。ジムの経験を通して、失業によって世帯内の労働と分業が組みかえられ、ジェンダー意識も変化したことが説明されている [Pahl 1982f]。

　リンダのケースを用いた上記の2つの論文および『労働と分業』の合計3つの引用を通して明らかになることは、リンダの世帯に対するパールの関

9章 ケースの選択

心が、インフォーマル・ワークから「労働と分業」に発展していることである。時系列インタビューと併行して、1981年サーベイ調査も行われていた。計量分析によって、シェピーの全体的な状況がより明確になり、リンダのケースの意味もよりクリアになっていった。リンダの世帯とつきあい続けることによって、他の調査データを総合的に考察することも可能になり、このケースを通して調査自体が深まっていった。非定型ケースではあるが、ケースの独自性について理解を深めることが、研究テーマを発展させることをパールは経験していったと考えられる。

非定型ではあるけれど、1つのケースと徹底的につきあうことの重要性を、この調査プロセスは示唆している。調査される対象としてのケースにとどまるのではなく、調査者がケースと深く関わることによって、研究テーマ自体が深化する。調査者と非定型ケースの関わりが、調査活動をダイナミックに構築してゆくのである。

インタビューが重なり、パールとリンダ一家との関係も深まっていった。『労働と分業』第11章に記されている次の内容は、調査者とケースの関係を考える好材料である。ジムが失業して約1年半が経過した。1982年にリンダ一家は自営業として高齢者への給食・配食サービスをはじめることを思いついた。義務教育を終えた長女も仕事がなく、開業資金のめどさえつけば、2人分の失業を解消し、夫婦と長女の労働力を集中できる望ましい計画だった。一家はこの計画に夢中で、知恵をしぼって計画を練り上げていた。1982年にパールがインタビューのために一家を訪れたときも、夫婦はちょうどテーブルの上に資料をひろげて、計算にいそしんでいるところであった。その事業計画は着実なもので、配食用のケータリング設備や、中古車を入手するめどもついていた。開業資金やランニングコストの計算も緻密であった。一家は労働意欲に満ちて、労働時間の長さも意に介していなかった。残っている問題は開業資金のめどをつけることであった。開業資金の調達は、ケント州の行政担当部門に申請する予定であった。一家の計画を詳しく聞いたパールは、この計画に強い関心をいだき、その後も毎週のように電話して、進捗状況をたずねた。資金のめどがつかないた

め、彼らの開業意欲が減退することがないように励ました。ケント州の行政担当のトップレベルに、失業世帯の自立のモデルケースとなるので支援をすべきであると進言もした [Pahl 1984: 301-303]。

　一家が自営の事業計画をたて、自立を志す場面は、『労働と分業』第11章のハイライトである。印象的なのは、パールも我が事のように事業に関心をいだき、行政トップに進言していることである。一家の事業計画に対する彼自身の関わりの深さを「私もこの事業に深くコミットしていた (I was strongly committed to the project.)」と記しているほどである。結果的に一家は行政の支援をうけることができなかった。

　この一連の経過は、パールが調査対象者との間に非常に親密な関係を維持してきたことを示している。一般的に調査方法論の概説書には、オーバー・ラポールに注意を払うように記載されている。面接調査では適切なラポールを維持することが重要で、ラポールも過度になるとバイアスの原因になるといわれる。

　しかし、パールとリンダ一家との関わりがあらわしているのは、オーバー・ラポールとは異なる次元の、調査対象者と関わりながら独創的な研究をどのように切り拓いていくかという、調査方法上、熟考に値する問題である。貧困世帯の調査では、質のよいデータを入手することに特有の困難があった。いずれの方法に拠っても、非定型ケースになってしまうのであれば、いかに質のよいデータを入手するかが問題となる。調査対象者と密接な関係を維持し、多面的なデータを集め、ときには内面・心理にも関わる深いレベルのデータを収集する必要がある。調査が困難な対象に取り組むとき、オーバー・ラポールとは異なる発想で組み立てた調査方法論が必要と思われる。

　『労働と分業』第11章でパールは次のように記している。「リンダとジムは、インタビューでどのような内容が録音されることが好ましいか自分の意見をいうことができた。調査対象者を尊重し、そのようにしておかなければならない。彼らへのインタビューをもとに、自分が本を書いていることを彼らは知っており、彼らはそれを読んでいた。彼らはインタビュー

を継続すべきかどうか、考えることができた」[Pahl 1984: 280]。調査対象者にアウトプットをチェックしてもらい、意思を尊重したことが記されている。データの一方的利用にならないように注意が払われ、調査対象者と深く関わり続け、調査プロセスが構築されていった。『労働と分業』出版以後も、リンダの家族との関係は続き、リンダの拡大家族であるフォルダー・ファミリーを対象に第2次本調査のインタビューが実施された（本書Ⅰ部参照）。長期間にわたって、調査対象者と親密な関係が維持され、研究テーマ自体が深化していった。調査対象者も研究の進展に深く関与する調査方法について、さらに考察を進めてみよう。

9-4　啓発的ケースと研究の深化

　リンダのケースは、非定型ケースである。非定型ケースには独自性があり、興味深い内容をふくんでいることが多い。調査者は非定型ケースにしばしば心ひかれる。しかし、非定型ケースは普遍性がない、一般化できないと批判されることが多い。非定型ケースから得るべきものは何なのだろうか。貧困世帯の調査では、ケースを選択すると、おのずと非定型ケースになってしまう。非定型ケースとどのようにつきあうべきなのだろうか。

　非定型ケースのデータを相対化・客観化することは必要であろう。たとえばパールは長期間にわたって、リンダ一家と親密な関係を維持し、異なる時点でインタビューを重ねた。これは時間をおいて、各時点のデータを比較することを可能にする。相対化・客観化するための1つの工夫といえる。

　非定型ケースとの関わりをオーバー・ラポールとみるのではなく、異なる視点でその意義を考えることが必要である。独自性があり、真に調査者の関心をひくケースに深く関わることによって、調査者の視点や着想が磨かれる。ケースによって研究プロセスが練り上げられ、研究が進展し、研究の方向にも影響を与える。このような研究を深化させるような調査対象を、啓発的ケースとよぶことにしたい。パールにとってリンダのケースは啓発的ケースである。このようなケースの特徴を明らかにするため、グラ

ウンディッド・セオリーのデータの収集方法である理論的サンプリングと比較してみよう。

理論的サンプリングは、あるカテゴリーについて、例外の事例がみつからなくなるまで、そのカテゴリーについてデータ収集を行う。調査対象として考えられるカテゴリーすべてについて同様のことを実施する。カテゴリーに該当する例が網羅できたら、理論的サンプリングは終了となる [Strauss & Corbin, 1990: 176-193]。理論的サンプリングの基本的発想は、複数のサンプルを収集し、比較することである。また、サンプリングに「飽和」があるという前提に立っている。

イアン・デイ (Ian Dey) は理論的サンプリングの方法に疑問を提示している。デイ自身、グラウンディッド・セオリーを用いる研究者であるが、自分が体験したサンプリングの実際に基づいて、次のような批判を述べている。理論的サンプリングは、アイデアを着想し、データを収集し、それを用いてさらにアイデアを磨き、というように、アイデアとデータの間を往復する。データ収集をしているフィールドワーク期間は、データの分析を本格的には開始しない。実際の調査では、どの段階までがデータ収集で、どこからが本格的分析の始まりと明確に分けられるものではない。グレイザーとストラウスが述べているようなやりかたで理論的サンプリングを実施しても、方法としては漠然としている。比較するポイントも曖昧なままで、テーマを深化させたり、理論を精緻化することは難しい。これは何か特定の社会的文脈に限定して、理論的サンプリングを行うような設計にしていないからである。自分が実際に調査を行ったときには、社会的文脈の把握が可能な特定の範囲、つまりローカル・コンテクストがわかるところでデータを収集した。自分はある特定の社会的文脈、ある特定のケース、個性的なケースにこだわる。特定の範囲に限定することによって、比較や対照のポイントが明確になり、調査テーマを深めることができる [Dey 2006: 83-84]。

デイの指摘は2つの点で興味深い。1つは、ケースを選択する場合、特定の文脈、ローカル・コンテクストにそくしたサンプリングを提案してい

る点である。もう1つは特定の個性的なケース、つまり非定型ケースがテーマの深化に有効であることを指摘している点である。

　この2つの指摘は、収集したミクロ・レベルのデータを、どのようにマクロ・レベルの文脈や社会構造にリンクさせていくかという問題と関連している。デイの見解は、特定の文脈にそくして、特定のケースを深く追究するほうが、他のケースとの比較も明確になり、データを客観化することができ、マクロ社会との接合や、テーマの深化・理論の精緻化にむすびつくというものである。

　デイの指摘とパールの方法には複数の共通点がある。最も重要なのはローカル・コンテクストがわかるところで、非定型ケース、個性的なケースを深く掘り下げて、研究の独創性を切り拓くことをめざしている点である。非定型ケースのデータの相対化・客観化は必要な手続きで、パールは同一対象に対し、異なる時点でインタビューを重ねて、各時点のデータが比較できるような方法(時系列インタビュー)をとった。デイの場合はグラウンディッド・セオリーの「飽和」をめざすサンプル収集方法に従い、複数の異なるサンプルを比較して、相対化・客観化している。

　両者の大きな相違点は、デイやグラウンディッド・セオリーはサンプリングに「飽和」があるという前提にたって複数のサンプルを収集している。それに対して、パールは単一ケース(single case)を長期間にわたって追究した。同一ケースと長期間かかわり、異なる時点でのデータを集めた。単一ケースと深く関わることによって、研究の新局面を切り拓いていった。研究者の誰もが、このような啓発的ケースとの出会いに恵まれるわけではない。このような可能性をもつケースと出会ったとき、その機会をのがさずにつかむことは重要である。オーバー・ラポールを意識しすぎて、このようなケースとの出会いの機会を失うことがあるなら残念である。ケースと研究者の関係を柔軟にとらえ、啓発的ケースとの独自の関わり方があるという視点をもつことは必要である。パールの時系列インタビュー調査は、リンダ世帯との関わりを啓発的ケースに成長させ、研究テーマを深化させていった独創的な軌跡をあらわしている。本書I部の2次分析に用いたリ

II部　調査プロセスの構築

ンダの拡大家族フォルダー・ファミリー調査データは、このような軌跡の構築に関わったデータの1つなのである。

[注]
1　標本抽出されたのは、各有権者「個人」の住所である。しかし、調査は、「世帯」を対象とするように設計されていた。有権者名簿から抽出された「個人」の住所と、調査対象が「世帯」であることは、定義が異なる。「世帯」を調査することが本命である。このように定義が異なるが、標本抽出に関わる最も正確な原簿は、有権者名簿であるため、これを用いることが最善と判断された。

　　このような事情があったため、「世帯」等の定義についても厳密に確認されて、調査は進められた。調査チームが決めた「世帯」の定義は、「個人またはグループで、特定の住所に居住している。かつ同一の住宅に居住している（同居）か、または1日に最低1回は食事をともにする」であった。また、「世帯主」は、「持ち家の場合は、その住居の所有者、賃貸の場合は賃貸契約している者。2人が同様の条件にあるカップルの場合は、男性を世帯主とする。同性のカップルの場合は、年上のほうを世帯主とする」であった。さらにhousewifeについても定義してあり、これは「家事労働を主に担当している者。男性でも可。2人が同様の条件にあるカップルの場合は、妻、女性、年上の順で属性をみて、該当していれば、housewifeとする」であった。

　　個別面接調査は、抽出した住所の世帯を対象に実施し、世帯主夫婦の、夫または妻が回答者である。どちらに回答してもらうかは、あらかじめ調査本部のほうで決め、調査員に指示してあった。該当住所に複数の世帯が居住していた場合は、調査員の判断で、最大3世帯までに限って、同様の個別面接調査を実施するようになっていた。
2　Domens and Symmsについては、次のような原注がついている。'Domens and Symms stand for 'domesticated men' and 'symmetrical families'. Domesticated men were men who did traditionally female and symmetrical families were those where males and females shared certain tasks around the home.'
3　パールは、リンダのパーソナリティがオープンで、かつシェピーの状況についても的確に説明することができる人物であったと語っている（2008年8月28日、パールへのインタビュー）。

III 部
レイ・パール (Ray Pahl) の軌跡

都市社会学からワーク論への転回

10章　都市社会学における業績

10-1　研究キャリアを貫くテーマ

　レイ・パール (Ray Pahl) には研究キャリアを貫いて探求してきた根本的なテーマがいくつかある。シェピー・スタディーズ (*Sheppey Studies*) においても、それらのテーマが根底にあることは、本書Ⅰ部、Ⅱ部で論じた通りである。その1つはC.W.ミルズの著作から着想を得たもので、ミクロな「私的問題 (private troubles)」とマクロな「パブリックな問題 (public issues)」の複雑な連関を解明することであった。マクロな構造とミクロな状況が偶発的に重なりあって、意図せざる「トラップ (trap)」ができてしまい、貧困からの脱出が難しくなる。パールは「トラップ」にも強い関心を懐いていた。

　また、「プロセス」の重視は、シェピー・スタディーズの調査全体を貫く屋台骨であった。格差拡大・分極化 (polarization) は「パブリックな問題」と「私的問題」が複合的にからんで進行しているプロセスであるという認識をもっていた。

　Ⅲ部では、パールの研究の軌跡をたどりながら、パールの調査対象がどのように変化していったのか、調査対象を通して根本的なテーマをどのように探求していったのかを明らかにする。パールの研究キャリアにおけるシェピー・スタディーズの意義がいっそう明確になることであろう。

　図表Ⅲ-1は、パールの主要著作からみた研究の軌跡である (この他論文等多数、巻末文献参照)。パールの研究は大きく3つのステージに区切ることができる。1960～70年代、1980年代、1990年以降である。とくに第1ステージから第2ステージへの転回は、パールの研究キャリアにとって意味の大きいものであった。調査対象は1960～70年代と80年代では異なっている。パールが当時のイギリスの社会状況を背景に、1970年代半ばに強い決意を懐いて、ワーク論へと舵を取っていったことはⅠ部に述べた通りである。1970年代に新都市社会学者として国際的にも著名で、一定の地歩を確立していたにもかかわらず、シェピー・スタディーズに着手し、

10章　都市社会学における業績

図表Ⅲ-1　レイ・パールの主要著作からみた研究の軌跡

	主な研究領域	年次	著作名	出版社	備考
第1ステージ	都市社会学	1965	Urbs in Rure: The Metropolitan Fringe in Hertfordshire,	Weidenfeld and Nicholson	単著
		1968	Readings in Urban Sociology	Pergamon Press	編著
		1970	Whose City? And Other Essays on Sociology and Planning	Longman	単著
		1970	Patterns of Urban Life	Longman	単著
		1971	Patterns of Urban Life, third impression revised	Longman	単著
		1971	Managers and their Wives: A Study of Career and Family Relationships in the Middle Class	The Penguin Press	共著 (with J M.Pahl)
		1976	Whose City? And Further Essays on Urban Society; revised and expanded edition	Penguin Books	単著
第2ステージ	ワーク論	1983	Structures and Processes of Urban Life	Longman	共著 (R Flynn and N H Buck)
		1984	Divisions of Labour	Blackwell	単著
		1988	On Work: Historical, Comparative and Theoretical Perspectives	Blackwell	編著
第3ステージ		1995	After Success: fin-de-siecle Anxiety and Identity	Polity Press	単著
		2000	On Friendship	Polity Press	単著
		2006	Re-Thinking Friendship: Hidden Solidarities Today	Princeton University Press	共著 (with L. Spencer)

出典：筆者作成

ワーク論の方向へと研究を深めていった。III部ではとくに第1ステージと第2ステージ、つまり都市社会学からワーク論への転回に焦点をあて、研究の軌跡と背景を明らかにしてみよう。

10-2 日本におけるパールの紹介と評価

パールの転回を詳細に検討する前に、パールが日本でどのように紹介されてきたのかを確認しておこう。日本での紹介は、第1ステージつまりシェピー・スタディーズに着手する以前の、1970年代までの研究に限定されている点に特徴がある。1984年刊行の『労働と分業』は、パールの研究を理解する上で欠かせないものである。しかし、この著作を含めて、第2ステージ以降つまりワーク論への転回以後の研究は日本では知られていないに等しい。日本ではだいたい次のように紹介されている[1]。

新都市社会学の潮流の1つに、イギリスの社会学者を中心としたネオ・ウェーバー主義のアプローチがあり、パールはその中の1人で、新都市社会学における貢献はアーバン・マネジャリズム (urban managerialism) 論である。都市官僚制に着目して都市における稀少資源の配分過程を分析する視点を示した。稀少資源には有形と無形のものがあり、それを生活機会 (life chance) という概念でとらえた。生活機会はさまざまに拘束 (constraint) され、パールは個々の地域社会に作用する拘束のパターンに関心をもったので、「拘束の社会学」(sociology of constraint) ともよばれる。都市ではアーバン・マネジャー (urban manager、都市システムの運営に関わる専門職) が行政手段を有して稀少資源の配分過程に関わり、拘束要因となっている。資本主義社会を独立変数、都市を従属変数とし、そのような社会構造におけるアーバン・マネジャーの役割を考察する方向にアーバン・マネジャリズム論を展開させていった。シカゴ学派が取り上げてこなかった機会の不平等性、権力の問題に着目している点に独自性がある。

以上が日本におけるパール紹介の概要であるが、マクロ的な都市論の評価に偏っている点に特徴がある。パールが70年代に出版した著作には、専門・管理職層の家族におけるワーク・ライフ・バランスをめぐる葛藤と

いうミクロな社会関係に着目した研究もある。パールの研究はマクロ社会とミクロな社会関係の関連を解き明かす方法を探求してきた点に独自性があるが、そのような側面は日本における紹介では軽視されていたと言えよう。

10-3　アーバン／ルーラルへの関心

　マクロとミクロの両面におよぶパールの研究を第1ステージから順に追ってみよう。パールの社会学者としての研究は、1960年代初頭のロンドン郊外の通勤者居住地域における調査に始まる。これは郊外という地域的特徴と、ミドル・クラスという階層的特徴を有した地域であった。ロンドン周辺地域で郊外化が進展している時期にあたり、アーバン(urban)であるともルーラル(rural)であるとも言い難い状況であった。明確に定義しがたいものを研究対象として選び、実態の解明を試みる姿勢は、パールの研究キャリアに一貫している。

　1959年にケンブリッジ大学のMAを修了、最初の就職先がケンブリッジ大学の'Board of Extra Mural Studies'(成人教育機関)という機関であった。この機関はロンドン北西郊外のハートフォードシャー(Hertfordshire)の村落に設置されており、パールはマネジャー・コース(公的機関・民間機関の管理職の再教育コース)のレジデント・チューターとして採用された。この近辺がロンドンへの通勤者居住地域へと変貌していく状況を調査し、調査内容をコースで講義するのが仕事であった。1960年代初頭、この近辺は急速に住宅地に変化していた。村落とも都市とも言いきれない、あいまいな地域が、ダイナミックな変化の中で、生み出されていることに関心をもち、勤務先の上司の勧めもあって、ロンドン・スクール・オブ・エコノミクスの地理学部(London School of Economics, Department of Geography)のPh.Dコースに入学した。フルタイムの仕事とフルタイムの大学院をかけもちする生活であったが、対象はほぼ同じであった。

　LSEにおけるPh.D論文の指導教授は社会地理学のジョン・ウェスタガード(John Westergaard)であった。当時、ウェスタガードはマルクス主義的

階級分析の視点[2]から、ロンドンにおける社会階級と都市の不平等の関連を分析しており、実証を重視した。パール自身はマルクス主義者ではないが、ウェスタガードの指導によって、アーバン／ルーラル境界域でもミドル・クラスとワーキング・クラスのセグリゲーションが進行していることに関心をもつようになった。自分の研究は階級分析から始まっているとパール自身が語っている。'Who gets what?'[3](誰が何を得ているのか)を常に問うこともウェスタガードから教えられた。のちの著作『誰の都市？(Whose city?)』の根本テーマは'Who gets what?'で、この視点はパールの研究に一貫している。ウェスタガードは歴史的視点をもった分析も重視していた。'Always start from history.'(常に歴史から始めよ)もウェスタガードに教えられた視点で、歴史をふまえた分析はパールの著作のほぼ全てに共通している。パールの「プロセス」重視は、ウェスタガードによって鍛えられたものである。

　LSEのPh.D論文は、ハートフォードシャーの3つの村落を調査し比較したものである。村落によって郊外化のプロセスに相違があり、階層の構成比も異なっていた。村落の変容の過程には地域社会に蓄積されてきた社会的資源が反映され、それぞれ固有の変容過程をたどっていることを明らかにした(のちに出版：『村落のなかの都市(Urbs in Rure: The Metropolitan Fringe in Hertfordshire)』1965)。シカゴ学派が描くアメリカの都市化との相違を意識し、イギリスの都市化の特性が追究されている。イギリスでは、生態学的展開ではなく、各地方自治体の開発方針の影響力が大きい。また、郊外化する以前の土地所有状況が、開発可能な土地、建設される住宅の種類(民間供給住宅、公的供給住宅)、新規流入者の階層を規定していた。良好な居住地というイメージを選好して流入してきたロンドン通勤者のミドル・クラス、郊外にある勤務地への近接性で流入してきたワーキング・クラスなど、階層によって地域移動を選択した理由は異なっていた。各村落の特性により、新規流入者数に占めるミドル・クラス、ワーキング・クラスの割合も異なっていた。地方自治体の開発方針・計画、各村落固有の歴史的要因が、郊外化のプロセスを規定する拘束要因としてはたらき、階層構成比、生活

様式の異なる地域を生みだしていた。アーバン／ルーラル境界域は、このような異なる固有の (distinctive) 地域を複数含みこんでおり、一義的には定義できないあいまいさ (ambiguity) を特徴としている。

以上のような内容が Ph.D 論文で明らかにされたことであった。初期研究においてすでに、「拘束要因 (constraint)」、「固有性 (distinctiveness)」、「あいまいさ (ambiguity)」に対する関心が示されている。これらはパールの研究に頻繁に登場するキーワードで、根本的なテーマを掘り下げていくためのパールの独創的な着眼点を示している。

パールは資本主義の進展によって社会がユニバーサルなもの、均一化されたものになるとは考えていない。資本主義の影響は階級や社会集団によって異なるので、社会はむしろ多様性を増し (diverse)、格差拡大・分極化 (polarization) が生じると考える。多様なアーバン／ルーラル地域を生み出す要因として、地方自治体の決定のありかたに関心をもち、アーバン・マネジャリズム論に進展していった。このように研究の出発点はアーバン／ルーラル境界域のあいまいな特性の研究で、独立した単位としての都市に強い関心をもっていたわけではなかった。

10-4 アーバン・マネジャリズム論

1965 年に『村落のなかの都市 (*Urbs in Rure*)』(Ph.D 論文を改編) を出版、同年ケント大学に転職し、名実ともに研究者として独立した。前勤務先での経験を通して、アーバン／ルーラル境界域の地方自治体の状況には熟知していた。それに加えて、1968 年からは地方行政レベルと中央政府レベルの都市計画・地域開発計画に関わるようになった。地方行政レベルで関わったのがイングランド南東部合同開発計画 (the South East Joint Planning Team) のアドバイザーであり、中央政府レベルで関わった最も責任の重い仕事がロンドン首都圏開発計画 (the Greater London Development Plan) の相談顧問 (Assessor) である。プランナー、建築家、ディベロッパー、各分野の研究者とチームを組んで仕事を進め、開発計画は巨額の公的資金を配分していること、各メンバーが懐いている開発の目的・イデオロギーが異なっ

ていることを実感した。それぞれが出自の社会集団の利害を背負っており、チーム内の議論・交渉がそのまま「闘争の場」(arena) となっていた。地方行政レベルと中央政府レベルの両方の計画に関わっていたので、両者では「闘争」のありかたや合意形成のしかたが異なることを知り、稀少資源をめぐる官僚制の現実を如実に経験した [Pahl 1970b: 258][Pahl 1977d]。パール自身が、チーム内における社会学者の果たすべき役割を熟考せざるを得ず、最も重要なのはプランナーの目的と価値を検証することであるというのが結論であった [Pahl 1970c: 131]。このような実際の経験に基づき、1970年に2つの著作、『都市生活のパターン (*Patterns of Urban Life*)』第1版と、『誰の都市？ (*Whose City?*)』第1版が出版された。

『都市生活のパターン』はタイトルにも表われているように、「パターン」に対する関心が示されている。稀少資源がなぜ空間的に不均衡な分布パターンになるのか、分布に影響を与える経済的、政治的、社会的な拘束要因を考察している [Pahl 1970d: 53-61]。拘束要因というパールの独創性を示す視点は、社会地理学的にとらえた空間的な差異、つまり「パターン」が生じる要因を解明しようという発想から生まれたものである。ちなみに『都市生活のパターン』は13年後の1983年に第2版が出版された。その時にはタイトルが変更され『都市生活の構造とプロセス (*Structures and Processes of Urban Life*)』に変わっている。第2版が出されたのはシェピー・スタディーズ実施中にあたる。13年の間に、パールの関心は「パターン」から「プロセス」へ、空間から構造へとシフトし、都市社会学からワーク論へ転回したのである (後述)。

『誰の都市？』第1版では、階級が空間的に不均衡に分布している状況と、ミドル・クラスとワーキング・クラスの間に生じている葛藤 (conflict) に強い関心が示されている。アーバン／ルーラル境界域では、ミドル・クラスとワーキング・クラスそれぞれが独自の生活世界を追求しているためセグリゲーションが生じ、葛藤が生じている [Pahl 1970c: 43, 77, 95]。ここでも指摘されているように、パールはそれぞれのクラスの「固有性」に関心をもっている。ミドル・クラスの固有性をミクロな社会関係に探ったのが、

同じ時期に発表された『マネジャーと妻たち (Managers and their Wives)』である (後述)。

『誰の都市?』は1976年に改訂版が出ており、修正されたアーバン・マネジャリズム論が展開されている。ウェスタガードに教えられた問い「誰が何を得ているのか」は、ここでは「誰が稀少資源を得ているのか」「誰がどのように稀少資源を配分しているのか」という、より明確な問いになっている [Pahl 1976b: 185]。中央政府レベルや、国際経済レベルの資本投下の動向など、より広い文脈での拘束要因に関心が向けられ、都市は全体社会で生じているコンフリクトが反映されている「闘争の場」であると述べられている [Pahl 1976b: 185, 234-235]。1960~70年代に資本主義が進展し、国家と都市の関係を考察する必要性が増した。当時は、都市の機能や空間的範域が拡大する成長期であった。都市に投入される国家の資源も巨額で、その配分方法は重要な問題であった。その時期に、都市官僚制に焦点をあてた分析方法を示したのが、パールのアーバン・マネジャリズム論であった。

1970年代の著作である『誰の都市?』第1版と改訂版、『都市生活のパターン』第1版に共通しているのは「階級」と「葛藤」「闘争」への関心である。イギリスでは1960年代後半~70年代前半にかけて、郊外住宅地が拡大し、地域社会における葛藤が増加したが、それはミドル・クラスとワーキング・クラスの間で発生しており、階級や地域社会の固有性と密接に関係していた。日本では、アーバン・マネジャリズム論は国家の資源、都市政治などマクロ分析的側面が強調されて紹介されているが、アーバン・マネジャリズム論はイギリス社会の「階級」、「葛藤」、「固有性」の視点から理解すべきものと思われる。

10-5　ミドル・クラス研究

「階級」、「葛藤」、「固有性」をミクロな社会関係から探求したのが、1971年に出版された『マネジャーと妻たち:ミドル・クラスのキャリアと家族関係の研究 (Managers and their Wives: A Study of Career and Family Relationships in the Middle Class)』である。専門・管理職層の家族における労働と分業、そ

れをめぐる夫と妻の葛藤、ワーク・ライフ・バランスに着目したミドル・クラス研究である。

初職勤務先のケンブリッジ大学 'Board of Extra Mural Studies'(成人教育機関)では、大企業のマネジャーを対象とした再教育コースを実施しており、1960年代前半にパールも講義を担当していた。そこで出会ったのは、業績主義的価値観に貫かれ、職業的地位の上昇、業績達成を至上の目的としているようなマネジャーたちで、パールが初めて目にしたタイプの仕事人間たちであった。夫は家族のためにと言って仕事に邁進しているが、妻たちの本音は異なっていた。ミドル・クラスの家族に、仕事と家族生活のバランスの悪さ、奇妙な乖離 (a curious disjunction) が生じていることに気付き、「なぜそのように一生懸命働くのか (Why do people work so hard?)」という社会学的関心を懐いた。

1960～70年代前半はイギリスにおいても、事務職が増加し、管理的業務を担当するポストが数量的に増大していた時期である。ホワイトカラー労働市場の拡大に誘導されて、職業に特化した新たなエートスや動機が出現していたことに着目したのである。『マネジャーと妻たち』の本調査を実施したのは、1968～70年である。パールの講義に出席していたマネジャー86名とその妻が調査対象であった。彼らは、イギリスの主要な工業都市の郊外住宅地の持ち家層であった。調査内容は、マネジャーである夫の職業移動歴、地位達成意欲、妻の前職、社会参加、家族の地理的移動歴、家族内の労働分担などであった。

夫が懐く強い業績達成意欲は、プライベートな領域に囲い込まれつつあった家族の領域との間に葛藤を発生させていた。家族生活を円滑におくるために、夫と妻は、規則・義務・サンクションなど独自の運営パターンを形成している。しかし、これは拘束要因としても機能しており、調整をめぐって、家族が葛藤のアリーナとなっている。

パールは、マネジャーが数量的に増加するのにともなって、新しいタイプの価値観や動機をもつ人が増え、これまでとは異なる葛藤や合理化のありかたが発生している点に、ミドル・クラスの固有性を見出したのである。

この調査では、家族内の調整のつけかた、合理化の方法に基づき、家族の価値観を分類している。合理化しきれない「あいまいな」思いを妻側が懐いていることも指摘されている。パールは明確に定義しがたい「あいまいなもの」を研究する志向性がある。この研究においても「あいまいさ」を内在させている現代社会の複雑な一面が指摘されている。

このようにアーバン・マネジャリズム論が発表されている同じ時期に、専門・管理職層のエートスや動機という内的世界、家族というミクロな集団に着目した分析が行われていた。ミドル・クラスの「固有性」が探求され、「あいまいさ」が見出されている。アーバン・マネジャリズム論はミドル・クラス研究と表裏一体のものであった。

10-6　パターンから構造／プロセスへ

1970年出版の『都市生活のパターン』は、1983年に改訂版が出され、タイトルが『都市生活の構造とプロセス (*Structures and Processes of Urban Life*)』に変わった。タイトルを変更したことについて、パールは次のように説明している [Pahl 1983b: 60-61, 147-149]。「パターン」に着目する研究は、都市は自律的に作動するとみる生態学的視点から免れ得ない。この10数年の間に、イギリス経済は成長から停滞へと変化した。全体社会の変化は、どの都市にも同じ影響を与えるわけではない。都市によって、拘束要因は異なっている。変化の受けとめ方は様々で、各地域社会は、機会 (opportunity) と拘束 (constraint) のモザイクのようなものになっている。その理由を探るには、構造／プロセスを明らかにする必要がある。公的資源が社会に投入されている福祉国家の拡大期には、アーバン・マネジャリズムに着目する視点は有効であった。しかし、1970年代半ばの都市危機の時代に、マネジャーを独立変数とする説明には限界が生じた。カステル等が取り組んだように、経済構造、国際資本の投下など、外的要因による説明が必要であった。しかし、1980年代に入ると、構造的要因を重視する新都市社会学も説明力の有効性を失った。1980年代には、異なる問いを設定し、異なる視角から解明する必要がある。「パターン」という概念がなぜ

説明の有効性を減じたかというと、稀少資源の不均衡な分布を意味し、資源を供給・配分する側に拘束要因があることを重視する視点だからである。シカゴ学派のような生態学的視点や、構造主義的新都市社会学のように全体社会の影響を重視する視点とは異なる切り口から、固有性を生み出す「構造」と「プロセス」を説明することが必要である。これが構造／プロセスという視点に移行していった理由である。

『都市生活の構造とプロセス』では、とくに住宅市場と労働市場の構造を解明する必要性が述べられている。イギリスでは住宅市場と労働市場は密接に関連している。アーバン・マネジャリズム論で探求されたのは住宅市場における住宅資源の供給・配分に関わる問題であった。次に解明が必要となるのが労働市場の詳細な分析である。労働市場において、不平等な状況におかれているのはワーキング・クラスである。住宅市場と労働市場の関連を深く考察するためには、日常生活 (ordinary life) に着目することが必要である。ワーキング・クラスの日常生活におけるインフォーマル／フォーマル・ワークの状況を通して、労働市場と住宅市場の連関構造を探る必要がある。これがワーク論の探求へとつながっていった。

11章　ワーク論の展開

11-1　シェピー・スタディーズ——ワーク論への転回

1970年代半ばに、パールが強い決断力でシェピー・スタディーズに着手したことは先に述べた通りである。それまでの都市社会学分野における研究キャリアから鑑みて、ワーク論への転回は、研究上のどのような課題を追究しようとするものだったのだろうか。

1960～70年代半ばの福祉国家の拡大期に、イギリスにおいても都市に偏重した資源配分が行われてきた。アーバン・マネジャリズム論は、公的資源の配分が潤沢な時代に、都市に焦点を合わせた分析視角であった。パ

11章　ワーク論の展開

ールは構造主義的新都市社会学からの批判を受け入れて、全体社会を独立変数、都市を従属変数という視点に修正したが、都市中心の分析であるという点は変わらない。しかし、70年代半ばに経済環境は変化し、とくに地方の工業地域に、不均等な資源配分の影響が深刻にあらわれていた。資源の配分というテーマをさらに深めるならば、都市を従属変数とする視点からテイクオフする必要があった。

不均等な資源配分は個人の日常生活においては、失業として最も深刻にあらわれていた。パールは1970年代に諸々の開発計画に関わっていたため、詳細な行政資料を目にする機会が多く、ワークのパターンが変化しつつあることを感じていた [Pahl 1984: 1-14]。ワークの実態にそくして、不均等な配分についての考察を深める必要があった。そのためにはインフォーマルとフォーマルの両面からワークの実態に迫らねばならなかったし、ミクロな社会関係にも分け入って分業の実情を精査する必要があった。

とくにミクロに迫る方法を工夫することが必要であった。研究の領域をミドル・クラス研究からワーキング・クラス研究へと広げたことは、資源を配分される側の日常生活、生活機会、拘束要因の多様な実態に迫ることを可能にするものであった。経済的停滞というナショナル・イシューすなわち「パブリックな問題」が日常生活に及ぼしている影響すなわち「私的問題」を解明するには、より広い社会的文脈に由来する拘束要因と、親密な関係に由来する拘束要因の複雑な交錯状況を明らかにする必要があった。

大きな課題の1つが、ミクロとマクロを有効にリンクさせる方法論の探求であった。これはアーバン・マネジャリズムを論じていたときに、都市を独立変数ととらえるか、従属変数ととらえるかを議論して、独立変数から従属変数に修正して以来、熟考を重ねてきた問題である。また、「パブリックな問題」と「私的な問題」の解明に関わる問題であった。調査企画段階で本土の町からシェピー島に調査地を変更したことも、ミクロ・マクロのリンクの問題と関連している。不均等な資源配分の実態とメカニズムを明らかにし、イギリス社会が内包している問題に迫るため、方法論を工夫する必要があった。

III部　レイ・パール (Ray Pahl) の軌跡

　ミクロ・データをより広い社会的文脈から検討するために、パールにとって重要な方法の1つが歴史的視点を取り入れた分析であった。18世紀の造船所労働者の個人データなど歴史的資料が保存されていた。過去と対比することによって現代のワークの特質を的確に把握し、「プロセス」を記述することが可能となる。パールはウェスタガードの薫陶を受けて以来、歴史的分析の重要性を認識し、分析に生かすことに努めてきた。歴史的分析の真価を最も発揮したのは、貴重な歴史的資料を活用することができたシェピー・スタディーズである。

　シェピー・スタディーズの実施は、以上のような研究上の課題を探求する試みであった。「パブリックな問題」と「私的な問題」の連関の考察が根底にあり、方法論的にもアイデアと工夫を生みだす源泉となっていた。

11-2　『ワーク論 (On Work)』——マクロ・アプローチによる探求

　パールにとってシェピー・スタディーズはワーク論の入り口であった。1984年に『労働と分業』を刊行して以降、1995年までの10年間にワークをめぐる論文を29本発表し、さまざまな角度からワークがもつ多様な意味に迫っていった。

　国家の経済システムが異なれば、インフォーマル・ワークの様態も異なる。パールはインフォーマル・ワークが活発であった共産圏からも招聘されて、インフォーマル・ワークの多様な形態と政治・経済システムについての知識・情報を蓄積した。1989年夏には3ヶ月間、モスクワで行われた社会学のサマースクールのディレクターをつとめた。1991年からはプラハに設置されることになったヨーロッパ中央大学 (Central European University) の設立にも関与した。シェピー・スタディーズの共同研究者であったウォレスはヨーロッパ中央大学に専任の職を得て、東欧圏のワークの状況について調査を実施していった。このように1990年代前半は、広く国外からも情報収集し、インフォーマル・ワークの現代的ありようについてマクロな視点、経済的視点から理解を深めていった。

　このようなパールのワークに対する広汎な関心を反映しているのが、パ

ールが編集した『ワーク論：歴史研究、比較研究、理論研究 (*On Work: Historical, Comparative and Theoretical Perspectives*)』(1988, Blackwell) である。33本の論文がおさめられており、ワークに関わるどのような領域の知見が重要とパールが考えていたのかを知ることができる。この本は5つのパートから構成され、1つめはワーク、雇用、失業、ジェンダー間の分業についての歴史的考察、2つめはワークをめぐる雇用と被雇用者の戦略、3つめは現代社会における女性とワーク、4つめはワークの多様な形態と労働力・労働資源の調達 (贈与交換・インフォーマル・ワークをふくむ)、5つめは80年代の資本主義とワークをめぐる新たな問題群である。アグリ・ビジネスから、クリーニング産業、オフィス・オートメーションにいたるまで、再編成されている産業とワークに関わる問題群が指摘されている。扱っている地理的範囲も広く、イギリス、アメリカ、ハンガリー、イタリア、ザンビア、メキシコ、イスラエル、第3世界などの事例に言及している。

この本のまえがきで、パールは次のようなことを述べている。「すべてのワークは正当に報いられているわけではない。ワークと雇用が区別され、同じ仕事でも誰が行うかによって報酬がばらばらであるであることに驚くであろう」[Pahl 1988d: 1]。ワークの種類や報酬が多様で、ワークを媒介にして資源が不平等に分配され、格差が拡大している現代社会の状況がグローバルな視点から考察されている。

1980年代末〜90年代にかけて、ヨーロッパの政治・経済状況が激変した時期に、ワークをめぐる現代的状況もダイナミックに変化していた。この時期のパールは、マクロ的視点、グローバルな視点から、ワークの現代的状況を把握するための有効なアプローチを探索していたといえるだろう。

11-3 『成功のあとで (*After Success*)』——ミクロ・アプローチとワーク

ワークの探求に新境地を開いたのが1995年刊行の『成功のあとで (*After Success*)』である。この著作は、ミクロな視点から現代人の生活におけるワークの意味を考察している。タイトルにも表現されているように、ここで着目されているのは、世間一般から「成功者」とみなされている職業威信

の高い人々の内面である。社会階層としては、上昇移動、または平行移動した専門職・管理職の男女数人のナラティブ・データを用いて、ワークと「成功」の意味を探求している。

　現代社会は、労働環境や雇用パターンの変化が速く、成功したと思っても、状況が刻々とかわり、引退するまで安泰ということはない。どのような成功も短期的である傾向が強まっている。上昇志向で努力を積んできたとしても、成功の報酬は一時的な意味しかもたない。なぜ、何のために働くのか、ワークの意味は非常にあいまいなものになっている。成功した人々も「成功とはこんなものであったか」と「トラップ」にはまった感覚を覚える。成功であったか否か「あいまい」になり、アイデンティティ・クライシスを引き起こす [Pahl 1995: 15, 51]。ワークをめぐる現代人の不安や、「トラップ」の感覚に言及し、ワークというテーマから、「あいまいさ」や「不安」(anxiety) という新しいテーマを開拓していった。ワークからミクロな領域の研究を切り拓いていった点に、パールのワーク研究の独創性がある。

　社会学者としての研究キャリアを歩み出したときから、現代社会にさまざまな形態で発生する明確に定義できない「あいまいさ」にパールは強い関心を懐いていた。『成功のあとで』で「自分は同じ問題を35年間考え続けてきた」[Pahl 1995: 196] と述べている。1960年代にケンブリッジ大学でマネジャーを再教育するコースを担当し、業績主義的価値観に貫かれた仕事人間のマネジャーたちに出会って以来、そのテーマを考え続けてきたことを示している。具体的に述べるならば、マネジャーたちが「なぜそのように一生懸命働くのか」ということであり、社会学的に述べるならば、ワークとモチベーションの関係である。

　『成功のあとで』に、「モチベーションの語彙 (vocabularies of motives)」という表現がしばしば登場する。これはC. W. ミルズの著作から着想したものである。ミルズは現代人がモチベーションについてどのように語るかに強い関心をいだいた。モチベーションについて語る語彙を社会学的に分析し、現代社会の特性を考察することの重要性を指摘している [Mills 1963]。

　1970年代にミドル・クラスのミクロな社会関係と内的世界を分析した

11章　ワーク論の展開

『マネジャーと妻たち』を出版したあと、1980年代にシェピー・スタディーズの調査経験を積んで、ワーキング・クラスのワーク経験や、ミドル・クラスとは異なるモチベーションの語り方について理解を深めた。20数年の間に研究の幅がひろがり、以前の研究課題とワーク研究が深い部分でつながった。ワークを通して感受できる現代人の「不安」、「あいまいさ」、「モチベーションの語彙」を考察することによって、「私的問題」の深みを理解し、現代人のエートスや意識の特性を探求できるのである。

調査方法的には、計量分析が主流のイギリスの階級分析を批判している。職業と社会威信に基づき、上昇移動したとか下降移動したと分析する [Pahl 1995: 10-11]。しかし、何が上昇移動で、何が下降移動であるかは、あいまいな問題である。成功が一時的な意味しかもたない状況が拡大しているとすれば、上昇・下降という発想そのもの意味が問われなければならない。

『成功のあとで』で、パールが用いた調査方法は異なるタイプのナラティブの比較である。パールは、1988〜90年に、21人の男女にインタビューした。これを「不安」(anxiety)の表現にしたがって、2つのグループに分けた。第1のグループは、成功の達成にともなって生じる「葛藤」を、もはや「葛藤」と感じることがなく、内面に「葛藤」をかかえない人々である。このような人々は「不安」や「失望」(depression)を感じることがない。ただ成功の栄光を追い求め、それでよしする。本当の自己を失いただ自動的に目的にむかって邁進するだけの、歩くゾンビのような存在になってしまっている人々である。

第2のグループは、成功が自分の内面に「葛藤」を生みだすことを知っている人々である。パールはナラティブにしたがって、この人々を4タイプに分類している。形而上学的ナラティブ(ontological narrative)、公的ナラティブ(public narrative)、概念的ナラティブ(conceptual narrative)、メタ・ナラティブ(metanarrativity)の4つである。成功とは何かというあいまいな問題に個人が悩み、解釈が揺れている状況が、4つのナラティブが複雑に混じり合う表現に表れていた。4つのナラティブが複雑に錯綜するのが、

90年代のアイデンティティの特徴で、個人の内面に独特の緊張を生み出すとパールは述べている。社会の状況が管理的になるにつれて、公的ナラティブ、概念的ナラティブ、メタナラティブが強まり、個人の内面でアイデンティティの根源であるプライベートな部分と葛藤を引き起こす。個人は終わりのない葛藤をかかえる。これが「私的問題」の現代的様相である。

パールの研究キャリアで、詳細なナラティブ分析を行ったのはこれがはじめてである。ミクロな問題に迫り、「私的問題」の解明をめざすチャレンジ精神が、新しい分析方法の採用にもあらわれている。

11-4 『フレンドシップ再考 (Rethinking Friendship)』と格差拡大

2000年代に入って、パールはフレンドシップをテーマとした著作を2冊公刊している。『フレンドシップ論 (On Friendship)』(2000) と『フレンドシップ再考 (Rethinking Friendship)』(2006) である。これまでの研究キャリアの格差拡大・分極化のテーマとの共通点がみられる。

『フレンドシップ再考』のほうが包括的な研究なので、この著作について論じてみよう。この著作のテーマはパーソナル・コミュニティの研究である。パールはパーソナル・コミュニティを7つのタイプに分類している。疑似友人型、友人包含型、疑似家族型、家族包含型、近隣準拠型、パートナー準拠型、職業準拠型 [friend-based (friend-like, friend-enveloped), family-based (family-like, family-enveloped), neighbour-based, partner-based, professional-based] である [Pahl 2006: 130]。

この著作の重要な知見の1つは、上記7タイプのうち疑似友人型、友人包含型、疑似家族型が保有する友人数も多く、非常に活発なパーソナル・コミュニティとなっていることだった。これらのパーソナル・コミュニティは有効なセーフティネットとして機能しており、社会的連帯のベースになっている。サポート資源を供給し、現代社会に適応し、生活していくための結合の基盤になっている。

パールはシェピー・スタディーズで、最貧困層がフォーマル・ワーク市場から疎外されていることに加えて、失業給付金の支給などによって近隣

からの嫉妬・監視の視線を受けやすく、近隣ネットワークが貧弱で、近隣との贈与・交換の機会も限定されていることを述べていた。最貧困層は規模が小さく、不活発なパーソナル・コミュニティの保有者である割合が高い。つまり、保有しているパーソナル・コミュニティのタイプによって、不平等な社会の中における位置づけが異なり、資源の不均等配分の不利益を被りやすい。さらに格差拡大・分極化の進行によって、ますますパーソナル・ネットワーク、サポート・ネットワークが縮小し、貧困のスパイラルから脱出不可能となる可能性が高まる。

パーソナル・コミュニティ研究においても、パールは「固有性」ということを述べている。それぞれのパーソナル・コミュニティは固有性を保持した集団を形成している。サポート資源にとぼしい貧弱なパーソナル・コミュニティを生み出す「固有」な要因を探求することは、格差拡大・分極化が進行する内的メカニズムの解明につながっている。

11-5　パールの軌跡とインパクト

パールのほぼ50年にわたる研究の軌跡をふりかえると、調査対象は時代の要請に応じて変化したが、根本的なテーマは一貫している。おもな調査対象は、1960～70年代は郊外、ミドル・クラス、アーバン・マネジャリズム、80年代はワーク、ワーキング・クラス、格差拡大、90年代以降はミクロな社会関係であった。アーバン・マネジャリズム論からワーク論、アイデンティティ研究へと展開していった。その根底にあったのは、「パブリックな問題」と「私的な問題」に対する関心である。これはマクロとミクロの関連をどのようにとらえるかという問題とほぼ同じであった。若い頃は、マクロな面の解明に比重がかかっていたが、次第にミクロな面を精緻に考察することに重点が移っていった。

調査対象のミクロな側面に分け入って考察するため、パールの独特な着眼点をあらわす複数のキーワードがあった。「拘束要因」、「固有性」、「あいまいさ」などである。明確に定義しがたい「あいまい」にみえる側面は、そのものの「固有性」のあらわれでもある。探求に値する。「拘束要因」によっ

て、「固有性」が形成されている場合もある。

　このような「固有性」を、若い頃は「パターン」としてとらえ、可視化された　ものの中に見出そうとしていた。しかし、次第に歴史的に変化していく「プロセス」に、「拘束要因」の影響や、「固有性」の変容を読みこむ視点に移行していった。「プロセス」の視点をもつと、価値も一定不変ではないことが見えてくる。成功の意味もあいまいである。価値の「あいまいさ」に直面して、個人の内面に「不安」が生じる。「プロセス」の視点から、内面的な「私的な問題」も照射される。

　このようなパールの軌跡は、日本の社会学にどのような示唆をもたらすだろうか。たとえば、日本の都市社会学の展開と比較し、パールと同世代の日本の都市社会学者である倉沢進を例にあげてみよう。倉沢は、都市的生活様式の特徴として専門処理機関説という分析視角を提示した[4]。これは、都市居住者は種々の専門分化した諸機関が供給するサービスによって、個々の生活課題や共同・共通問題を解決する生活様式を形成するという視点である。地域社会の弱体化、親族・家族構成の変化、個人化を背景に、都市居住者が専門処理システムに依存する傾向を強めていることを指摘したものである。産業化・都市化が進展した時期に、家族や社会におけるワークの内容に変化が生じ、分業のありかたも変化したことに着目した視点と言うことができる。ワークが家族・親族・近隣との相互扶助的関係において分担されるのではなく、家族・個人と専門処理機関との間で分担される傾向が強まるという視点である。これはパールのワーク論とは、全く逆の発想である。パールの分析は、家族内でのワークの分業のありかたと、その多様性に焦点をおいている。ワーキング・クラス家族におけるワークの分担のありかたを詳細に調査し、家族内での分業のありかたが格差拡大・分極化と連接している様相を明らかにした。パールのワーク論の視点から、専門処理機関説を見直してみると、どのような階層の家族に焦点をあて、どのような内容のワークに着目した理論構築であったかということを改めて考えざるを得ない。

　倉沢進の研究は、専門処理機関説からさらに東京の社会地図の作成へ

と展開した[5]。現代都市が、空間的な不均衡、資源配分の格差を包含している状況を、社会地図として明らかにしたものである。前述したように、パールの出身大学院はLSEの地理学部で、ここでPh.Dを取得している。1960～70年代に都市社会学者として発表した著書・論文には、空間的に不均等な資源の分布を地図で表現する方法を用い、多くの地図が掲載されていた。しかし、『労働と分業』では、調査データとして地図を多数もっていたにもかかわらず、著書末尾に1枚の地図しか掲載していない。パールは地図を用いた研究には造詣が深かった。しかし、格差拡大、資源の不均等分布を地図を用いて表現する方向には発展させなかったのである。パールは「プロセス」で記述することを志向した。このような点でも、倉沢とは異なっている。パールの軌跡と比較すると、このような日本の都市社会学の特徴が明確になる。

[注]
1 日本におけるレイ・パールの紹介として参照した文献は下記である。[西山 1986]、[吉原 1986]、[園部 2001]、[有末 1999]
2 [Westergaard & Resler 1975]
3 ウェスタガードはこれを書名とした著作も出版している[Westergaard 1995]。
4 倉沢進『日本の都市社会』(福村出版, 1968)
5 『東京の社会地図』(東京大学出版会, 1986)、『新編 東京圏の社会地図 1975-90』(東京大学出版会, 2004)

IV部

イギリスのワーキング・クラス研究と質的データ2次分析

12章　イギリスのワーキング・クラス研究とオーラル・ヒストリー

　本書で2次分析に用いているシェピー・スタディーズのオリジナル調査データ・資料はUK Data Archive の ESDS Qualidata (Economic and Social Data Service - the Qualitative Data Archival Resource Centre) が管理・公開している（以下、Qualidataと省略）。イギリスで質的データを専門に扱っている機関がこのQualidataである。Qualidataの設置は、オーラル・ヒストリーの運動や、オーラル・ヒストリー・データを保存する活動が進展して実現したものである。イギリスのオーラル・ヒストリーはワーキング・クラス研究と密接に関連している。ワーキング・クラスへの関心が、オーラル・ヒストリーの運動、質的データ・アーカイブの設置、質的データの2次分析という研究の流れを作りだしてきた。イギリスのワーキング・クラス研究とオーラル・ヒストリーの関連に着目し、質的データの2次分析を可能にする研究環境がどのように形成されてきたのか探ってみよう。

12-1　19世紀前半〜中盤：ワーキング・クラスの自叙伝

　19世紀前半までさかのぼることにしよう。ワーキング・クラスの間では、口承を通して日常生活の経験や知恵が伝達されてきた。このようなオーラル・ヒストリーの伝統と、宗教的自叙伝の二つの伝統が合流して、19世紀前半には、労働者の自叙伝執筆がさかんに行われるようになった。デイヴィッド・ヴィンセント (David Vincent) によれば、チャーチスト運動が高揚した1830年代は労働者の自叙伝出版のピークの1つであった。選挙権の拡大を求め、政治運動が行われ、ワーキング・クラス自らが、その生活や文化に独自の価値があることを自叙伝を通じて主張するようになった。また、ミドル・クラスにとっては、ワーキング・クラスの政治的急進化は脅威であり、ワーキング・クラスとはどのような人々であるのか関心が高まった。ワーキング・クラスの自叙伝はその関心にもこたえるもの

12章　イギリスのワーキング・クラス研究とオーラル・ヒストリー

で、新しい文学のジャンルとしてミドル・クラスにも受け入れられていった [Vincent 1981=1991: 31-63]。ワーキング・クラスの人口が増大した19世紀前半に、オーラル・ヒストリーや、それを筆記した自叙伝は、ミドル・クラスの一部にも価値が認められはじめたのである。

　19世紀前半は急進的政治運動の時代であったが、19世紀中盤にはワーキング・クラス内の分化が進み、豊かな労働者層があらわれるようになった。熟練労働者を中核とする集団で、労働史研究では「労働貴族」(labour aristocracy) とよばれる。熟練労働者と非熟練労働者の間には、仕事の内容、賃金、社会的地位の点で、厳然とした区別があった。1867年に第2次選挙法改正が行われ、都市部における労働貴族層は選挙権を得ることができた。また、1867年に制定された労働法によって組合は合法化された。当時の労働組合は労働貴族層が主たる構成員であった。このようにヴィクトリア中期に、労働貴族層は経済的にも政治的にも大英帝国の繁栄の分配に与るようになっていった。

　ヴィンセントによれば、このような階級協調の時代に、ワーキング・クラスの自叙伝は次のような特質をもつようになっていった。自叙伝の執筆者たちは、ワーキング・クラスのなかでも、読み書きのリテラシーを身につけた、知的探求心のつよい人々であった。19世紀中盤にはこのような労働貴族層に自己改良の文化が広まっていった。ワーキング・クラスの間で飲酒は一般的に許容された行為であったが、自己改良を志す人々は、飲酒文化を忌避し、家庭生活を円満に保ち、リスペクタブル (respectable) な労働者となることをめざした。リスペクタブルは「品性がある」「尊敬に値する」という意味である。自己改良のゴールは「リスペクタブル」を体現する人物になることであった。自叙伝は自己抑制、リスペクタビリティ (respectability) など自己改良のイデオロギーを普及させることに貢献した [Vincent 1981=1991: 218-281]。また、禁酒運動、友愛会、労働組合の活動を通して、リスペクタブルな労働者は称揚され、勤勉と自己改良を述べるサミュエル・スマイルズの『自助論 (*Self Help*)』(1859) が愛読された [McWilliam 1998=2004]。

このように19世紀に隆盛をみたワーキング・クラスの自叙伝執筆の源流にオーラル・ヒストリーがあった。自叙伝は自己改良やリスペクタビリティという価値観を流布し、ワーキング・クラス内部の行動様式を分化させるメディアとして機能した。リスペクタビリティは生活規範の1つとして、労働貴族層の生活に浸透していった。

リスペクタビリティはワーキング・クラス研究における重要なテーマの1つである。本書で行った2次分析にも関連しているので、リスペクタビリティについては、後に詳述する。

12-2　19世紀後半～20世紀前半：労働者の組織化

19世紀中盤の階級協調的な状況は一時的なものであった。資本主義が進展し、熟練技術を必要としない労働が増加した。不熟練労働者層の規模も拡大し、貧困が深刻化した。労働者の多様化にともなって、改良主義的なフェビアン協会、急進的な社会民主同盟 (SDF)、独立労働党 (ILP) などが結成された。不熟練者、臨時雇用者であった港湾労働者／沖仲仕、ガス労働者がストを行い、運輸・一般労働者組合 (Transport and General Workers' union) と一般・自治体労働者組合 (General and Municipal Workers) が結成された。「ニュー・ユニオユズム (新組合主義)」の勃興である。この2つの組合の成立は、1900年の労働代表委員会 (Labour Representation Commitee) の成立を促し、1906年の労働党結成に進展していった [McWilliam 1998=2004: 20-42]。

労働者の組織化が実現し、労働運動をどのような方向に成長させていくべきかを模索する時代をむかえた。1894年にはフェビアン主義者のウェブ夫妻の『イギリス労働組合運動史』が刊行された。20世紀前半は、政治・経済的な側面でワーキング・クラスの勢力を伸長させることが重要な課題となり、労働運動、労働組合、労働者の組織に重点をおいた研究が蓄積されていった。研究面において、ワーキング・クラスの日常生活やオーラル・ヒストリーに対する関心は相対的に希薄な時期であった。

12-3　20世紀後半：社会史とニューレフト

　この状況に変化が生じたのは第二次大戦以降である。1945年に労働党政府が成立した。1950年代にはE. P. トムスン (Edward Palmer Thompson)、エリック・ホブズボーム (Eric Hobsbawm) などの共産党支持者の歴史家グループが登場し、ワーキング・クラス研究にも新たな潮流が生まれた。周縁に位置づけられてきた人々の歴史を掘りおこすことの重要性が主張され、社会史とよばれる研究領域が切り拓かれていった。イギリスのマルクス主義研究者は実証研究を重視する傾向がつよかった。ワーキング・クラスの生活を掘りおこす新たな資料が探索されるようになり、オーラル・ヒストリーへの関心が高まっていった。折しも、1960年代はイギリスで新設大学の創設が相次いだ時期である。大学における社会学の開講数が増加し、社会学の分野でオーラル・ヒストリーをふくめた新たな研究方法が意欲的に開拓された。

　その当時、重要な歴史的史料として活用されるようになったのが、オーディオ・データである。BBC放送のサウンド・アーカイブスにオーラル・ヒストリーの録音テープが所蔵されていた。所蔵テープを活用し、ロナルド・ブライス (Ronald Blythe) の『エイコンフィールド (*Akenfield: Portrait of an English Village*)』(1969)、ロバート・ムーア (Robert Moore) の『炭鉱夫、説教師、政治 (*Pitmen, Preachers and Politics*)』(1974) など優れた研究成果が生みだされた。労働史の分野でも、1960年に労働史研究協会 (Society for the Study of Labour History) が創立された。従来、労働組合運動指導者に関する文献は存在した。労働史研究協会の設立を契機として、指導者たちの記録をとどめるだけでなく、一般の労働組合員、未加入・未組織の労働者、女性、子どもの立場からみた歴史を記録することの重要性が認識されるようになった。そのような人々の生活の内実を掘りおこす方法として、オーラル・ヒストリーの手法への関心が高まっていった。

　このような研究面における新潮流は、イギリス社会における「ニューレフト」の運動を背景としている。イギリスのニューレフトの活動は3段階で展開した (1956〜62年のニューレフト初期、1963〜69年の運動継続期、1970〜

77年の理論構築期)。統一的な組織をもった運動ではなく、異なる政治体験、政治スタイルをもった知識人が緩やかに連係した、複合的な文化運動としての側面がつよい。『ニューレフト・レビュー(New Left Review)』という雑誌を基盤に、異なる系統の諸活動が緩やかに連係した。『ニューレフト・レビュー』は2つの雑誌が合併されて、創刊されたものである。元の雑誌の1つがE.P.トムスンが編集にあたっていた『ニュー・リーズナー(The New Reasoner)』、もう1つがスチュアート・ホールが編集あたっていた『ユニヴァーシティーズ・アンド・レフト・レビュー(Universities and Left Review)』である。従来の労働党中心の政治活動・組織的活動とは異なる方向を模索する知識人たちがニューレフトに参加していた [Lin 1993=1999 16-25, 42-52]。

12-4 ヒストリー・ワークショップ運動とオーラル・ヒストリー

『ユニヴァーシティーズ・アンド・レフト・レビュー』にはスチュアート・ホールの他に3人の編集者がいた。そのうちの1人がラファエル・サミュエル(Raphael Samuel)である。サミュエルはイギリスにおけるヒストリー・ワークショップ運動の創始者・指導者である。イギリスでは従来から労働者を対象とした成人教育が定着していた。オックスフォード大学にはラスキン・カレッジという成人教育の機関があった。サミュエルはラスキン・カレッジの講師の1人であった。

1960年代はじめ、サミュエルは成人学生に対する筆記試験を廃止することを主張し、その代替として受講生に自分史や家族史、地域史を書かせることを始めた。それらを編集して、パンフレットを作成し、刊行する活動を開始した [松村 1987]。パンフレットには、労働者、農村女性、児童など周縁的存在におかれていた人々の記録が掲載された。これがヒストリー・ワークショップ運動のはじまりである。1967年以降、ヒストリー・ワークショップの研究大会が開催され、E. P.トムスン、ホブズボームなどの研究者、初等・中等教育の教師、一般人が参加し、裾野の広い活動に成長した。

ヒストリー・ワークショップ運動は全国に広がり、ワーキング・クラス

12章　イギリスのワーキング・クラス研究とオーラル・ヒストリー

による自伝執筆・自伝口述がさかんに行われるようになった。1976年には『ヒストリー・ワークショップ・ジャーナル(History Workshop Journal)』が創刊された。創刊号に掲載された論説には、民衆の生活、ワーキング・クラスの経験を掘りおこすことの重要性が述べられている。

　ヒストリー・ワークショップ運動が多くの人々の関心と共感を集め、成果が蓄積され、意義が認められるにしたがって、オーラル・ヒストリーが重要な調査技法であることの認識も高まっていった。このような成果と支持者の拡大を基盤にして、1973年、エセックス大学のポール・トンプソン(Paul Thompson)を中心にオーラル・ヒストリー協会(Oral History Society)が設立された［古賀 1981］。トンプソンはイギリスのオーラル・ヒストリー研究の第一人者である。オーラル・ヒストリーを代表する研究成果の1つが、トンプソンの研究プロジェクト「20世紀初頭の家族と労働(Family Life and Work Experience before 1918)」(『エドワード時代の人々(The Edwardians)』1975年)である。このプロジェクトは1906年以前出生の男女450余人にインタビューしたもので、この年代の人々のオーラル・ヒストリーをこのように大量に集めることは二度と不可能な貴重なデータ・セットであった。トンプソンはエセックス大学の研究室にデータを保管していた。閲覧の希望者が来るので、私的に対応していたが、オーラル・ヒストリー・データの公的アーカイブの必要性を痛感していた。

12-5　Qualidataの設立

　トンプソンの働きかけにより、1987年に、ブリティッシュ・ライブラリー(British Library)のナショナル・サウンド・アーカイブ(National Sound Archive)に、ナショナル・ライフストーリー・コレクション部門(National Life Story Collection、以下NLSCと略称)が設立された。オーラル・ヒストリー専門の学芸員も配置された。NLSC部門の担当事業として、ライフヒストリー・プロジェクトがはじまり、近現代史の証言(シティの金融業者、北海油田労働者、ホローコースト経験者であるユダヤ人移民等)が収集された。

　このように1990年代に入って、オーラル・ヒストリー・データの収

IV部　イギリスのワーキング・クラス研究と質的データ2次分析

蔵が本格化すると、次の段階として、オーディオ・データもふくめた質的データの公的アーカイブ設立の機運が生じてきた。ESRCの委託によって、1991年にトンプソンがイギリスの質的データの保管状況を調査したところ、調査実施から年数が経過した1960～70年代のイギリス社会学の精華ともいえる調査データが定まった収蔵先もなく、紛失の可能性が高いことが判明した。そのようなデータを収蔵するため、1994年にESRCのプロジェクトとしてQualidataの活動がはじまった。すぐに収集されたのは、ピーター・タウンゼント (Peter Townsend) 等による 貧困研究 (The Family Life of Old People, The Last Refuge, Poverty in the United Kingdom)、ジョン・ゴールドソープ (John Goldthorpe) 等による豊かな労働者研究 (The Affluent Worker)、スタン・コーエン (Stan Cohen) によるモラル・パニック研究 (Folk Devils and Moral Panics)、トンプソンによるライフストーリー研究 (The Edwardians, Families Social Mobility and Aging) などのデータであった。これらをふくむ著名なデータ・セットは「クラシック・スタディーズ」とよばれ、現在Qualidata管理のデータ・セットのなかでも貴重なコレクションとなっている。

以上のように、19世紀以降、ワーキング・クラスが顕在化するにともなって、ワーキング・クラスに対する社会的関心が喚起されていった。ワーキング・クラスを対象とした研究は、19～20世紀のイギリスの政治動向や労働者組織化の状況を反映している。20世紀後半における社会史の登場によって、ワーキング・クラスの中でも周縁的存在におかれた人々への関心が高まり、オーラル・ヒストリーに対する認識も深まった。オーラル・ヒストリーによって、ワーキング・クラスの生活の多様性、細部を記録したデータが蓄積された。

このようにオーラル・ヒストリーの技法が浸透することによって、ワーキング・クラス研究に新たな領域が切り拓かれてきた。蓄積された貴重な調査データが散逸してしまうことへの懸念が、質的データの保存、質的データ・アーカイブ設置の原動力になってきた。質的データの2次分析が可能となる研究環境は、このようなプロセスを経て形成されてきたのである。

13章 「リスペクタビリティ」と「労働貴族」分析

13-1 リスペクタブルという規範の普及

　本書Ⅰ部でラフ／リスペクタブル規範が、格差拡大の内的メカニズムとして機能していることにふれた。リスペクタビリティは、19世紀のワーキング・クラスを対象とした研究でしばしば言及される概念である。ヴィクトリア中期の労働者の間に広く普及した規範のひとつといわれている。「尊敬に値する」労働者になることをめざし、正直、節制、勤勉、思慮、敬虔といった諸徳性をそなえ、堅実な生活、自主独立の精神を身につけることが理想とされた。

　具体的には、清潔で、好ましい装いを保つ、日曜日には見苦しくない服装で教会のミサに出席する、家計を注意深く管理する、アルコール摂取を適度にとどめる、住居の掃除・維持管理に注意をはらい、こぎれいに保つなどである。つまり、諸徳性を重んじ、風采や体裁に配慮し、自らもその道徳体系の体現者たることをめざす行動様式であった。

　リスペクタビリティの価値観は、友愛協会、労働者クラブ、職工学校、協同組合、教会、日曜学校、禁酒協会などの諸機関を通して、ワーキング・クラスに浸透していった。とくに友愛協会と協同組合は労働者自身によって運営されていた組織で、リスペクタビリティの価値観を広めるのに重要な役割をはたした。たとえば、1872年におけるある友愛協会支部の「諸規則」には、次のような内容が記載されている。「すべての会員は、清潔で、好ましい装いで支部会議に出席し、支部長には、礼儀正しく、敬意を表するマナーで話しかけ、そしてすべての出席者に対して、当然の親切さと礼儀正しさを維持することが求められる。議論の際には、いっときに支部長に話しかけることのできるのは一人の会員だけで、その際かれは直立の姿勢をとるべきである。発言者は落ち着いた冷静な態度で、意見を発表」しなければならない［中山 1988: 121-177］。このような態度を身につけることによって、リスペクタブルな労働者として、仲間から受け入れられていった。

191

リスペクタビリティという価値観の源流については、2つの解釈がある。1つはミドル・クラスの生活様式、生活規範に準拠しているという解釈である。リスペクタビリティとして尊重される諸特性はミドル・クラスの社会的規範に一致する。ミドル・クラスを準拠集団とし、共通の価値体系をもち、自発的な自己修養によって、産業社会に適合的な恭順な労働者が生みだされたというとらえかたである。

　もう1つは産業革命以前のクラフツマン的伝統、クラフト的文化に源流を求める解釈である。18世紀の手工業の自営の親方・職人層はリスペクタビリティの価値観をもち、とくに重要視されたのは、貧民として施しを受けることがなく、自主独立の尊厳ある地位を保つことであった。救貧法の対象にならないように、同業者の間で互助関係を維持した。19世紀にクラフト的文化は次第に縮小していったが、それに替わって、リスペクタビリティを保障する基盤となったのが友愛協会と協同組合である。友愛協会と協同組合は、労働者の自助組織で、労働者の経済的・社会的基盤の安定をはかることを目的としていた。倹約を重んじ、節度ある生活を送ることが尊重された。仲間からリスペクタブルであるという社会的承認を受けることが重要で、このような集団に属することによって、リスペクタブルであることを示し、リスペクタビリティの価値観が再生産された［中山 1988: 121-177］。

13-2　ホブズボームの「労働貴族」分析

　リスペクタビリティという価値観が、19世紀後半にワーキング・クラス内部で分化を生じさせる要因の1つになっていたことを本格的に論じたのはホブズボームである。ホブズボームの関心は、労働者が19世紀前半のチャーチスト運動にみられたような急進的政治傾向を失って、なぜ改良主義、階級協調路線に転じていったのか、その要因を探ることであった。これを説明するため用いたのが「労働貴族」という概念で、これと関連して論じられたのがリスペクタビリティである。

　ホブズボームは、近代のイギリスのワーキング・クラス形成の歴史を

13章 「リスペクタビリティ」と「労働貴族」分析

　1780～1840年、1840～90年、1890～1939年の3つに区分し、労働貴族層がひとつの階層として明確にあらわれてきたのは第2期であるとしている。19世紀半ばのワーキング・クラスには「高級を得て安定した雇用を確保し、日曜日や通勤には尊敬されるミドル・クラスと同じような整った服装に身をつつんだ熟練職人」から「ぼろ服を着て、自分や家族の次の食事を得るあてのないぼろ服で空腹な労働者」までふくまれており、非常に多様化していた [Hobsbawm 1975: 224-225]。ホブズボームは、労働貴族を識別する基準を6つあげている (賃金水準と賃金取得の定期性、社会的保障の見通し、労働条件、上位下位の社会階層との関係、生活状態)。労働貴族は不熟練労働者の2倍以上の賃金を得ており、不熟練労働者とは明確に区別できる層であった。第2期の労働組合を構成していたのはこのような労働貴族層で、具体的には、伝統的な手工業職人 (印刷工、家具製造工、仕立工、ガラス鉢製造工、製本工、馬車製造工)、産業革命の影響をほとんど受けなかった手工業職人 (たとえば建築工、機械工、造船工)、鉱夫、鉄鋼労働者、熟練織物職工などであった。このような労働貴族層は商店主、職長、支配人といった層と融合して、ミドル・クラス下層 (lower middle class) を形成していた。

　労働貴族層が不熟練労働者と明確に区分できる地位を保っていたのは、次のような理由による。19世紀のイギリスの地域社会の多くは、手工業中心の社会であった。手工業職人の仕事を不熟練労働者が行うことはゆるされず、不熟練労働者には低水準の賃金階梯が適用された。地域社会の伝統的手工業の世界では、このような手工業職人と不熟練労働者の格差が厳然と維持されていた。その一方で、金属産業などでは、工場制度が成立し、従来の零細家内工業的な労働は減少した。そのような労働に従事していた人々は不熟練労働者層になった。それと対照的に、工場制度に移行しても熟練技術の重要性は変化せず、熟練技術を基礎に近代工業に適した特殊技術を身につけていった労働者もいた。労働貴族層は近代化した工場においても、専門的熟練労働に従事し、その地位を維持した。このようにホブズボームがいうところの労働貴族とは、安定して高賃金を得ていた熟練労働者のことである。

IV部　イギリスのワーキング・クラス研究と質的データ2次分析

　近代化された工場、伝統的手工業のどちらにおいても、熟練労働者は職能別労働組合を組織し、その職種への入職に制限を設けていた。リスペクタブルか否かに意識的で、居住する地域、家屋、結婚、世代間の職業継承など諸々の点において、不熟練労働者との社会的境界を明確にしようとした。ホブズボームは、リスペクタビリティはミドル・クラス的価値観の浸透を表わしていると同時に、節制、犠牲など労働者の自尊心にかかわる価値観も表しており、2つの側面をふくんだ複雑な語であると述べている[Hobsbawm 1975: 224-225]。

　1890年以降は「ニュー・ユニオニズム（新組合主義）」の勃興により、不熟練労働者も組織化され、熟練労働者と不熟練労働者のバランスに変化が生じはじめた。1914年以降の独占資本主義の時期には、基幹産業（労働貴族層の本拠）が不況に陥り、熟練労働者と不熟練労働との間の賃金格差が縮小した。ホブズボームはこの時期に労働貴族として明確に区分できる層は消滅したとしている[Hobsbawm 1954]。

　以上がホブズボームの労働貴族分析の要点である。ホブズボームの論点のユニークな点は、労働貴族やリスペクタビィリティについて、産業革命以前と以後を分離せず、連続的にとらえていることである。伝統的な職業集団のなかで培われてきた自主独立を尊重する規範が、産業の近代化にともなって消滅するのではなく、近代の労働者組織のなかでも受け継がれていった。リスペクタビリティの尊重という価値観によって、労働貴族層が同質的な集団を維持していった側面が指摘されている。

　ホブズボームが示した19世紀の労働貴族の社会的性格については、その後の論者によって議論が重ねられている。主な論点は、労働貴族が顕在化した時期、19世紀の改良主義を労働貴族の存在によって説明することの妥当性、賃金を基礎に労働貴族を析出したホブズボームの経済的な分析方法をめぐるものなどである。

14章 「豊かな労働者研究 (Affluent Worker Studies)」2次分析とワーキング・クラス研究

マイク・サヴェージ[1] (Mike Savage) は質的データの2次分析を行い、従来のワーキング・クラス研究の分析視角を再検討している。2次分析という方法によって、社会学の根幹に関わるテーマである階級・階層分析の再評価が可能であることを示しており、2次分析の可能性と魅力を伝える研究となっている。サヴェージの2次分析の内容を紹介し、どのような点でワーキング・クラス研究にインパクトを与えるものとなっているのかを探ってみよう。

14-1 「豊かな労働者研究 (Affluent Worker Studies)」データの概要

サヴェージが用いたデータは、ジョン・ゴールドソープ (John Goldthorpe) とデイヴィッド・ロックウッド (David Lockwood) 等による『豊かな労働者』(3巻本 1968a, 1968b, 1969) 研究のオリジナル調査データである。オリジナル調査データは Qualidata によって管理・保管され、エセックス大学図書館に所蔵されている。

「豊かな労働者研究 (The Affluent Worker Studies)」は1960年代のイギリスを代表する研究成果の1つである。階級分析、産業社会学的アプローチから、ワーキング・クラスの階級意識の変容について調査したものである。1960年代のイギリスでは、労働党支持者の減少という政治的状況が生じ、アカデミックな立場からも支持基盤弱体化の要因がさまざまに調査された。有力な見解の1つが、ワーキング・クラスの「ブルジョワ化」が集票率下降の要因になっていると主張するものであった。所得水準が上昇した労働者は、ミドル・クラスの価値観やライフスタイルを模倣するようになり、豊かになればなるほどミドル・クラス的意識に変容していくという説である。ブルジョワ化という仮説を検証するため、ゴールドソープたちはロンドン近郊のルートン (Luton) で自動車産業と化学工業の3つの企

IV部　イギリスのワーキング・クラス研究と質的データ2次分析

業で働く労働者を対象に、ワーキング・クラスの階級意識を調査した。

調査の結論は、ブルジョワ化している兆候はみられないというものであった。調査対象となった労働者たちは所得水準や消費財の所有という点ではたしかにミドル・クラスと同水準に達していた。しかし労働内容は反復的な単純労働で、満足度は低く、昇進機会は限定されていた。労働は充分な収入を獲得するための手段にすぎず、労働に対する意識は「手段主義的」なものであった。余暇にミドル・クラスとつきあうこともなく、家族、親族ネットワーク、近隣ネットワーク中心のワーキング・クラス内にとどまった社会生活を送っていた。ミドル・クラスの価値観に移行している兆候はみられなかった。相対的豊かさを享受しているからといって、ワーキング・クラス的階級意識を喪失しているわけではないというのが、「豊かな労働者研究」の知見であった。

「豊かな労働者研究」の調査は次のように行われた。ルートンの3つの企業から男性ブルーカラー労働者326人を抽出した。構造化された調査票を用いて、職場と自宅で2回面接調査が行われた。最終的な有効回答数は229票である。最初の面接調査は職場で行われたが、2回めの面接調査は個々の自宅において妻同席のもとで行われた。自宅面接調査票の最後には、半構造化された質問がついていた。階級イメージをさぐることを目的とした設問で、リード文として「一般的に、世の中では複数の異なる階級があると言われていますが、あなたはどう思いますか」と切り出して自由に答えてもらい、調査対象者がどのような基準で階級を区別し、どのような階級イメージを抱いているのかを探るようになっていた。聴き取った内容は、面接者が2,000ワード以内でまとめ、フィールドノートとして記録した [Goldthorpe, *et al.* 1969: 200-202]。フィールドノートは227票に記載されており、合計25万ワードをこえるインタビュー・データとなっていた。

サヴェージが2次分析に利用したのは、このフィールドノートである。オリジナル調査者たちはフィールドノートにもとづいて、階級イメージについて言及してはいたが [Goldthorpe, *et al.* 1969: 145-156]、部分的な分析にとどまっていた。サヴェージは、このフィールドノートは、これまでイギリ

スでなされた階級意識についての質的調査としては最も包括的で詳細なデータであると評価している。すぐれたデータではあるが、充分に活用されていなかったデータを用いて2次分析を行ったのである。

14-2　サヴェージの「豊かな労働者研究」データの2次分析

　サヴェージの2次分析の知見は、次のようなものである。オリジナル調査者たちは、ワーキング・クラスがいだく階級イメージについて3つの理念的モデルをたてていた。権力モデル (power model)、地位モデル (prestige model)、金銭モデル (pecuniary model) である。権力モデルのイメージをもつ労働者は、世の中は2つの階級から成立していると考えがちで、「やつら (them)」と「われわれ (us)」と表現する。炭鉱町のように、同じ職種の労働者が集積し、団結力のつよいコミュニティにみられがちな階級イメージである。地位モデルは社会的地位のヒエラルキー・イメージをもっていて、世の中はだいたい3つの階級から成り立っているとみる。中小企業で働き、多様な職種に就く居住者が混在している地域の労働者にみられがちな階級イメージである。金銭モデルは明確な階級分割線をイメージせず、社会は漸次的、段階的なヒエラルキーで構成されているととらえるモデルである。

　サヴェージは、オリジナル調査者たちが演繹的なモデルを設定して、回答者が3つのモデルにどれに該当しているか、どのモデルが優位かという視点からのみデータを分析しているために、限定的な知見にとどまっていることを批判している。オリジナル調査者たちも指摘しているように、回答者の多くは「階級 (class)」という言葉を聞いて、「お金 (money)」に言及している [Goldthorpe, et al. 1969: 145-156]。回答者たちは、「お金」が人々を区分していること、婚姻関係や遺産継承によって資産の格差が生み出されていること、所得や所有資産の優位が権力の優位に結びついていることなども述べている。回答者は、権力、地位、金銭を別々のものと意識しているのではなく、相互に関連しているととらえているのである。しかし、オリジナル調査者たちは、演繹的モデルを設定して、権力、地位、金銭のいずれの傾向がつよいのかを区別することに専心してしまい、金銭モデルが優位

であるという結論を提示するにとどまっている。また、オリジナル調査者たちの関心は、回答者たちがどの職業がどの階級に属すると考えているかを明らかにすることにあった。しかし、一般的に人々は「階級」と聞いて、すぐに「職業」を連想することはしない。階級と職業・職種を結びつける発想をもっていないため、質問の意図を理解しにくく、とまどっている様子が回答にも表れている。

　サヴェージによれば、理念的なモデル設定にとらわれずにデータを読み解くと、次のような知見を得ることができる。「お金」に言及している回答のほとんどは、際だって裕福な層である「上流階級 (upper class)」が存在すると考え、「上流階級」に言及している。階級と聞いて、金融資産や権力の保有という点で卓越した地位を占めている「上流階級」があると連想するのである。そのような卓越した層に対置して、自分たちのことは「一般人 (ordinary people)」と表現している。ワーキング・クラスに属する回答者は、「上流階級」と「一般人」という対比で階級をイメージし、その違いを生みだしているものは「お金」であると考えている。「一般人」は日々の生計を自力で稼ぐ人々のことである。それに対して「上流階級」は遺産を継承する等によって、自力で生計を立てることに悩まなくていい人々のことである。

　サヴェージの「豊かな労働者研究」2次分析によって得られた成果の1つは、ワーキング・クラスの人々の「ふつう (ordinariness)」という感覚の発見である。「豊かな労働者研究」の回答者たちには、この「ふつう」という感覚がつよく見られる。特権をもつ存在でもなく、スティグマ化されたり蔑視をうける存在でもない、中庸な存在であることを表している。これは職業分類や職場の人間関係に基づいて導きだされた感覚ではない。回答者の発言には「個人 (individuality)」「独立的行動 (individualism)」という語が頻繁に登場している。個人の道を自主独立で切り開いていくことを尊重する感覚である。階級という語は、少数の卓越者 (upper) と大多数の一般 (ordinary) をつよく連想させるのである。その一方で、回答者たちはワーキング・クラスとミドル・クラスという区分についてはあいまいな感覚しか持っておらず、自分は両方に属すると答えた回答者もいる。

オリジナル調査者たちの結論は、相対的豊かさを享受しているからといって、ミドル・クラス的価値観に移行しているわけではない、ワーキング・クラス意識は維持されているというものであった。サヴェージも、回答者たちがミドル・クラス的価値観に収斂されない独特の感覚を保持していると考えている点では同じである。しかし、それはワーキング・クラス意識というよりは、「上流階級」イメージと対置される「ふつう」の感覚というべきものなのである。「個人」や「独立的行動」を尊重し、自分の生計を確立し、遺産に依存して生活するわけでもなく、救貧の対象になることもない存在であることに対する自尊の意識を示している。自主独立の尊敬される存在になることをめざしたリスペクタビリティと共通する側面を見出すことができる。

14-3　ワーキング・クラス研究へのインパクト

サヴェージの2次分析による「ふつう(ordinariness)」「個人(individuality)」の発見は、ゴールドソープやロックウッドの階級意識の3モデルに対するつよい批判となっている。演繹的にモデルが設定されたことについて、サヴェージは60年代は労働党の支持基盤の弱体化が懸念された時代であり、所得や生活水準が上昇しても、ワーキング・クラスの核となる意識や感覚は解体していないことの確証を見出したい研究者たちのこだわりが調査のベースにあったと考えている。ゴールドソープやロックウッドは職業分類から階級構成・階級イメージを明らかにすることに関心があった。しかし、サヴェージはワーキング・クラスとしてのアイデンティティは、特定の職業や職種とむすびついて維持されているのではなく、「ポピュラー・アイデンティティ(popular identity)」として表現されているという。「ふつう」の感覚は「ポピュラー・アイデンティティ」の表れ方の1つなのである[Savage, et al. 2005a]。「ポピュラー・アイデンティティ」の考察は、サヴェージの研究内容と次のように関連している。

サヴェージの研究テーマの1つは、イギリスにおける階級・階層研究の分析視角を再検討し、階級の形成や変容の過程を再考することである。ワ

IV部　イギリスのワーキング・クラス研究と質的データ2次分析

ーキング・クラス研究史を省みると、イギリスでは、労働党政権の樹立、支持基盤の確保、政策形成にアカデミックな研究者も関与し無縁ではいられなかった。ワーキング・クラス研究の領域では、つねに「ワーキング・クラス神話」というものが作られてきた。E. P. トムスンやホブズボームの研究にもこのような側面がある。ワーキング・クラスは本質的にラディカルな性格を有していると理想化し、ラディカルの根源や、ラディカルが変質した要因をさぐる研究視角であった。

　これに対して、サヴェージは次のような視点を提示する。ワーキング・クラスに本質的にラディカルな性格があるとはいえない。ワーキング・クラス内部は多様で、変化のしかたも内部でまちまちである。明確で統一されたワーキング・クラス・アイデンティティがあったわけではない。部分的な再形成は常に生じているが、それがワーキング・クラスの政治的強化につながっているわけでもない。ゆえにワーキング・クラスの形成・変容を考察する方法として、ゴールドソープやロックウッドがやったような階級意識・階級イメージの探求は適切な方法とはいえない。「実践的ハビトゥス (practical habitus)」の解明からせまるほうが有効である。「実践的ハビトゥス」を通して「ポピュラー・アイデンティティ」の考察を深めることができる。アイデンティティは明確な階級意識で表現されるわけではなく、「実践的 (practical)」には「ふつう」という感覚で表されることもある。また「地域 (local)」「技術 (skill)」に投影されて表現されることもある。階級形成・変容の過程を再考するためには、「実践的ハビトゥス」を通し「ポピュラー・アイデンティティ」が構築されるしくみを解明するやりかたも有効な方法の1つと考えられる [Savage, *et al.* 1994, 2005a, 2005b]。

　以上のように、サヴェージは2次分析を、階級・階層研究を再考するための重要な方法の1つとして活用している。サヴェージの論点のユニークなところは、ワーキング・クラス内の多様性を前提にしているところである。階級意識やアイデンティティがミドル・クラスとワーキング・クラスで明確に区別できるように表れるのではなく、「地域 (local)」などの媒介装置を通した表れ方をすることを指摘している。「地域 (local)」「場所 (place)」

「空間 (space)」の視点を入れて階級を考察すると、職業分類をベースにした視点とは異なる側面がみえてくることを指摘している点に、サヴェージの都市社会学の調査経験の蓄積が反映されている。

　サヴェージは「豊かな労働者研究」の2次分析のほか、エリザベス・ボット (Elizabeth Bott) の『家族と社会的ネットワーク (*Family and Social Network*)』(1957) データの2次分析 [Savage 2005]、1939～1990年の「世論調査 (Mass-Observation)」データの2次分析 [Savage 2007] などを行い、階級意識の再検討や、ワーキング・クラスとミドル・クラスの両方をふくめた階級の形成・変容過程を再考している。

[注]
1　マンチェスター大学教授、専門は都市社会学、社会階層論である。

V部
質的データ2次分析　実践入門

──────────────── 1. 質的データ２次分析のメイン・ステップ

　質的調査方法の１つとして、質的データの２次分析 (Secondary Analysis of Qualitative Data) がある。既存の質的データセットを利用して、２次分析をおこなう研究方法である。２次分析をめぐって、質的データ・アーカイブの存在、２次分析をおこなう諸方法、データの所蔵・利用にあたっての倫理的問題・処理方法など、質的データの性格と密接に関連した諸々の課題群がある。1990年代半ば以降、イギリスを中心に、質的データの２次分析を広め深めていく方法、つまりこれらの課題群が活発に議論されるようになった。本書では、活用する既存の調査を「オリジナル調査」、作成されたデータを「オリジナル調査データ」、データを作成した調査主体を「１次調査者」「１次分析者」、既存のデータを利用して２次分析をおこなう主体を「２次分析者」と記すこととする（１次調査者がオリジナル調査のために収集した諸資料も保存されている場合があるので、それらは「オリジナル調査資料」）。

　２次分析の魅力は、用いる「オリジナル調査データ」と同等のデータセットを、自分で作成するのが困難であるとき（時代的に、地理的に、語学的などの理由で、自分で同レベルのデータを収集することに制約があるとき）、既存の定評ある優れたデータセットを活用して、自分の研究レベルをあげていくことができる点にある。

　つまり、２次分析には、自分でデータ収集することが困難な研究対象に対しても、優れたデータセットを用いて、自分の研究テーマを追究できる利点と、「既存のデータを利用する」という制約が併存している。この２面性をどのようにコントロールしていくかが２次分析の課題である。

　この課題をのりこえてゆくには、「オリジナル調査データ」の特徴を充分に把握して、リサーチ・デザインを作成することがポイントである。「オリジナル調査データ」の特徴を生かして２次分析を実行するメイン・ステップは下記のようになる。

1. 質的データ2次分析のメイン・ステップ

> 1. コア・データの確定：
>   データセット全体の概要を把握し、2次分析のコアとなるデータを選択する。
> 2. オリジナル調査コンテキストの理解・関連資料群の探索：
>   オリジナル調査コンテキストの理解を深めるための、関連資料群を探索する。どこに、どのようなものが、どの程度存在するのか、関連資料の全体像（分量や内容）を把握し、2次分析としてのアプローチの可能性・多様性を検討する。
> 3. リサーチ・デザインの作成：
>   コア・データの特徴を生かして、追究のポイントを明確にし、リサーチ・デザインを作成する。
> 4. 2次分析の実施：2次分析の実行、アウトプットの作成。

　自分でデータ収集する調査と異なるのは、2次分析の場合、上記の1～3段階に時間を要する点であろう。4以降は、自分でデータ収集した場合と同じである。つまり、「既存のデータを利用する」という制約条件を乗り切っていくカギは1～3段階にある。これらの段階をこなしていくことは、自分の研究領域に対する理解を深めていくことにつながるから、多少の時間を要したとしても、自分の研究の幅を広げ深めるメリットは大きいであろう。

　上記のプロセスは、確定していく順序を理念的に記したものであって、実際には同時並行で進めることもあるだろうし、1～3段階を何度も往復して、リサーチ・デザインをかためていくこともあるだろう。自分でデータ収集する調査の場合も、質的調査は漸次構造化、つまり「データの収集と分析を同時並行的に進めながら問題設定を練りあげ、リサーチ・クェスチョンを明確にしていく」ステップを踏むものである［佐藤 2002: 188-195］。上記の1～3段階はこの漸次構造化に相当する。1～3段階を通して、先行研究を素材に漸次構造化をおこない、先行研究群の特徴を考えぬき、自分の研究の幹を太いものにしていく。2次分析を行うことにはこのような

効果もある。

　質的データ 2 次分析を試みる場合、最初に問題となるのは、使用可能なオリジナル調査データをどこで入手すべきかということである。方法は 2 通り考えられる。1 つは、質的データの保存・公開・2 次的利用が許可されている公的機関・しくみを利用することである。日本では個々の公的機関が質的調査のオリジナル・データを保存・公開している例はある。しかし、この機能に特化した専門機関はまだ登場していない。2 つめは、私的に所蔵されている質的データを利用させてもらうことである。1 次調査者・分析者と 2 次分析者の信頼関係、諸問題の調整など、条件がそろえば可能な方法ではある。ただし、2 次分析方法として、誰でもアクセス可能な一般ルートではない。

　現在のところ、公的機関・しくみが整っているのはイギリスである。日本人研究者が、イギリスの公的機関を利用しようと考えた場合を想定して、2 次分析のプロセスを記してみよう。国外の質的データを日本人研究者が利用しようとする場合、それまでの研究内容となんらかの関連をもった比較研究的なものを最終的にめざす場合が多いと想定される。扱っている研究対象や、データのタイプについても、ある程度の大ざっぱな見通しをもっている研究者であろうと想定される。そのような前提で、以下を記していくことにしよう。

2. コア・データの確定

　イギリスで質的データを専門に扱っている機関は、ESDS Qualidata である (Economic and Social Data Service - the Qualitative Data Archival Resource Centre)。最上部の機関は、UK Data Archive (国立) で、Qualidata は社会科学分野の質的データの収集・保存・公開、2 次分析・2 次的利用を促進している実行部門 (ユニット) である。Qualidata 自体は、データ・アーカイブではない。Qualidata は質的データの情報を掌握し、カタログを作成しているが、データの実物はイギリス各地の公的機関に所蔵されてい

2. コア・データの確定

る。デジタル化され、オンラインでダウンロードできるデータも多数ある。Qualidataの設立の背景、経緯の詳細については後述する。設立の経緯から、UKDAのオフィスとQualidataのオフィスは、エセックス大学(University of Essex)の構内におかれている。このようにイギリスでは、国立機関の中に、質的データの２次分析を促進・奨励する専門部門が設置されている。

使用候補データのリスト作成

イギリスの質的データの２次分析を計画した場合、まず最初にQualidataのカタログを用いて、使用候補となる質的データのリストを作成していくことになる。Qualidataのカタログにアクセスするルートは２つあり、それぞれの利点がある(以下は2009年1月の状況)。

第１のルートは、ESDS(Economic and Social Data Service)のウェブを経由して、Qualidataのカタログを検索する方法である(www.esds.ac.uk/qualidata→Data→検索)。これはESDSが提供している検索機能で、ESDSは量的・質的の両タイプのデータをカバーしている。そのため、このルートの利点は、検索をかけると、両タイプのデータがリスト・アップされてくることである。このリストでは、デジタル化され、オンラインでダウンロード可能なデータにはチェックがついてくる。すみやかに入手できるデータを判別するのに便利である。ダウンロードする場合は、指示されている手続きに従って、Athensというアカデミック関係の情報提供サービスを経由して入手する。

第２のルートは、Qualidataが独自に開いているカタログ検索用のウェブからアクセスする方法である(www.qualidata.ac.uk/search)。質的データに特化したきめこまかい検索機能が準備されている。質的データのみのリスト・アップでよいならば、後者のほうがイギリス内に所蔵されているデータについて、カバーする範囲、情報の詳しさの程度は優れている。ウェブを開くと、細かく多様な検索ルートが用意されている。そのなかのQualicatという検索エンジンを経由すれば、関心があるテーマに近い質的データのリスト・アップが容易にすすむ。リスト・アップした一覧には、

各データごとに、調査プロジェクト名、1次調査者、データの概要、主要な調査項目、調査場所、調査時期、データのタイプ、所蔵アーカイブ、1次調査者・分析者が作成したアウトプット、関連文献、著作権の処理状況が記載されている。ただし、このリストでは、どのデータがオンラインでダウンロード可能であるかは不明である。リンクされている所蔵先アーカイブの検索機能を用いて、ダウンロード可能なデータを確認することになる。

　第1と第2のルートを併用して、使用する可能性の高いデータをリスト・アップするとよいだろう。ダウンロード可能なものは、すみやかにデータを入手し、内容やデータのボリュームをチェックする。

データの現物確認

　ダウンロード可能なデータであっても、それはオリジナル調査データセットのほんの一部にすぎないことが多い。ダウンロードしたデータを2次分析する場合でも、どこかの段階でオリジナル調査データセットの現物確認は不可欠である。そもそもオリジナルの調査プロジェクトにかなりの知識をもっていないと、デジタル・データだけでは、その意味・意義は充分には理解できない。質的データは、調査のコンテキストと収集されたデータの関わりが深い。現物確認は、オリジナル調査データセットの全容・ボリュームを把握し、調査コンテキストを理解していくための不可欠の手続きである。リサーチ・デザインをオリジナル調査コンテキストの延長線上で組み立てる、または脱コンテキストを図るの両方がありえるが、脱コンテキストであっても、よいリサーチ・デザインを作成するためには、調査コンテキストの理解は欠かせない。

　使用候補データ・リストには、所蔵アーカイブで現物を閲覧する以外方法がないデータセットも相当あがっていると想定される。デジタル化データの有無に関わらず、イギリス各地に点在している所蔵アーカイブをまわって、現物確認することは必要だから、最も使用可能性の高いデータセット数点にしぼって、現物確認のスケジュールをたてるとよいだろう。

2. コア・データの確定

Qualidataまたは所蔵アーカイブにメール等で連絡をとって、閲覧日のアポイントメントをとる。

現物の閲覧の際に、確認すべきポイントとして、下記のような点をあげることができる。

---

1. オリジナル調査データ・資料の全容：
   データセット全体のボリューム、保存されているデータの種類、データや資料の多様性を確認する。重要なデータの分量を把握し、データセットの質を判定する。
2. データの取り扱いやすさ：
   デジタル化データ、タイプうちデータ、ハンドライティング・データ、オーディオ・データ、ヴィジュアル・データの各分量を確認する。デジタル化が必要となる最低限の分量の作業プロセス、時間、予算を判断する。
3. データへのアクセスの確認：
   必要度の高いデータの入手方法を検討する。Qualidata、所蔵アーカイブの担当者と相談・交渉する。

まず最初に確認すべきであるのは、データセット全体のボリュームである。これは2次分析者が、どの程度深く調査コンテキストを理解することができるか否かに影響する。自分で調査を実施する場合、調査を進めながら、さまざまな資料を集めたり、メモ・記録を作り、それらがたまっていくものである。調査コンテキストを理解することには、1次調査者の調査プロセスを追体験していくような側面もある。調査プロセスをスムーズに追体験できる資料が豊富に残っているほうが、貧弱なものより望ましいであろう。実際に現物を閲覧すると、質的データが1種類だけしか保存されていないような場合もある。データが存在しても、調査コンテキストの理解にむすびつく資料が不足していると、2次分析のアイデアもうかびにくいものである。

Qualidataで収集している質的データには、アナログまたはデジタル形

式のIn-depthインタビューのテープ、トランスクリプト、フォーカス・グループ調査記録、ケース・ノート、フィールドノート、参与観察記録、半構造化調査票とデータ、自由回答形式調査票とデータ、調査日記、調査進行記録、ミーティング記録、写真、ビデオ、オーディオ、新聞・雑誌資料などがふくまれている。データの種類、データや資料の多様性を確認し、どの程度深く、調査コンテキストを理解することが可能であるか見通しをつけるとよいだろう。また、データセット全体のボリュームと、そこに含まれている重要なデータの割合を判断することも必要である。データセット自体は、Qualidataの基準によって保存価値があると判定されたものである。しかし、使用目的にそくして、2次分析者自身がデータセットの質を判断するのである。

　次に確認すべきなのは、データの取り扱いやすさである。扱いが容易なのは、デジタル化データであろうから、その分量がデータセット全体のボリュームのどの程度の割合を占めるものかを確認する。デジタル化されていないものは、2次分析用にデジタル化の必要が生じる場合がある。そのための作業プロセス、時間、予算、人員の見通しをつける。タイプうちデータ、ハンドライティング・データ、印刷データ、録音テープなどのオーディオ・データ、写真・ビデオなどのヴィジュアル・データの各分量を確認する。そして、2次分析のため、最低限デジタル化が必要となる分量、時間、予算を判断する。

コア・データの確定

　上記の作業を行いつつ、データセットのなかで、必要度の高いデータをあらいだし、データの入手方法を検討する。デジタル化データであれば、ほとんど問題はないだろうが、アナログ・データの場合は、ここが2次分析可能かどうかの関門となる。複写が許可されていない場合もある。貴重資料として特別室内での閲覧しか許されず、そこには複写設備が整っていない場合もある。通い・筆写（パソコン利用ふくむ）が原則となっているところもある。自分だけでは解決しない問題なので、早い段階でQualidataお

よび所蔵アーカイブの担当者とこの問題を相談し、交渉しておくことが望ましいであろう。データへのアクセスは重要なポイントなので、これらの条件がクリアできる状況を鑑みて、コア・データを確定する。

3. オリジナル調査コンテキストの理解・関連資料群の探索

調査コンテキストの理解

　これまでは、データの現況にそくして、コア・データとしての適合性を判断するためのポイントについて述べてきた。コア・データとして用いることに、ある程度の見通しがついた段階で、次に、2次分析のアプローチとして、どのような可能性・多様性があるかを検討する。2次分析を企画した当初、それなりの分析目的を設定していたであろう。しかし、2次分析の場合も、漸次構造化のプロセス、つまりコア・データをとりまく状況を理解しながら、問題設定を練りあげていく方法が適当だろう。さまざまな角度から、調査コンテキストの理解を深めることによって、データにそくしたアプローチのアイデアが生まれ、問題設定がシャープになる。

関連資料群の探索

　調査コンテキストの理解に、関連資料群の多様性は深く関わっている。オリジナル調査データセットに調査プロセスを追体験できる各種資料が豊富にそろっているほうが望ましいことは先に述べた。オリジナル調査データセット以外にも、関連資料の有無を探索することが必要である。公刊されている1次調査者・分析者の論文・著作はすでに入手しているだろう。1次分析者の研究キャリアを鑑みて、コア・データが1次分析者の研究進展の過程（調査方法の進展もふくむ）で、どのような位置づけ、意義をもつ研究であるかを把握しよう。

　1次分析者が調査を進行させながら書いたアウトプットは、まとまった論文形式のものにとどまらない。雑誌や新聞に発表した短い記事等もふくまれる。また、研究資金提供を受けた機関への報告の文書等もふくまれる。

V部　質的データ2次分析　実践入門

　これらは必ずしもオリジナル調査データセットに保存されているとは限らない。早い段階で作成された報告書は入手が難しい場合もある。他のアーカイブを探索したり、関連機関に照会する必要も生じるかもしれない。

　場合によっては、1次調査者や調査チーム・メンバーに面会を求め、調査時の詳細を聞くことも有意義であろう。オリジナル調査に関わった調査者等へのアクセスも、関連資料群の作成のプロセスの1つにふくまれる。

　また、オリジナル調査のアウトプットを評価した、他者の論文等の収集も必要である。評価されてきた点、批判されてきた点が、オリジナル調査の方法とどのように関連しているのか、調査方法にまでさかのぼりながら、考察を進めることができるのは、2次分析の魅力の1つである。この検討を通して、2次分析としての独自の切り口が生みだされてくるかもしれない。

　このように、関連資料群の探索、つまりどこに、どのようなものが、どの程度存在するのか、関連資料の全体像（分量や内容）を把握する。調査コンテキストにそくして、2次分析としてのやりかたの可能性・多様性を検討するのである。

タイムスケジュールと利用の現況

　2次分析も漸次構造化のプロセスをたどるので、ここまでの段階にそれなりの時間を要する。Qualidataを利用した私の経験とタイム・スケジュールを紹介しておこう。私が利用したのは、Qualidataが収集・管理しているシェピー・スタディーズ（*Sheppey Studies*）のデータセットである。1次調査者はレイ・パール（Ray Pahl）で、オリジナル調査データセットの現物は、エセックス大学図書館に保管されている。多数の多様なデータ・資料がふくまれているが、ダウンロードできるデジタル化データは1種類しかなく、所蔵アーカイブでの現物利用がメインとなるデータセットである。

3. オリジナル調査コンテキストの理解・関連資料群の探索

> **タイム・スケジュール例**（日本に研究の本拠をおいている例）
> 2005年3月：Qualidataのマネジャーと面会し、所蔵データの状況、利用方法についてアドバイスをうける。
> 　4〜7月：使用候補データのリスト作成。
> 　　8月：データの現物確認（4週間）。コア・データの確定。複写方法について、Qualidataおよび所蔵アーカイブと相談を始める。
> 　秋〜春：複写方法について相談・交渉をつづける。
> 2006年8月：コア・データを中心に、データセットの詳細な現物チェク（4週間）。複写方法についてさら相談を重ねる。複写の開始。
> 2007年4月〜2008年3月：イギリスに1年間滞在して、2次分析に専念。

　まず最初に、Qualidataのアーカイブ担当者に閲覧希望のデータセットを連絡し、アポイントメントをとる。データ使用の倫理規定等の必要書類に署名し、所蔵アーカイブへ向かう。Qualidataからの連絡によって、すでにデータセットが入ったボックスが用意されていた（写真12）。該当のボックスから、オリジナル調査データを引っ張りだしながら、全容の把握を進める。著名な調査のオリジナル・データや、1次調査者の肉筆のノートなどをみることには、格別の喜びがある。

　閲覧は大学図書館特別室内に限定されていた。閲覧特別室内には複写設備が設置されておらず、イギリス人研究者たちは、パソコンで筆写していた。特別室の利用は、ウイークデーの9時〜5時に限定されている。必要なデータについては、Qualidataの担当者に依頼すれば、デジタル化してくれる。しかし、通常業務外の作業になるので、多くの分量を依頼することは難しい。入手時期も確定しにくい。依頼するにしても、データを選択し、優先順位を決めなければならない。データセットの全容を把握し、2次分析の枠組が明確になっていないと、優先順位をつけることは難しい。いきおい、データのみの依頼となり、関連資料の量は限定されがちとな

213

写真12 シェピー・スタディーズのオリジナル・データ・セット現物の一部
(The Ray Pahl Collections: Isle of Sheppey Studies: Qualidata, Albert Sloman Librart, University of Essex)

る。調査コンテキストの理解を深めるために、関連資料の多様性・分量は重要だから、効率のよい複写方法を探索することが不可欠となる。

自己所有のカメラ、パソコン等の持ちこみは許可されているので、資料の保存状況に応じた、最も効率のよい複写方法を相談・交渉する。Qualidataおよび大学図書館の担当者と信頼関係を築いた上で、閲覧特別室に自分が在室できる総時間数の見込み、複写したいデータ・資料の範囲を示し、ていねいかつねばり強く交渉することが望ましいかもしれない。

4. リサーチ・デザインの作成

コア・データの入手に見込みがついたら、追究のポイントを明確にし、データの特徴を生かしたリサーチ・デザインを作成する。質的データの2次分析・2次的利用には、おもに6つの方法があるといわれている[Corti, Thompson 2007]。コルティの分類に基づき、日本人研究者にそくした方法を以下に記してみよう。

第1は、オリジナル調査データを、歴史的一次史料として用いる方法である。たとえば、データから抽出できる個人や集団の行動、意識などを論証のためのデータとして用いる。2次分析者は、史料的価値を考証できる力量が必要である。オリジナル・データがもつ歴史的意義を活用するこの手法は、応用範囲がひろく、さまざまな利用の可能性がある。これまで日本人研究者が、外国の歴史的一次史料を探索し分析することには独特のディシプリンが必要であったが、オリジナル調査データの活用によって、多様な研究の可能性が開ける。

第2は、比較研究の素材として活用する方法である。類似の調査対象に

4. リサーチ・デザインの作成

対して、調査時期、場所をかえた比較が可能になる。日本人研究者は、日本と国外の事例の比較が可能になるだろう。比較研究なので、2次分析者は自分の調査データを準備することになる。オリジナル調査データと2次分析者の調査データを、うまく比較対照できるようにリサーチ・デザインを作成する。オリジナル調査データの特性や意義をよく理解して、うまくかみあうようなデータを2次分析者が収集することが肝要である。2次分析者の調査設計が周到に準備・実行されたものであれば、インパクトのある比較研究の成果を出せる可能性がある。

第3は、1次調査・分析の時期には、まだ登場していなかった新しい概念や視点で、オリジナル調査データを再解釈する方法である。日本人研究者であれば、日本の社会学の独自の成果として生みだされてきた概念を応用して、この方法を行い、インパクトがあるアウトプットを出せる可能性がある。いずれにしても、1次分析者とは異なる分析の切れ味をみせて、データから新たな示唆をどのように引き出してくるのかが腕のみせどころとなる。1次分析者のアウトプットでは指摘されていなかった斬新な点をオリジナル調査データに発見することは、オリジナル調査データの意義を高めることにもつながる。オリジナル調査データの再評価・再発見のプロセス自体が、他の研究者に2次分析の意義・魅力を伝えていくことになるだろう。

第4は、オリジナル調査の調査設計、調査方法を再検討することである。検討の対象とするのは、調査計画、データ収集方法、調査倫理など、多岐にわたる。オリジナル調査データセットには、調査遂行にともなって作成された多数の実務文書がふくまれていることがある。たとえば、調査設計のミーティング記録、調査対象者への接触過程がわかる文書記録、調査者のフィールドノート、データ分析のミーティング記録、中間まとめ文書などである。調査方法の評価は、オリジナル調査の分析内容の再検討につながる。1次分析者の研究成果の意義を再考するのに有意義な方法である。

第5は、オリジナル調査の分析内容の妥当性を厳密に検証することである。この方法で留意すべきなのは、質的調査方法の特性を充分に理解した

うえで、検証するということである。質的調査に問われる厳密さは、計量調査で問われる厳密さとは違う。計量調査の厳密さで、質的データを批判しても意味がない。質的調査には独特の調査コンテキストがある。質的調査の意義とは何か、どのような方法が質的調査の特性を生かせるのか、そこに必要な厳密さとは何か等の熟考につながるであろう。2次分析者なりの独自の質的調査方法理論、オリジナルな発想に満ちた質的調査方法論の構想にむすびつくかもしれない。

第6は、オリジナル調査データを、教育目的で利用することである。学生への指導、授業の素材として使う。トランスクリプトなど実際のデータ・諸資料をみることによって、若い研究者は質的調査とはいかなるものであるかを理解できる。調査の進め方についてもイメージをもつことができるであろう。インパクトのある研究成果を発表してきた研究者の、オリジナル調査データをみることによって、なぜインパクトのあるアウトプットを出すことができたのか、その基盤には地道な調査活動があることを理解することができる。日本である程度の調査経験を積んだ研究者にとっても、日本と外国の調査の進め方の相違点を詳細に知ることは、調査方法の改善に資するであろう。日本の調査方法の優れている点の自覚にもつながる。どの段階の研究者に対しても、研究意欲や研究姿勢の育成に有益である。

以上が2次分析・2次的利用の主要な6つの方法であるが、実際の分析では、いくつかの方法がミックスしたものになることが多いだろう（分析例の紹介は7を参照）。また、実際にリサーチ・デザインを作成するときは、これらの方法を念頭にいれた上で、コア・データの探索、関連資料群の探索、調査コンテキストの理解を進めていくことが多いだろう。先に述べたように、2次分析も漸次構造化のプロセスをたどるので、メイン・ステップ1〜3段階の往復をいとわず、しかし効率的に進行させることが肝要である。利用を希望しているデータセットについて、「既存のデータを利用する」ことにともなう制約条件が何であるかを早く明らかにし、データセットの特徴を充分に把握し生かして、自分が追究する研究テーマの可能性

を切り開いていきたいものである。

5. 2次分析をめぐる倫理的課題

倫理的諸課題

　2次分析に関与する機関や個人、すなわちQualidata、所蔵アーカイブ、1次調査者、2次分析者のいずれにも深く関わるのが、データセット使用をめぐる倫理的課題である。オリジナル調査対象者の匿名性への配慮、プライバシーの保護等の諸問題は、2次分析をめぐって議論される課題群のなかでも、とりわけ重要なものである。Qualidataへのデータセットの寄託は、最終的にUKDA収蔵審査委員会(UK Data Archive Acquisition Review Committee)の承認を経て、決定される。プライバシーの保護、データ保護、著作権の問題が解決していることが審査通過の条件の1つになっている。

　2次分析者の分析結果の公表が可能となるまでに、確認しておくべき「同意」として、次のようなものがあげられる。オリジナル調査対象者に確認すべきものとしては、データ所蔵、2次分析者の使用、2次分析結果の公表への同意などである。1次調査者に確認すべきものとしても、同様のものがあげられる。2次分析者が確認しておくべきものは、オリジナル調査対象者の匿名性への配慮、プライバシーの保護、1次調査者のデータ、著作権の尊重などである。

　データセットがアーカイブに所蔵されるときに、1次調査者の同意、オリジナル調査対象者の同意(1次調査者を通じて行われる場合が多い)などが確認される。公開に対する付帯条件(非公開年限、匿名性の範囲等)があれば、明記・遵守される。この一連の手続きにはQualidataの担当者が介在し、Qualidataの責任でこれらの手続きを遂行させる。これらが完了して、所蔵・公開の運びとなる。2次分析者は、データの閲覧の前に、利用目的を明らかにし、上記の同意確認事項をもりこんだ利用契約書にサインをする。倫理的問題に関する手続きを終えてから、閲覧・利用が可能になる。Qualidataでは、これらの同意確認がスムーズに進むようにシステムを整

備してきた。その詳細は次のようである。

データ・ソース

　まず、Qualidataが管理している質的データはどこから収集されてきているのだろうか。収集のソースは大きく3つに分類できる。1つはESRC(Economic and Social Research Council、経済・社会調査研究機構)から研究助成金を得ている研究である。ESRCは国の機関であるから、助成対象は、税金が投入されている研究である。ESRCの助成研究に対しては、寄託システムが整備されている(後述)。2つめは、Qualidataでは「クラシック・スタディーズ」と記されている調査研究群である。著名な研究者による著名な研究、つまりアカデミック分野で高い評価を得てきた調査データセットの寄託である。Qualidataの管理下にはいる前は、1次調査者が所属研究機関や自宅に私的に保存していたものである。1次調査者の意思により、寄託手続きがとられたものである。「クラシック・スタディーズ」は実施時期が比較的古いので、オリジナル調査対象者おのおのに当たって同意を得ることは実際上困難で、現実的ではない。倫理的問題の処理に関しては、データセットの状況に応じた個別の対処のしかたになる。3つめは、私立の財団による助成研究の寄託である。私立の財団とQualidataの間で、または両者が仲介して倫理的問題が処理される。

　上記3つの収集ソースのうち、ESRCの助成研究に対して、適用されているシステムの詳細をみてみよう。ESRCはESDSと連携して、寄託方法を整備してきた。助成金の決定権をもつESRCが、助成申請希望者必読の「データセット寄託規準(Datasets Policy)」を公開している。質的データの寄託に関わる主要項目としては、以下のような内容が記されている。

　すべての助成対象者は研究終了後、3ヶ月以内に、コンピュータ処理可能データ・非対応データの両方をふくめて、質的データセットの複製をQualidataに提出しなければならない。そこにはインタビュー調査トランスクリプト、調査日記、フィールドノート、参与観察記録、オーディオ・テープ、オーディオ・ビジュアル記録、写真、新聞雑誌記事切り抜き、個

5.2次分析をめぐる倫理的課題

人所蔵文書等の多様な種類のデータがふくまれる。それらは第3者の使用に耐えうるスタンダードな形態であることがのぞましい。寄託や公開に不都合が生じそうな場合には、可能な限り早急にESDSの収蔵作業チームに相談する。研究終了3ヶ月以内に、スタンダード形式のコンピュータ処理可能データがUKDAに提出されないときは、助成金の最終交付は差しとめられる。データセットの量が多く、多様で複雑に関連したデータである場合は、Qualidataと相談し、データセットの状況に応じ、代替的な方法や期間を設ける場合がある。助成対象者は1988年施行の著作権法等の法規にそっていること、予想される倫理的諸問題に対し充分な対処がなされていることが求められている。データ寄託の際に助成対象者は、データへのアクセス条件や、第3者へ提供可能なプライバシーの保護の程度を明記した寄託承認書へのサインを求められる。

このようにESRCは助成対象者の遵守事項として、質的・量的データの寄託を義務づけている。その根本的な目的は、税金が投入された調査研究から、最大限の効果を引き出すためである。データ収集・収蔵にかかる初期投資を無駄にしないためにも、2次分析・2次的利用が奨励されている。寄託承認書にサインするときに確認される主要な事項は、データへのアクセス条件、第3者への閲覧許可、寄託データセットに関わるプライバシーの保護、著作権に関わる制限条項、データ情報提供機関によるデータ情報の公開、学生を対象としたデータの教育的利用などである。もしも、データのプライバシーの保護、匿名化のために、付加的な予算、時間が必要な場合には、特別の予算が交付されることがある。

このような条件のもとに、質的データがQualidataに納められてくる。Qualidataでは、納入されたデータセットの質を判定して、収蔵の可否を決定する。このときに、プライバシーの保護・匿名化の処理についてもチェックがかけられる。それらの処理が充分になされているか、データの内容にそった適切な匿名化の程度はどのようなものか、匿名化しすぎて、逆にデータの読解・理解の妨げになり、データの価値を減じていないかどうかが検討される。この作業には時間も手間もかかるが、質的デ

ータセットの状況はそれぞれ異なっており、一概にマニュアル化はできない。Qualidataのベテラン職員がこの作業にあたっている。このように、Qualidataでは質的データの特徴に応じて、倫理的問題を処理している。

匿名化

　オリジナル調査対象者の保護のための主要な対処方法は匿名化である。2次分析用のデータ公開をめぐって、質的データと量的データで大きく異なるのは、この匿名化の手続きであろう。質的調査はデータに表現された調査対象者の個性・独自性が重要である。それは調査コンテキストと深く関連している。データの匿名化を過度に行うと、質的データの価値である個性・独自性が消失してしまう。2次分析をめぐる議論でも、匿名化は重要課題の1つで、どの程度の匿名化が適当であるか検討が重ねられてきた [Thomson, D., et al. 2005]。

　匿名化の処理がとくに必要となるのは、インタビュー調査で得られたオーディオ・データとトランスクリプトであろう。現在はコンピュータ用のソフトウェアを用いれば、オーディオ・データの調査対象者の音声の加工、音質の変更が可能である。プライバシーに関わる特定の単語を消す、代替的な単語を挿入する等の処理も可能になっている [Patzold 2005]。

　紙媒体のトランスクリプトを例に、匿名化の細かい段階が議論されてきた。たとえば、調査対象者の特定化にむすびつく直接情報（本名、居住地、組織名）の匿名化、間接情報（調査対象者どうしの関係など）などの消去、ライフヒストリー情報などの消去などである。過度の匿名化はデータの価値・意義を減じてしまうことがあるので、バランスをとることが重要であるが、データの個性があるので、一概にどの程度が適当というマニュアル化は難しいこと、調査対象者によっては匿名化を望まない例があることなどが指摘されている [Thomson, D., et al. 2005]。

　また、本名、居住地、組織名を仮名に変換した場合、データセット全体を通じて同一の仮名を用いる、仮名に変換された対象どうしの関係を把握する情報が過度に消去されないようにする等にも注意を払うべきであるこ

となども指摘されている[Thomson, D., et al. 2005]。

6. 質的データ・アーカイブの機能

　Qualidataは2001年から、UKDAのESDSの専門プロジェクト実行部門(ユニット)として位置づけられるようになった。UKDAは1967年に設置され、社会科学分野・人文科学分野における、量的データ・質的データの収蔵・公開・普及を専門としている国立機関で、データ・アーカイブの機能を有している。UKDAの創設には、ESRC、JISC (Joint Information System Committee)、エセックス大学などが関わった。このためUKDAのオフィスは、現在もエセックス大学構内におかれている。UKDAは、イギリス国内の学術・商業・公的セクターから提供をうけた数千のデータセットを収蔵・公開している(http://www.data-archive.ac.uk)。ESDS (Economic and Social Data Service)はUKDAの下部組織である。社会科学分野のプロジェクト・調査の進行をサポートするサービス部門である。ESDSには4つの専門プロジェクト実行部門がある(2008年3月時点)。そのうちの1つが、ESDS Qualidataである。(他の3つは、ESDC Longitudinal, ESDC International, ESDC Government、http://www.esds.ac.uk)。このような体制が2001年に整い、質的データの収蔵・2次分析が本格的に推進されていった。

　Qualidataの活動は、おもに次の4つである(2009年時点)。第1は、データセットの評価・収蔵・公開の促進である。収蔵するか否かの評価は、データセットの内容、フォーマット、倫理的課題のクリア状況から、総合的に判断される。内容面では、その分野の研究の進展に影響を与えた調査、重要という定評が確立した調査、一般性のある調査トピック、データの完全度(欠けている部分が少量)、2次分析の可能性が高いデータセット、複数の調査方法を用いたデータセットなどが収蔵の対象となる。データのフォーマットも、他人の2次的利用に最低限たえうる標準的形式を保っていることが必要である。

　第2は、ESRCと連携し、2次分析用の収蔵を前提としたデータを準備

することへの啓発活動である。ESRCの助成対象者には、データ寄託が義務づけられていることは先に述べた。将来の寄託を予定して、調査設計の段階から、共有可能なデータ・フォーマット、調査対象者への説明と承諾を得ること等を準備しておくことを指導する。1次調査者、Qualidata、2次的利用者のいずれにとっても、将来的に不要なコストを省くことにつながり、重要な活動である。

第3は、2次分析の促進・サポート活動である。これには、Qualidataカタログの整備、2次分析に関する文献目録の整備、2次分析例の紹介、トレーニング・パッケージの整備などがふくまれており、すべてオンライン上でアクセスできる。著名なデータセット、利用頻度の高いデータセットを実例に2次分析への距離を縮めるように工夫されたアクセス・ルートもある。Qualidata開設の立役者であるトンプソンの『エドワード時代の人々 (*The Edwardians*)』(「20世紀初頭の家族と労働」プロジェクト)のデータセットを用いたインターフェイスも設けられており、わかりやすく適切な2次的利用方法が示唆されている。

第4は、教育的利用の促進である。ティーチング用教材も整備されており、オンライン上で入手することができる。たとえば、インタビュー・データを教材に使う場合を想定して、7タイプのデータ(構造化インタビュー、半構造化インタビュー、自由回答インタビュー、フェミニスト・インタビュー、ライフストーリー・インタビュー、オーラル・ヒストリー、社会心理インタビュー)と利用例が提供され、質的データの特徴や倫理的問題を理解する教材、参照文献リストなども添えられている (ESDS Qualidata teaching resource, http://www.esds.ac.uk/qualidata/support/interviews)。

以上のように、Qualidataの活動は、1990年代に基盤が形成され、2001年以降に本格化した。イギリスにおける質的データの2次分析・2次的利用方法の研究は、この20年弱の間に進展したものである。このような傾向は国際的にも共通している。Qualidataは、アメリカ (US) の The Murray Research Center (Radcliffe Institute for Advanced Study, Harvard University) やドイツ、フランス、スカンジナビア諸国のデータ・アーカイブとネットワー

クを形成し、質的データの収蔵・公開、2次分析・2次的利用方法を国際的に啓発することにも積極的に取り組んでいる。

7. 質的データ2次分析の事例

　Qualidataが管理・保管している質的データを用いて、イギリスでは2次分析例が複数発表されている。その中でも、都市社会学者のマイク・サヴェージ(Mike Savage)は、早くから2次分析に取り組み、質的調査方法の1つとして2次分析が普及することに貢献してきた。サヴェージの2次分析はワーキング・クラスやミドル・クラスの形成過程の分析に関わり、イギリスにおける階級・階層研究史の再検討につながるものである。ワーキング・クラスの分析視角は、本書で筆者が行う2次分析の内容にも関連する。サヴェージの2次分析例と研究内容のインパクトについてはIV部に詳述している。

　ここではさらに4つの2次分析例を紹介する。2次分析方法の幅の広さや有効性の理解につながるであろう。各事例について、①オリジナル調査データと1次調査者・分析者、②1次分析の目的・意義・知見、③2次分析者、2次分析の目的、リサーチ・デザイン、④2次分析の知見、を記述する。

【分析事例1：歴史的一次史料として活用した例】
①オリジナル調査データと1次調査者・分析者

　ポール・トンプソン(Paul Thompson)の代表的なオーラル・ヒストリー・プロジェクト「20世紀初頭の家族と労働(*Family Life and Work Experience before 1918*)」のデータ・セットである(前述)。調査は1969～73年に実施され、1906年以前出生の男女450余人のインタビュー・データが収集されている。Qualidataの設立のきっかけとなったデータセットで、ESDS QualidataのWebからトランスクリプトをダウンロードすることができる。
②1次分析の目的・意義・知見

Ⅴ部　質的データ 2 次分析　実践入門

　トンプソンはこのデータセットに基づき、『エドワード時代の人々（*The Edwardians*）』(1975) を刊行した。オーラル・ヒストリーを多数用いて、エドワード時代のワーキング・クラス、ミドル・クラスの生活構造を明らかにしており、イギリスにおける社会史の代表的成果の 1 つである。
③ 2 次分析者、2 次分析の目的、リサーチ・デザイン
　フランク・トレントマン (Frank Trentmann、ロンドン大学バーベック・カレッジ教授) は、このデータセットを活用して、19 世紀から 20 世紀のイギリス社会において、自由貿易をめぐる大衆文化がどのように形成されていったのかを論証した。オリジナル調査データを歴史的史料として用いるリサーチ・デザインで、とくに子どもや老人たちのナラティブに着目し、彼らの生活における自由貿易の意味を明らかにした [Trentmann 2007]。
④ 2 次分析の知見
　トレントマンの研究は、モラル・エコノミーを切り口として、近現代社会における生産者と消費者の関係の変容過程をグローバルな視点から明らかにすることをめざしたものである。19 世紀のイギリスの自由貿易体制の確立期から考察をはじめ、植民地経済に依存する社会構造が形成されていく過程や、それにともなって生じる社会的葛藤を、政治、経済、文化など多様な側面から描いている。
　20 世紀前半は人々の生活水準が向上し、植民地から供給される多様な食品・加工品に対する一般大衆の関心が増した時代である。一方、第一次大戦や世界恐慌などの発生により、自国経済の保護や、植民地経済を搾取することの是非をめぐって、議論がくりひろげられた。イギリスの自由貿易体制をめぐる様々な論調が錯綜し、その中の重要な 1 ファクターとして一般大衆の自由貿易産品への嗜好、体制の支持があった。オリジナル調査データを活用することによって、一般の人々が日常生活のなかで、政治的宣伝、選挙、政策論争をどのようにとらえ、自由貿易体制をどのように理解していたのかを明らかにしている。

【分析事例2:比較研究の素材として活用した例】

①オリジナル調査データと1次調査者・分析者

ピーター・タウンゼント (Peter Townsend) が、1958〜59年に調査した『最後の避難所 (*The Last Refuge*)』のデータセットである。イングランドとウェールズの老人ホーム173施設を調査したフィールドワーク・データで、写真も多くふくまれている。データセットはQualidataによって管理され、エセックス大学図書館に収蔵されている。

②1次分析の目的・意義・知見

タウンゼントは、この調査もふくめた一連の貧困調査(『居宅老人の生活と親族網 (*The Family Life of Old People*)』1957、『貧困者と極貧者 (*The Poor and the Poorest*)』1965、『イギリスの貧困 (*Poverty in the United Kingdom*)』1979) によって、「相対的剥奪としての貧困」の概念を練り上げていった。当時、イギリスでは経済成長期に入り、豊かな生活を享受する層が増加している実感があったにもかかわらず、なお多くの高齢者は貧弱な施設で尊厳を保障されない生活を過ごし、相対的貧困の状態にあった。このデータセットをもとに、タウンゼントは『最後の避難所』(1962)を刊行し、老人ホームの実態を暴き、イギリスでは推測されていた以上に相対的貧困がひろがり、高齢者にその傾向がつよくみられることを明らかにしていった。20世紀後半のイギリス社会における貧困研究の代表的成果の1つである。

③2次分析者、2次分析の目的、リサーチ・デザイン

タウンゼントの調査時点から、約50年が経過した。この間のイギリスにおける社会福祉分野の変化を探るため、ジュリア・ジョンソン (Julia Johnson、オープン・ユニヴァーシティ社会福祉・健康学部講師) と2人の共同研究者が、ESRCから2年間の研究助成を得て、2005〜07年に2次分析プロジェクトを実施した。リサーチ・デザインとしては、50年間の時間幅を生かした、社会福祉政策および現場の変化を明らかにする比較研究を設計した。タウンゼントが調査した173施設のうち、現在もなお20施設が老人ホームとして登録・運営を続けていた。プロジェクトは2つの部分から構成されている。

1つめは追跡調査(tracing study)である。これは老人ホームとしての登録をやめた各施設がこの50年の間にどのように変遷したかを明らかにすることを目的としたものである。その数は多く、イングランドとウェールズに散在しているため、ボランティア・リサーチャーを募集した。当該地域でオーラル・ヒストリー収集、郷土研究をおこなった経験のある高齢者の応募が多かった。アカデミックな研究者と、一般人のコラボレーション研究としてもユニークなものとなり、高齢者が老年学にも高い研究意欲を示し、適性をもつことが明らかとなった。ボランティア・リサーチャーは、地元居住者への聴き取り調査、地元の様々な機関に収蔵されている記録・資料の発掘、たとえば新聞や行政資料、土地登記記録、選挙人名簿等々を用い、施設の変遷を調査した。

もう1つは追加調査(follow-up study)である。これは、現在もなお老人ホームとして登録している20施設に対して、50年前の状況と比較するための追加調査を実施したものである。その際に、政策の変化によって、施設の運営等がどう変わっていったかという側面を明らかにするだけでなく、タウンゼントが用いた調査方法(たとえば写真の活用)を意識し、現場の状況、職員の様子や日常業務、老人ホーム利用者の日常生活の特徴を把握するための適切な調査方法も探求された。

④2次分析の知見

追跡調査と追加調査により、高齢者の居住状態を通して、イギリスの社会政策の一貫性および変化の両面が明らかにされた。また、時間幅を生かした比較研究と、それに適した調査方法が探索され、調査方法の開発の点でも意義があった。

追跡調査によって、かつての施設が、動物病院や、高齢者用アパート、ホームレスの就職支援施設、子どもむけ公共施設、公共のホール、行政機関事務所に変化し、多様に変化していることが確認された。

また、追加調査では、1施設につき2～3日の調査が行われた。施設長と、利用者4名へのインタビューなどが実施されるとともに、50年間の改装・改築状況、建物の状況などがビジュアル・データで記録された。

50年の間にサービスの質がどのように変化したのか、運営主体が異なれば改善状況に差異が生じることなどが明らかにされた。

【分析事例3：異なる概念・視点で分析・解釈した例】
①オリジナル調査データと1次調査者・分析者

ポール・トンプソンとハワード・ニュービー(Haward Newby)が1985～88年に調査した「家族、社会移動、高齢化の世代間調査(100家族の1900～1988年)(*Families, Social Mobility and Ageng, an Intergenerational Approach 100 Families*)」のデータセットである。イングランド、スコットランドに住む30代～50代の男女170名のインタビュー・データが収集されている。QualidataのWebからトランスクリプトをダウンロードすることができる。

②1次分析の目的・意義・知見

オリジナル調査は、地理的移動、職業移動に影響を与える家族の世代間効果を検証することを目的とし、とくにジェンダー、移動の視点に配慮した分析視角が特徴的であった。調査対象者は、既婚者で、子どもまたは親と同居している人々である。半構造化インタビューによって、家族史、両親の職業、教育歴、職業、結婚、夫婦関係、住居、政治的態度、余暇活動について質問され、ライフストーリーが収集されている。これらのデータに基づいて、エスノグラフィックな視点から、1900～1988年における家族と社会移動の関連が明らかにされた。

③2次分析者、2次分析の目的、リサーチ・デザイン

ピーター・ジャクソン(Peter Jackson、シェフィールド大学地理学部教授)と2人の共同研究者は、このデータセットを活用して、家族内におけるジェンダー関係が実際にどのように構築され変容していったのかを解明しようとした。リサーチ・デザインとして、男性の家事労働としての調理に着目し、これに関連するナラティブを2次分析した。

④2次分析の知見

2次分析では、とくに1945年以降1980年代半ばまでの時期に着目し、男性がクッキングの習慣をどのように身につけていったか、女性が不在の

ときに男性がどのように調理をこなしたか、家族の食事の用意に男性がどのように関わってきたか、週末クッキングまたは趣味のクッキングとして料理に巧みであることを自慢するために、どのようなパフォーマンスを行ったか等々、家事労働としての調理にあらわれた家族内の関係を分析した。

これらの分析を通して、男性性(父性または息子としての在り方)が構築されていく過程、男性性の多元的な構造、母性との複雑な連関などが明らかにされた。また、ライフコース上に大きな変化が起きたり、危機が生じたときに、家族間の関係が再編されること、男性の調理への関わり方には、家族の変容や変化への反応が反映されていることも明らかにされた。

【分析事例4：異なる概念・視点で分析・解釈した例】

①オリジナル調査データと1次調査者・分析者

マルゴー・ジェフェリーズ(Margot Jefferys)と2人の共同研究者が、1991年に調査した「老年医療学のパイオニア調査(*Pioneers of Geriatric Medicine*)」のデータセットである。これは、老年医療学に従事する専門職73名へインタビュー調査したものである。ブリティッシュ・ライブラリーのナショナル・サウンド・アーカイブにインタビュー・テープとトランスクリプトが収蔵されている。

②1次分析の目的・意義・知見

オリジナル調査は、老年医療学の進展の過程を記述することを目的として、実施されたものである。老年医療学が重要という認識が社会になく、研究分野としても確立されていなかった1940年代に、すでにこの分野の研究に従事していた者をふくめ、73名の医療専門職(医者、看護師、ソーシャルワーカー、セラピスト、厚生関係の公務員、ボランティア団体職員等)にインタビューしている。各人のキャリア形成過程と、老年医療学がどのように進展してきたか各人の見解について質問されている。1914年以前の出生者18名もふくまれている貴重なデータセットである。

③2次分析者、2次分析の目的、リサーチ・デザイン

このデータセットを活用して、2次分析を試みたのは、ジョアンナ・ボ

7. 質的データ2次分析の事例

マット (Joanna Bornat, イギリスのオープン・ユニヴァーシティのオーラル・ヒストリー担当教授) である。オリジナル調査データには、各人の定位家族の状況 (親の職業等)、教育歴についての情報がふくまれていた。1次分析の目的は、老年医療学の発展過程の全体像を示すことであった。2次分析の主眼は、各人のパーソナル情報に基づき、老年医療学へ参入を促す要因を詳細に分析することにおかれた。老年医療学の分野が確立していく社会的状況を再検討するため、リサーチ・デザインとしては、医療システムの整備という制度的側面と、専門職の参入を促進する老年医療学のフィールドの特徴、パーソナル要因など、マクロ・ミクロの両面から、老年医療学の進展を構造的にとらえるように設計された [Bornat 2005]。

④2次分析の知見

73名のうち、54名は医者で、2種類のコーホート集団に分けることができた。1946年に国民医療サービス (NHS=National Health Service) が設立される以前からの医療従事者と、それ以降の従事者である。前者は第2次大戦の兵役により、医療キャリアの中断を経験していることが共通していた。老年医療学を専門分野にすることは、医学研究キャリアの空白と行政機構上のキャリア空白をすみやかにうめることを意味した。また、調査対象者の多数を占める後者のグループにも、共通の社会・経済的要因を見出すことができた。家族内に医療従事者がいるミドル・クラス出身者で、専門領域の決定に有用な医療関係者ネットワークという関係資源をすでに保有している人々であった。

2次分析によって、後者のインタビュー・データには「運がよかった (luck)」や「幸運 (chance)」という発言が多いことも見出された。これは、老年医療学が、医学の中でも後発で、重要視されていなかったため、将来性に対する不確定要因も大きい分野であったことを示している。このような点もふくめ、兵役経験、NHSの設立等、特定の人々に老年医療学への参入障壁が低く感じられた構造的要因、複雑な連関が明らかにされた。

文献(文献1:レイ・パールの主要著作、文献2:その他の英語文献、文献3:日本語文献)

文献1:レイ・パール(Pahl, Ray)の主要著作
(アスタリスクを付しているのはBook,それ以外はArticle)

1963 "Education and Social Class in Commuter Villages," *Sociological Review*, 11(2) 241-246.
1964 "The Two Class Village," *New Society*, 3(74): 7-9.
1965a "Class and Community in English Commuter Villages," *Sociologia Ruralis*, (1) 5-23.
*1965b *Urbs in Rure: The Metropolitan Fringe in Hertfordshire*, The London School of Economics and Weidenfeld and Nicholson.
1966 "The Rural-Urban Continuum," *Sociologia Ruralis*, I(3-4)299-329.
1967a "Sociological Models in Geography," Chorley, R.J. and P. Haggett, eds., *Models in Geography*, Methuen,217-242.
1967b "The Rural-Urban Continuum: A Reply to Eugen Lupri," *Sociologia Ruralis*, II(1) 21-29.
1968a "Introduction: A Perspective on Urban Sociology," *Readings in Urban Sociology*, Pergamon Press: 3-44.
1968b "Newcomers in Town and County," *East Anglian Studies*, 174-199.
*1968c *Readings in Urban Sociology*, (editor) Pergamon Press.
1969 "Urban Social Theory and Research," *Environment and Planning*, 1: 143-153.
1970a "Introduction: Minorities in European Cities,"*The New Atlantis*, Milan, 2(1) 5-11.
1970b "Social Structure and Social Change in the South East," *Studies Volume II,Strategic Plan for the South East*, HMSO
*1970c *Whose City? And Other Essays on Sociology and Planning*, Longman.
*1970d *Patterns of Urban Life*, Longman.
1971a "Poverty and the Urban System," Chisholm, M., *et al.*, eds., *Spatial Policy Problems of the British Economy*, Cambridge University Press, 126-145.
1971b "The Sociologist's Role in Regional Planning," Hungarian Academy of Science, *Industrialization, Urbanization and Ways of Life*, 299-33.
*1971c *Patterns of Urban Life, third impression revised*, Open University Set Book, Longman.
*1971d *Managers and their Wives: A Study of Career and Family Relationships in the Middle Class* (with J. M. Pahl), The Penguin Press.
1972a "Friends and Associates, Some Conclusions," Barker P., ed., *A Sociological Portrait*, Penguin Books, 175-185.
1972b "Whose City? " Stewart, M., ed., *The City: Problems of Planning*, Penguin Books, 85-91.
1973a "Poverty and the Urban System," Raynor, J., *et al.*, eds., *Cities,Communities and the Young*, Routledge and Open University Press, 100-111.

文　献

1973b "Instrumentality and Community in the Process of Urbanization," *Sociological Inquiry*, 43 (3-4) 241-262.
1973c *"London: What next? The Case for a Joint Inner London Rehabilitation Organization,"* A Runnymede Trust Publication.
1974a "Social Processes and Urban Change," Rose, R., ed., *The Management of Urban Change in Britain and German*, London: Sage, 27-42.
1974b "The Economic Elite: Theory and Practice," (with J. T. Winkler), Stanworth, P., and Giddens, A., eds., *Elites and Power in British Society*, Cambridge University Press, 102-122.
1974c "The Coming Corporatism," (with J.T. Winkler), *New Society*, 10 October.
1974d "Urban Managerialism: Mystifications of Allocation and Accessibility in a Mixed Economy," *Papers: Revista de Sociologia 3*, Barcelona, 323-342.
1975a "Resource Allocation in the City," Lambert, C., et al., eds., *Cities in Modern Britain*, Fontana Books, 62-69.
1975b "Sociology," Barker, P., ed., *The Social Sciences Today*, Edward Arnold, 28-38.
1976a "Patterns of Urban Life in the next fifteen years," *The New Universities Quarterly*, 30 (4) 402-419.
*1976b *Whose City? And Further Essays on Urban Society*, revised and expanded edition, Penguin Books.
1977a "Stratification and the State: A contribution to the debate on the role of the State in Urban and Regional Development," *International Journal of Urban and Regional Research*, I (1) 6-18.
1977b "The State and 'Collective Consumption' in Capitalist and State Socialist Societies," Scase, R., ed., *Industrial Society: Aspects of Class Cleavage and Control*, George Allen & Unwin,153-171.
1977c "Managers, Technical Experts and the State: Forms of Mediation, Manipulation and Dominance in Urban and Regional Development," Harloe, M., ed.,*Captive Cities*, London: Wiley,49-60.
1977d "Playing the Rationality Game: the Sociologist as a Hired Expert," Bell, C., and Newby, H., eds., *Doing Sociological Research*, George Allen & Unwin, 130-148.
1978a "Castells and Collective Consumption," *Sociology*, 12 (2) 309-315.
1978b "Living without a job: How School Leavers See the Future," *New Society*, 46 (839), November.
1979a "The Cunning of Corporatism," *The New Universities Quarterly*, 33 (4) 510-513.
1979b "Socio-Political Factors in Resource Allocation," Herbert, D., and Smith, D. M. eds., *Social Problems and the City*, Oxford University Press, 33-46.
1980a "Work Outside Employment: Some Preliminary Speculations," (with J.I. Gershuny), *New Universities Quarterly*, 34 (1) 120-125.

文　　献

1980b "Employment, Work and Domestic Division of Labour," *International Journal of Urban and Regional Research*, 4 (1) 1-20.
1981a "Employment, Work and the Domestic Division of Labour," Harloe, M. and Lebas,E., eds., *City, Class and Capital: New Developments in the Political Economy of Cities and Regions*, Arnold, 143-163.
1981b "Work Outside Employment: Some Preliminary Conclusions," (with J. I. Gershuny), Henry, S. ed., *Can I Have it in Cash? A Study of Informal Institutions and Unorthodox Ways of Doing Things*, Astragal Books, 73-88.
1982a "New Kinds of Work for the Inner City," *Work Changing Patterns and Places*, The Royal Society of Arts, 34-40.
1982b "Transport in Society," (with R.W. Vickerman), *Social Aspects of Transport*, 29-38.
1982c *Industry and Employment on the Isle of Sheppey*, (with J. H. Dennett), Report to the Social Science Research Council.
1982d *17-19 and Unemployed on the Isle of Sheppey*, (with Claire Wallace), Report to the Department of Employment.
1982e *Housing and Residential Areas on the Isle of Sheppey*, (with Claire Wallace), Report to the Social Science Research Council.
1982f "Family, Community and Unemployment," *New Society*, 59 (1001), January: 91-93.
1983a "Concepts in Context: Pursuing the Urban of 'Urban' Sociology," Fraser, D. and Sutcliffe, A., eds., *The Pursuit of Urban History*, Edward Arnold, 371-382.
*1983b *Structures and Processes of Urban Life* (with R. Flynn and N. H. Buck), London: Longman.
*1984 *Divisions of Labour*, Oxford: Blackwell.
1985a "Forms of Work and Privatisation on the Isle of Sheppey," (with Claire Wallace), Roberts, B., *et al.*, eds., *New Approaches to Economic Life*, Manchester University Press, 368-386.
1985b "Household Work Strategies in an Economic Recession," (with C.D. Wallace), Redclift, N., and Mingione, E., eds., *Beyond Employment*, Oxford: Blackwell, 189-227.
1985c "The Social and Political Implications of Household Work Strategies," *The Quarterly Journal of Social Affairs*, 1 (1) 9-18.
1985d "The Restructuring of Capital, the Local Political Economy and Household Work Strategies," Gregory, D., and Urry, J., eds., *Social Relations and Spatial Structures*, Macmillan, 242-265.
1985e "The Politics of Work," *Political Quarterly*, 56 (4) 331-345.
1986a "Households, Work and Politics," (with S. Missiakoulis and P. Taylor-Gooby), *International Journal of Sociology and Social Policy*, 6 (3) 28-40.
1986b "Polarisation, Unemployment and All Forms of Work," (with C.D. Wallace), Allen

S., et al., eds., *The Experience of Unemployment*, Macmillan, 116-133.
1987 "Does Jobless Mean Workless? Unemployment and Informal Work," *Annals of the American Academy of Political and Social Science*, September 36-46.
1988a "The Changing Sociological Construct of the Family," (with P.A. Wilson), *Sociological Review*, March, 233-266.
1988b "Some Remarks on Informal Work, Social Polarization and the Social Structure," *International Journal of Urban and Regional Research*, 12 (2) 247-267.
1988c "Neither Angels in Marble Nor Rebels in Red: Privatisation and Working-Class Consciousness," (with C.D. Wallace), Rose, D., ed., *Social Stratification and Economic Decline*, Hutchinson, 127-149.
*1988d *On Work: Historical, Comparative and Theoretical Perspectives*, (editor), Oxford: Blackwell.
1989a "From 'Informal Economy' to 'Forms of Work'," Scase, R., ed., *Divisions in Western Capitalism and State Socialism*, George Allen & Unwin, 90-119.
1989b "Forms of Work and the Role of Self Provisioning," Strumpel, B., ed., *Industrial Societies after the Stagflation of the 1970s*, Berlin: Walter de Gruyter, 267-288.
1989c "Looking backwards and forward: the UGC's review of sociology," (with John Westergaard), *The British Journal of Sociology*, 40 (3) 374-392.
1989d "Is the Emperor Naked? Some questions on the adequacy of sociological theory in urban and regional research," *International Journal of Urban and Regional Research*, 13 (4) 709-720.
1990 "New rich, old rich, stinking rich?" *Social History*, 15 (2) 229-239.
1991 "The Search for Social Cohesion: From Durkheim to the European Commission," *European Journal of Sociology*, 32 (2) 345-360.
1992 "Does jobless mean workless?" Verhaar, K., et al., eds., *On theMysteries of Unemployment*, Netherlands, Kluwer Academic Publishers, 209-224.
1993a "Rigid Flexibilities? Work between Men and Women," *Work, Employment and Society*, 7 (4) 629-642.
1993b "Does Class Analysis without Class Theory Have a Promising Future? A Reply to Goldthorpe and Marshall," *Sociology*, 27 (2) 251-258.
1994a "Balancing all forms of work," Bryson, A., et al., eds., *Is It WorthWorking?*, Policy Studies Institute, 60-76.
1994b "Meanings, Myths and Mystifications," (with Thompson, P. Hann, C. M. ed.), *When History Accelerates: Essays in Rapid Social Change, Complexity and Creativity*, The Athlone Press, 130-160.
*1995 *After Success: fin-de-siecle Anxiety and Identity*, Polity Press.
1996a "Friendly Society," Kraemer, S., et al., eds., *The Politics of Attachment*, Free Association Books, 88-101.

文　献

1996b "The Rural-Urban Continuum," "Class and Commuting in English Commuter Villages," Crow G., ed., *The Sociology of Rural Communities, Volume I*, Cheltenham: Edward Elgar 55-89, 212-229.

1996c "Urban Social Theory and Research," "Managers, Technical Experts and the State,"Harloe, M., ed. *The Sociology of Urban Communities Volume II*, Cheltenham: Edward Elgar, 3-13,162-173.

1996d "Some Remarks on Informal Work, Social Polarization and the Social Structure," Harloe, M., ed., *The Sociology of Urban Communities Volume III*, Cheltenham: Edward Elgar, 232-253.

1996e "Is the Emperor Naked?" "A Reply to Goldthorpe and Marshall,"Lee, D. J., *et al.*, eds., *Conflicts about Class*, London : Longman, 89-97,110-114.

1996f "Reflections and Perspectives," Verhaar, K., *et al.*, eds., *On the Challenges of Unemployment*, Avebury: Aldershot, 329-341.

1997a "The Politics of Friendship," (with L. Spencer), *Renewal*, 5 (3-4) 100-107.

1997b "Bringing Work to Life," Holmer, J. and Karlsson,J.C., eds., *Work-Quo Vadis?*, Aldershot: Ashgate Publishing Limited, 29-46.

1998 "Friendship: The Social Glue of Contemporary Society?" Franklin, J., ed., *The Politics of Risk Society*, Cambridge: Polity Press, 99-119.

1999a "Social Trends: The Social Context of Healthy Living," *Policy Futures in Health*, The Nuffield Trust 1-27.

1999b "Labour Market Dependency? Work and Lifestyles: the Dilemmas of the Age," (with J. Scales and Forward by Lord Dahrendorf), Age Concern, *Debate of the Age*, 1-68.

2000a "Friendship," Rutherford, J., ed., *The Art of Life*, London: Lawrence and Wishart, 89-106.

*2000b *On Friendship*, Polity Press.

2001a "Society, Community, Well-being" Evans, M., and Finlay I.G., eds., *Medical Humanities*, London: BMJ Books, 3-35.

2001b "Market Success and Social Cohesion," *International Journal of Urban and Regional Research* 25 (4) 879-883.

2002 "Towards a More Significant Sociology of Friendship," *European Journal of Sociology*, 43 (3) 410-423.

2003 "Some Sceptical Comments on the Relationship Between Social Support and Well Being," *Leisure Studies*, 22 (4) 357-368.

2004a "Personal Communities: Not Simply Families of 'Fate' or 'Choice'" (with Liz Spencer), *Current Sociology*, 52 (2) 199-221.

2004b "Capturing Personal Communities," (with Liz Spencer), Phillipson C., *et al.*, eds., *Social Networks and Social Exclusion*, Aldershot: Ashgate, 72-96.

文　献

2005a "Are All Communities Communities in the Mind?" *Sociological Review*, November 621-640.
2005b "Between Family and Friends: A Longitudinal Study of Friendship Choice," (with David Pevalin), *British Journal of Sociology*, 56 (3) 433-450.
*2006 "Re-Thinking Friendship: Hidden Solidarities Today," (with Liz Spencer), Princeton University Press.

文献2：その他の英語文献

Adams, Barbara, *et al.*, 1975, *Gypsies and Government Policy in England*, London: Heinemann.
Adkins, Lisa, 2002, *Revisions: Gender and Sexuality in Late Modernity*, Buckingham: Open University Press.
Bancroft, Angus, 2005, *Roma and Gypsy-Travellers in Europe*, Hants: Ashgate.
Bechhofer, Frank, 2004, "Qualitative Data and The Affluent Worker Study: a Missed Opportunity?" *International Journal of Social Research Methodology*, 7 (1) : 45-50.
Bell, Colin, 1977, "Reflections on Banbury Re-study," *Doing Sociological Research*, London: G. Allen & Unwin.
Bell, Colin, 2004, "Doing Sociological Research: The Genre of Owing Up," *International Journal of Social Research Methodology*, 7 (1) : 29-33.
Bell, Colin and Newby, H. eds., 1977, *Doing Sociological Research*, London: G. Allen & Unwin.
Bhopal, Kalwant, *et al.*, *Working towards Inclusive Education: Aspects of Good Practice for Gypsy Traveller Pupils*, Institute of Education, University of London.
Bishop, Libby, 2005, "Protecting Respondents and Enabling Data Sharing: Replay to Parry and Mauthner," *Sociology*, 39 (2) : 333-336.
Bornat, Joanna, 2005, "Recycling the Evidence: Different Approaches to the Reanalysis of Gerontological Data," *Forum: Qualitative Social Research*, 6 (1) [Online Journal].
Chun, Lin, 1993, *The British New Left*, Edinburgh: University Press.［リン・チュン（渡辺雅男訳）『イギリスのニューレフト』彩流社, 1999年］
Corti, Louise, 2000, "Progress and Problems of Preserving and Providing Access to Qualitative Data for Social Research? The International Picture of an Emerging Culture," *Forum: Qualitative Social Research*, 1 (3) [Online Journal].
Corti, Louise, 2003, "Secondary Analysis of Archive Data," C. Searle *et al.*, eds., *Qualitative Research Practice*, London: Sage.
Corti, Louise, and Foster, J., *et al.*, 1995, "Archiving Qualitative Research Data," *Social Research Update Issue*, 10[Online Journal].
Corti, Louise and Thompson, P., 1998, "Are You Sitting on Your Qualitative Data? Qualidata's Mission," *International Journal of Social Research Methodology*, 1 (1) 85-89.

文　　献

Corti, Louise, Day, A., and Backhouse, G., 2000, "Confidentiality and Informed Consent: Issues for Consideration in the Preservation of and Provision of Access to Qualitative Data Archives," *Forum: Qualitative Social Research*, 1 (3) [Online Journal].
Corti, Louise and Kluge, S., et al., 2000, "Special Issue: Text, Archive Re-analysis," *Forum: Qualitative Social Research*, 1 (3) [Online Journal].
Corti, Louise and Backhouse, G., 2005, "Acquiring Qualitative Data for Secondary Analysis," *Forum: Qualitative Social Research*, 6 (2) [Online Journal].
Corti, Louise and Bishop, L., 2005, "Strategies in Teaching Secondary Analysis of Qualitative Data Abstract," *Forum: Qualitative Social Research*, 6 (1) [Online Journal].
Corti, Louise, Witzel, A., and Bishop, L., 2005, "On the Potentials and Problems of Secondary Analysis: An Introduction to the FQS Special Issue on Secondary Analysis of Qualitative Data," *Qualitative Research Forum*, 6 (1) [Online Journal].
Corti, Louise and Thompson, P., 2007, "Secondary Analysis of Archived Data," Gubrium J. F., and Silverman D., eds., *Qualitative Research Practice*, London: Sage.
Crow, Graham, 1994, *Community Life*, Hempstead: Harvester Wheatsheaf.
Dargentas, Magdalini and Le Roux, D., 2005, "Potentials and Limits of Secondary Analysis in a Specific Applied Context," *Forum: Qualitative Social Research*, 6 (1) [Online Journal].
Department of Education & Science, *The Education of Travellers' Children, London*: Her Majesty's Stationery Office.
Dey, Ian, 2006, "Grounded Theory," *Qualitative Research Practice*, London, Sage.
European Commission, 1997, *School Provision for Children of Occupational Travellers*, Luxembourg: Office for Official Publications of the European Communities.
Fielding, Nigel, 2004, "Getting the Most from Archived Qualitative Data: Epistemological, Practical and Professional Obstacles," *International Journal of Social Research Methodology*, 7 (1) : 97-104.
Glaser, Barney, 1962, "Secondary Analysis: a Strategy for the Use of Knowledge from Research Elsewhere," *Social Problem* 10 (1) : 70-74.
Gillies, Val and Edwards, R., 2005, "Secondary Analysis in Exploring Family and Social Change: Addressing the Issue of Context," *Forum: Qualitative Social Research*, 6 (1) [Online Journal].
Goddard, J.B. and Champion, A.G., eds., 1983, *The Urban and Regional Transformation of Britain*, London: Methuen.
Goldthorpe, John H., Lockwood, D., Bechhofer, F., and Platt, J., 1968a, *The Affluent Worker: Industrial Attitudes and Behavior*, Cambridge: Cambridge University Press.

文　献

Goldthorpe, John H., Lockwood, D., Bechhofer, F., and Platt, J., 1968b, *The Affluent Worker: Political Attitudes and Behavior*, Cambridge: Cambridge University Press.
Goldthorpe, John.H., Lockwood, D., Bechhofer, F., and Platt, J., 1969, *The Affluent Worker in the Class Structure*, Cambridge: Cambridge University Press.
Heaton, Janet, 1998, "Secondary Analysis of Qualitative data," *Social Research Update Issue*, 22 [Online Journal].
Heaton, Janet, 2004, *Reworking Qualitative Data*, London: Sage.
Hammersley, Martyn, 1997, "Qualitative Data Archiving: Some Reflections on its Prospects and Problems," *Sociology*, 31 (1) : 131-142.
Hammersley, Martyn, 2004, "Towards a Usable Past for Qualitative Research," *International Journal of Social Research Methodology*, 7 (1) : 19-27.
Hobsbawm, Eric J., 1949, "Trends in the British Labour Movement since 1850," reprinted in Hobsbawm, Eric J., 1964, *Labouring Men: Studies in the History of Labour*, London: Weindenfeld and Nicolson.
Hobsbawm, Eric J., 1954, "The Labour Aristcracy in Nineteenth-century Britain," reprinted in Hobsbawm, Eric J., 1964, *Labouring Men: Studies in the History of Labour*, London: Weindenfeld and Nicolson.
Hobsbawm, Eric J., 1964, *Labouring Men: Studies in the History of Labour*, London: Weindenfeld and Nicolson.［ホブズボーム（鈴木幹久・永井義雄訳）『イギリス労働史研究』ミネルヴァ書房, 1968年］
Hobsbawm, Eric J., 1975, *The Age of Capital, 1848-1875*, London, Weidenfelf and Nicolson.［ホブズボーム（松尾太郎・山崎清訳）『資本の時代1848-1875』みすず書房, 1982年］
Hopkins, Eric, 1991, *The Rise and Decline of the English Working Classes 1918-1990*, Weidenfeld and Nicolson.
Hughes, David, 2002, *Sheerness Naval Dockyard and Garrison*, Stroud Gloucestershire: Tempus Publishing Limited.
Johnson, Julia, Rolph, S. and Smith, R., 2007, "Revisiting the Last Refuge: Present day methodological challenges," Bernard, M. and Scharf, T. eds., *Critical Perspectives on Ageing Societies*, Bristol: Policy Press, 89-104.
Johnson, Julia, Rolph, S. and Smith, R., 2008, "The Last Refuge Revisited: A Case Study," *Generations Review*, 18 (1).
Kelder, Jo-Anne, 2005, "Using Someone Else's Data: Problems, Pragmatics and Provisions," *Forum: Qualitative Social Research*, 6 (1) [Online Journal].
Kynaston, David, 2005, "The Uses of Sociology for Real-time History," *Forum: Qualitative Social Research*, 6 (1) [Online Journal].
Layard, Richard, 1986, *How to Beat Unemployment*, New York: Oxford University Press.
Leh, Almut., 2000, "Problems of Archiving Oral History Interviews. The Example of the

文　　献

Archive 'German Memory'," *Forum: Qualitative Social Research*, 1 (3) [Online Journal].
Marsden, Dennis, 2004, "The Changing Experience of Researching Family and Intimate Relationships," *International Journal of Social Research Methodology*, 7 (1) : 65-71.
Marshall, Gordon, 1990, *In Praise of Sociology*, London: Unwin Hyman.
Mauthner, Natasha and Parry, O., 1998, "The Data are out there, or are they? Implication for Archiving and Revisiting Qualitative Data," *Sociology*, 32 (4) : 733-745.
Mauthner, Natasha and Doucet, A., 2003, "Reflexivity in Qualitative Data Analysis," *Sociology*, 37 (3) : 413-431.
Mayall, David, 1995, *English Gypsy and State Policies*, Hertfordshire: University of Hertfordshire Press.
McWilliam, Rohan, 1998, *Popular Politics in Nineteenth-century England*, New York: Routledge.［マックウィリアム（松塚俊三訳）『19世紀イギリスの民衆と政治文化－ホブズボーム、トムスン、修正主義をこえて－』昭和堂, 2004年］
Medjedovic, Irena and Witzel, A., 2005, "Secondary Analysis of Interviews: Using Codes and Theoretical Concepts from the Primary Study," *Forum: Qualitative Social Research*, 6 (1) [Online Journal].
Mills, C. Wright, 1959, *The Sociological Imagination*, New York: Oxford University Press.
Mills, C. Wright, 1963, "Situated Actions and Vocabularies of Motive," *Power, Politics and People*, New York: Oxford University Press: 439-452.
Newby, Howard, 1977, "Reflections on the Study of Suffolk Farm Workers," *Doing Sociological Research*, London: G. Allen & Unwin.
ODPM: Housing, Planning, Local Government and the Regions Committee, 2004, *Gypsy and Traveller Sites*, London: The Stationery Office Limited.
Office for Standards in Education, 1996, *The Education of Travelling Children*, London: OFSTED Publication Centre.
Office of the Deputy Prime Minister, 2003, *Local Authority Gypsy/ Traveller Sites in England*, Office of the Deputy Prime Minister Publications.
Notz, Petra, 2005, "Secondary Qualitative Analysis of Interviews," *Forum: Qualitative Social Research*, 6 (1) [Online Journal].
Parry, Odette and Mauthner, N. S., 2004, "Whose Data Are They Anyway? Practical, Legal and Ethical Issues in Archiving Research Data," *Sociology* 38 (1) 139-152.
Parry, Odette, Mauthner, N.S., 2005, "Back to Basics: Who Re-uses Qualitative Data and Why?" *Sociology*, 39 (2) : 337-342.
Patzold, Henning, 2005, "Secondary Analysis of Audio Data: Technical procedures for Virtual Anonymization and Modification," *Forum Qualitative Social Research*, 6 (1) [Online Journal].
Payne, Geoff and Williams, M., 2005, "Generalization in Qualitative Research," *Sociology*

39 (2) : 295-314.
Reid, Nina, 1997, *Isle of Sheppey*, Stroud Gloucestershire: Tempus Publishing Limited.
Savage, Mike, 2000, *Class Analysis and Social Transformation*, Buckingham: Open University Press.
Savage, Mike, 2005, "Revisiting Classic Qualitative Studies," *Forum: Qualitative Social Research*, 6 (1) [Online Journal].
Savage, Mike, 2007, "Changing Social Class Identities in Post-War Britain: Perspectives from Mass-Observation," *Social Research Online*, 12 Issue 3 [Online Journal].
Savage, Mike, Barlow, J., Dickens, P. and Fielding, T., 1992, *Property, Bureaucracy and Culture: Middle-Class Formation in Contemporary Britain*, London: Routledge.
Savage, Mike, and Miles, A., 1994, *The Remaking of the British Working Class 1840-1940*, London: Routledge.
Savage, Mike, and Butler, T., eds, 1995, *Social Change and the Middle Classes*, London: UCL Press.
Savage, Mike, Crompton, R., Devine, F. and Scott, J., eds., 2000, *Renewing Class Analysis*, Oxford: Blackwell.
Savage, Mike and Warde, A.& K., 2003, *Urban Sociology, Capitalism and Modernity, second edition*, London: Palgrave Macmillan.
Savage, Mike, *et al.*, 2005a, "Working-Class Identities in the 1960s: Revisiting the Affluent Worker Study," *Sociology*, 39 (5) : 929-946.
Savage, Mike, *et al.*, 2005b, "Local Habitus and Working-Class Culture," Devine, F., Savage, M., Scott, J., and Crompton, R., eds., *Rethinking Class*, New York: Palgrave Macmillan: 95-122.
Savage, Mike, *et al.*, 2006, *Rethinking Elite Research*, CRESC Working Paper Series No.12.
Spicker, Paul, 2007, *The Idea of Poverty*, Policy Press. [スピッカー(圷洋一他訳)『貧困の概念』生活書院, 2008年]
Stacey, Margaret, 1960, *Tradition and Change*. London: Oxford University Press.
Stacey, Margaret, 1975, *Power, Persistence and Change*, London: Routledge and Kegan Paul.
Strauss, Anselm and Corbin, J., 1990, *Basics of Qualitative Research, Grounded Theory Procedures and Techniques*, California: Sage.
Taylor, Robert, 1982, *Workers and the New Depression*, London: The Macmillan Press.
Thorne, Sally, 1990, "Secondary Analysis in Qualitative Research: Issues and Implications," Morse, J.M. (ed) *Critical issues in Qualitative Research Methods*, London: Sage.
Thompson, Paul, 2000, *The Voice of the Past: Oral History Third Edition*, Oxford University Press. [トンプソン(酒井順子訳)『記憶から歴史へ—オーラル・ヒストリーの世界』青木書店, 2002年]
Thompson, Paul, 2004, "Pioneering the Life Story Method," *International Journal of*

文　献

Social Research Methodology, 7 (1) : 81-84.
Thomson, Denise, *et al.*, 2005, "Central Questions of Anonymization: A Case Study of Secondary Use of Qualitative Data," *Forum: Qualitative Social Research,* 6 (1) [Online Journal].
Trentmann, Frank, 2007, "Before Fair Trade: Empire, Free Trade, and Moral Economies of Food in the Modern World," *Environment and Planning D: Society and Space* 25: 1079-1102.
Vandenberg, Harry, 2005, "Reanalyzing Qualitative Interviews from Different Angles," *Forum: Qualitative Social Research,* 6 (1) [Online Journal].
Vincent, David, 1981, *Bread, Knowledge and Freedom: A Study of Nineteenth-Century Working Class Autobiography,* London: Methuen. [ヴィンセント (川北稔・松浦京子訳)『パンと知識と解放と』岩波書店, 1991年]
Walker, Alan and Walker, C., (eds.), 1987, *The Growing Divide, A Social Audit 1979-1987,* London: GPAG Limited.
Wallece, Clair, 1987, *For Richer, For Poorer,* London: Tavistock Publications.
Weed, Mike, 2005, "Meta Interpretation: A Method for the Interpretive Synthesis of Qualitative Research Abstract," *Forum: Qualitative Social Research,* 6 (1) [Online Journal].
Westergaard, John, 1995, *Who Gets What? The Hardening of Class Inequality in the Late Twentieth Century,* Cambridge: Polity Press.
Westergaard, John and Resler H., 1975, *Class in a Capital Society,* Middlesex: Penguin Books.
Willmott, Peter, 1976, *Sharing Inflation? Poverty Report 1976,* London: Temple Smith Ltd.
Young, Michael and Wilmot, P., 1957, *Family and Kinship in East London,* London: Routledge and Kegan.
Young, Michael and Thompson, P., 2004, "Reflections on researching Family and Kinship in East London," *International Journal of Social Research Methodology,* 7 (1) : 35-44.

文献3：日本語文献

有末賢, 1999,『現代大都市の重層的構造―都市化社会における伝統と変容』ミネルヴァ書房.
後藤範章, 2000,「社会調査の研究と教育をめぐる近年の諸動向―英語圏(特に英国)と日本を中心として」『社会学論叢』137, 日本大学.
原剛, 1988,『19世紀末英国における労働者階級の生活状態』, 勁草書房.
古賀秀男, 1981,「イギリスにおける民衆史の掘りおこし―ヒストリ・ワークショップとオーラル・ヒストリ」『歴史評論』375: 9-22.
松村高夫, 1987,「イギリスにおけるオーラル・ヒストリー」『歴史学研究』568: 6-9.
中山章, 1988,『イギリス労働貴族』ミネルヴァ書房.

中島明子,　2003,『イギリスにおける住居管理』東信堂.
西山八重子,　1986「都市資源の管理」『都市論のフロンティア』有斐閣.
佐藤郁哉,　2002,『組織と経営について知るための実践フィールドワーク入門』有斐閣.
園部雅久,　2001,『現代大都市社会論：分極化する都市？』東信堂.
安川悦子,　1982,『イギリス労働運動と社会主義』御茶の水書房.
吉原直樹,　1986,「現代都市論の新しい地平」『都市論のフロンティア』有斐閣.

あとがき

　本書に記した質的調査データの2次分析に取り組んだのは、イギリスに1年間(2007年4月〜2008年3月)研究滞在していた時である。サウサンプトン大学社会学部(University of Southampton)とエセックス大学社会学部(University of Essex)の両方の大学に客員研究員として受け入れていただき、サウサンプトン大学社会学部のグラハム・クロウ教授(Graham Crow)に2次分析方法のスーパーバイザーになっていただいた。
　私はこれまで日本の都市および地域社会について実証研究・調査を行ってきたが、地域社会・家族・労働の関連を緻密に分析するための質的調査方法をさらに詳しく知りたいと思っていた。また、多様な質的調査方法が試みられている外国の研究動向や、分析手続きを具体的に知りたいと思っており、とくにイギリスの質的調査データ2次分析に関心をもっていた。そのような理由で、地域社会・家族・労働に焦点をあて、かつ格差拡大プロセスをテーマとしているレイ・パール教授のシェピー・スタディーズを2次分析用のデータとして選び、このデータを的確に扱う方法に習熟した指導者がいる研究環境を選んだ。
　そもそもは、2005年春にQualidataのディレクターであるリビー・ビショップ(Dr. Libby Bishop)に会い、Qualidataが管理・保管している質的調査データの詳細について教えていただいたことに始まる。その年の夏に、エセックス大学図書館に保管されていたレイ・パールの寄贈データセット複数を比較した結果、シェピー・スタディーズのデータを用いることに決めた。シェピー・スタディーズのデータを2次分析する計画をたて、サウサンプトン大学のグラハム・クロウ教授に相談したところ、この研究計画に関心をもっていただいた。
　2006年夏に、エセックス大学図書館でシェピー・スタディーズのデータと本格的に取り組みはじめた。また、グラハム・クロウ教授とシェピー島を回り、調査地の現状を確認した。この夏の記憶に残るエピソードを1

つ記しておこう。Qualidata管理のデータは大学図書館特別室で閲覧するのだが、ある朝9時ちょっと過ぎに小さなこの部屋に入っていくと、持参のパソコンをもう立ち上げて、資料の筆写作業にすでに集中している研究者がいた(データ利用の原則は筆写である)。いつもは誰も来ていない時間にめずらしいなと思って顔をみると、本書IV部でも言及したマンチェスター大学のマイク・サヴェージ教授であった。このときすでに「豊かな労働者研究(*The Affluent Worker Studies*)」の質的データ2次分析の成果を発表し、優れた分析事例として知られていた。なおまだ続けてこのデータに取り組み、超多忙の中マンチェスターから遠距離をおして閲覧に来て、わずかな時間も惜しんで作業に集中していたのである。昼食ぬきで、パソコンをうち続け、午後なかばにマンチェスターに帰っていった。2卓しかない小さな特別室で、目の当たりにした真摯な研究姿勢は、質的データ2次分析の尽きぬ魅力と、研究の真髄を教えてくれるものだった。

　以上の準備を経て、2007年4月から1年間、サウサンプトン大学を研究の本拠にして、2次分析に着手することになった。受け入れていただいたグラハム・クロウ教授の専門はコミュニティ研究、家族研究で、イギリス社会学会(British Sociological Association)の学会誌*Sociology*の編集責任者を務めていた。サウサンプトン大学社会学部には、国立のリサーチ・メソッド・ナショナル・センター(National Center for Research Method)が設置されており、クロウ教授はセンターの代表責任者も兼務していた。全国数ヶ所の大学に設置されている同様の国立センターと連携し、ESRC (Economic and Social Research Council、社会経済研究機構)のファンドによって、イギリス全体の社会科学分野の調査方法(質的、量的の両方をふくむ)の発展を促進させる立場にあった。そのようなこともあって、サウサンプトン大学はイギリス国内の社会学の動向、また調査方法についてはイギリスだけでなくヨーロッパの研究動向について情報が集まる拠点の1つであった。

　イギリスでも非都市部は公共交通機関のサービスが縮小し、現地調査には不便が多い。シェピー島も同様である。クロウ教授はイングランド南東部のケント州の出身で、シェピー島をふくむメドウェイ地域の土地柄についても詳しかった。イギリス人らしくサイクリング好きのクロウ教授の提

あとがき

案で、自転車を使ってシェピー島内の各地区をフィールドワークした。アップダウンの多い島内を、マイ自転車をこぎながらのツーリング調査は楽とはいえなかったが、先達と非都市部の地域社会をていねいに回り、ワーキング・クラス居住地域の特徴、可視的な表象物にあらわれているイギリス社会の歴史的蓄積・社会的特性などを文字通り手とり足とり教えていただいたことは、本書で扱った「オリジナル調査データ」を理解する重要な基礎となった。

レイ・パール教授とクロウ教授は親しい間柄で、私が渡英する1年前の2006年のうちに、シェピー・スタディーズ2次分析の計画をパール教授に通し、御協力が得られる環境を整えておいてくれた。パール教授には何度もお目にかかり、2次分析が進捗するように励ましていただいた。なかでも楽しかったのは、イングランドとウェールズのボーダー地域に御自宅があるパール教授を2007年夏と2008年夏に訪ね、クロウ教授と共にインタビューさせていただいたことである。御自宅に泊まらせていただき、パール教授の手料理までごちそうになった。いまもなお徹頭徹尾、社会学の研究・教育に精魂をこめられるパール教授の姿はまさにベルーフ (Beruf) を体現していた。2008年に英国学士院会員 (Fellow of the British Academy) に選ばれて、LSE時代の指導教授ジョン・ウェスタガード (John Westergaard) からもらったお祝いのレターを見せていただいた。自筆で書かれた文中には、これもやはりいまもなお 'Who gets what?' と書かれていた (本書10章10-3参照)。脈々と流れるイギリス社会学の精髄をそこに見たように思う。

シェピー・スタディーズの2次分析に取り組むことを通して、イギリス社会学の最も良き伝統の1つが、それぞれの研究者の日常生活のなかでどのように具現しているかを知った。ベルーフ実現の道を真摯かつ地道に歩むイギリスの研究者たちの姿は、本書執筆の原動力であった。この本をマイルストーンの1つとして、道の途上に置くことにしよう。

2009年3月

武田尚子

著者略歴
武田尚子（たけだ　なおこ）

武蔵大学社会学部教授
博士（社会学）
専攻は都市社会学、地域社会学
お茶の水女子大学文教育学部卒業、東京都立大学大学院社会科学研究科（博士課程）修了。
著書に『マニラへ渡った瀬戸内漁民－移民送出母村の変容』御茶の水書房（第2回日本社会学会奨励賞受賞）、『もんじゃの社会史―東京・月島の近現代の変容』青弓社。共著に『移動する人びと、変容する文化』（御茶の水書房）など。

質的社会研究シリーズ3
質的調査データの2次分析
―イギリスの格差拡大プロセスの分析視角―
しつてきちょうさでーたのにじぶんせき
いぎりすのかくさかくだいぷろせすのぶんせきしかく

定価はカバーに表示
2009年10月10日　第1刷発行

©著　者　武　田　尚　子
発行者　小　林　達　也
発行所　ハーベスト社
〒188-0013　東京都西東京市向台町2-11-5
電話　0424-67-6441
Fax　0424-67-8661
振替　00170-6-68127
http://www.harvest-sha.co.jp

印刷・製本：㈱平河工業社

本書の内容を無断で複写・複製・転訳載することは、著作者および出版者の権利を侵害することがございます。その場合には、あらかじめ小社に許諾を求めてください。
視覚障害などで活字のまま本書を活用できない人のために、非営利の場合にのみ「録音図書」「点字図書」「拡大複写」などの製作を認めます。その場合には、小社までご連絡ください。

落丁・乱丁本はお取りかえいたします。　Printed in Japan
ISBN978-4-86339-014-0 C3036

質的社会研究シリーズの刊行に寄せて

　現在、質的研究は、社会学、心理学、教育学、人類学といった社会科学の領域だけでなく、認知科学や情報工学やロボティックスといった自然科学や工学の領域にも広がっている。また特に、福祉、看護、医療といった実践的な領域では、質的研究のブームともいえるような現象が生まれている。
　このような,「質的研究の新時代」といわれる、質的研究の様々な領域における同時発生的な興隆は、いったいどうして生じたのであろうか。その一つの理由は、質的な研究に関して、様々な領域において共通する新たな固有の研究課題や方法的な課題が生じたからである。従来、質的な研究は、量的な研究との対比において、その意味を保ってきた。例えば、従来の社会学的調査法においては、質的研究は、データを多く集め統計的な手法で分析する「量的研究」に対する「個別事例的な研究」として位置づけられた。そして、それによって、質的研究は、「量的研究」や「統計的研究」に対する残余的カテゴリーにおかれた。そこでは、様々な異質な研究が、「量的でないもの」「統計的ではないもの」として集められ、質的という共通のレッテルを貼られることになった。そのような状況では、質的研究に共通する研究課題や方法論的課題を見つけ出す試みには、大きな力が注がれなかった。なぜならそれはすでに、「量的でない」ということでの共通性をもってしまっていたからである。
　しかし、現在の「質的研究」は、大きく変わってきている。それは、「質的研究」に様々な領域で様々な方法でアプローチする研究者たちに、共通した研究の課題や方法論的課題が生まれたからである。様々な分野の研究者たちが、単に個々の現象を見ただけではわからない、定型性や定常性が、現象を集め、それを詳細にみることで発見できることに気づいていった。だが、同時に、様々な分野の研究者たちが、集められた個々の現象が、それぞれのおかれた状況と深く結びついており、それを単に数値的に処理するだけ

ではその現象の性格自体を見失ってしまうということにも気づいていった。研究者たちは、集められた現象のなかに定型性や定常性を発見するという研究課題と、それをどう発見し状況依存性の問題についてどう考えるかという方法論的な課題をもつことになった。これによって、質的研究は、固有の研究課題と方法論的な課題をもつことになったのである。

エスノメソドロジー、会話分析、相互行為分析、言説分析、グラウンデッド・セオリー、構築主義、質的心理学、ナラティヴ・アプローチという、現代の質的研究の方法は、みな質的研究に固有の研究課題と方法論的な課題を共有している。

こうした現在の質的研究は、次の3つの特徴を持っている。第1の特徴は、人々が生きて生活している現場の文脈や状況の重視である。第2の特徴は、ことばと結びついた相互行為の仕組み自体を明らかにしようとする点である。第3の特徴は、それによって、従来の質的研究を担っていた社会科学者と、現代社会におけるコミュニケーションや相互行為の質の問題に関心をもつ医療・ケア・教育の現場の実践的専門家や、インタラクション支援システムを設計する情報工学者との新たな連携が生まれた点である。

このシリーズは、2000年代になってから学問横断的に勃興してきた「質的研究の新時代」に呼応したものである。しかし同時に，この質的社会研究シリーズでは、様々な現場の状況に深に切り込む、モノグラフ的研究も取り上げてゆきたいと思う。そうした個別状況に切り込む研究がなければ、それぞれの現実や状況がどのように互いに対応しているかを見るすべがないからである。それぞれの状況を詳細にかつ深く知ることによってはじめて、それぞれの状況の固有性と、それぞれの状況を越えた定型性を発見することができるのである。

このシリーズでは、具体的な状況に深く切り込みながらも、現代の質的研究の方法論的課題に取り組んだ研究を、特に取り上げてゆきたい。

シリーズ編者を代表して　山崎敬一

社会学関係既刊書より

高校生のための社会学——未知なる日常への冒険——
　　高校生のための社会学編集委員会編　本体価格 2900 円
悪循環の現象学——「行為の意図せざる結果」をめぐって——
　　長谷正人著　本体価格 1800 円
信頼社会のゆくえ——価値観調査に見る日本人の自画像——
　　R. キサラ・永井美紀子・山田真茂留編　本体価格 1800 円
人びとにとって「都市的なるもの」とは——新都市社会学・序説——
　　奥田道大著　本体価格 1800 円
先端都市社会学の地平　奥田道大・松本康監修　先端都市社会学シリーズ 1
　　広田康生・町村敬志・田嶋淳子・渡戸一郎編　本体価格 2600 円
共同性の地域社会学——祭り・雪処理・交通・災害——
　　田中重好著　本体価格 8900 円
人種接触の社会心理学——日本人移民をめぐって——
　　J.F. スタイナー著　森岡清美訳　本体価格 2800 円
ライフヒストリーの宗教社会学——紡がれる信仰と人生——
　　川又俊則・寺田喜朗・武井順介編著　本体価格 2400 円
社会科学のためのモデル入門
　　レイブ＆マーチ著　佐藤嘉倫・大澤定順・都築一治訳　本体価格 2900 円
都市の村人たち——イタリア系アメリカ人の階級文化と都市再開発——
　　H.J. ガンズ著　松本康訳　本体価格 3600 円
地球情報社会と社会運動
——同時代のリフレクシブ・ソシオロジー——
　　新原道信・奥山眞知・伊藤守編　本体価格 5000 円
社会学におけるフォーマル・セオリー〔改訂版〕
——階層イメージに関するＦＫモデル——
　　髙坂健次著　本体価格 2800 円
住民投票運動とローカルレジーム
——新潟県巻町と根源的民主主義の細道，1994-2004——
　　中澤秀雄著　本体価格 5500 円
プレイング・セルフ——惑星社会における人間と意味——
　　A・メルッチ著／新原・長谷川・鈴木訳　本体価格 2800 円
未明からの思考——社会学の可能性と世界の相貌を求めて——
　　現代社会研究会編　本体価格 2400 円
モダニティと自己アイデンティティ——後期近代における自己と社会——
　　A. ギデンズ著／秋吉・安藤・筒井訳　本体価格 2800 円
社会理論の最前線
　　A. ギデンズ著／友枝・今田・森訳　本体価格 3000 円
社会科学の道具箱——合理的選択理論入門——
　　J. エルスター著／海野訳　本体価格 2400 円
社会認識と想像力
　　厚東洋輔著　本体価格 3300 円
中国の社会階層と貧富の格差
　　李 強著／髙坂健次・李 為監訳　本体価格 2800 円
老い衰えゆく自己の/と自由
　　天田城介著　本体価格 3800 円
社会理論としてのエスノメソドロジー
　　山崎敬一著　本体価格 2600 円

ハーベスト社